深度财务分析报告案例示范

本书编委会◎编

地震出版社

图书在版编目（CIP）数据

深度财务分析报告案例示范／本书编委会编．—北京：地震出版社，2023.9
ISBN 978－7－5028－5562－8

Ⅰ.①深…　Ⅱ.①本…　Ⅲ.①会计报表－会计分析－案例　Ⅳ.①F231.5

中国国家版本馆CIP数据核字（2023）第105972号

地震版　XM5561/F(6387)

深度财务分析报告案例示范
本书编委会　编
责任编辑：范静泊
责任校对：凌　樱

出版发行：地　震　出　版　社
北京市海淀区民族大学南路9号　　邮编：100081
发行部：68423031　68467991　　传真：68467991
总编办：68462709　68423029
编辑四部：68467963
http://seismologicalpress.com
E-mail：dz_press@163.com
经销：全国各地新华书店
印刷：大厂回族自治县德诚印务有限公司

版（印）次：2023年9月第一版　2023年9月第一次印刷
开本：787×1092　1/16
字数：364千字
印张：15.75
书号：ISBN 978－7－5028－5562－8
定价：78.00元

前言 Preface

科学地进行财务分析，并编写一篇高质量的财务分析报告，是一名财务专业人士核心竞争力地集中体现。本书的唯一目的，就是教你如何编写财务分析报告。

本书在介绍了财务分析的基础知识，财务分析的常用方法与工具之后，选取8家具有行业代表性的上市公司，进行了系统全面的财务分析，最终形成1篇高质量的财务分析报告，希望这8篇高质量、有深度的财务分析报告，教会读者如何进行财务分析，并形成高水平的财务分析报告。

本书特色

1. 理论系统全面，逻辑完整清晰

本书全面阐释了财务分析的基本理论、程序方法、基本框架以及财务分析报告的编制。本书从财务报表的科目和财务分析的潜在风险点出发，对财务分析报告的编制基础——财务报表进行了全新的认识和解读，重点关注财务报表的结构、其中的各项要素以及四维财务指标。不仅为读者提供了全新的财务分析视角，也使得本书的逻辑体系更为完整畅通。

2. 讲解深入浅出，内容图文并茂

本书充分考虑了不同读者的需求，一方面，全书的理论部分尽量摒弃晦涩的表达方式，讲解深入浅出；另一方面，书中通过丰富的图表和逻辑结构图，帮助读者在理论知识中理出头绪，在实务案例中实现可视化学习。

3. 案例全面翔实，借鉴价值高

本书立足于现代企业中的财务分析实务，聚焦不同财务分析工具下的财务分析实践，力图手把手教读者学会财务分析。在实务案例选择方面，本书选取了医药、汽车、地产、食品等多种行业的头部企业，在财务分析基础理论知识指导下撰写完整的财务分析报告，对于需要撰写财务分析报告的读者而言具有很高的借鉴价值。

本书使用场景

1. 对于具有财务分析需求的财务工作者而言，本书提供了财务分析的基本思路、常用框架以及可供参考的范本，可以帮助以上专业人士迅速掌握财务分析的要领，并指导其撰写财务分析报告；

2. 对于企业的管理层而言，本书提供的财务分析方法和案例能够满足管理者及时发现并解决潜在的管理问题，抓住企业运营发展的最佳契机，避免决策失误；

3. 对于企业的股东和债权人等利益相关者而言，本书能够满足他们评价管理层的经营状况和经营成果的需要，及时知晓管理层存在的管理问题、预估企业未来的经营态势；

4. 对于企业外部的潜在投资者——既包括潜在股权投资者，也包括债权投资者、第三方中介机构而言，本书同样能够帮助他们通过分析企业报送的财务报表及相关信息来做出相应的投资决策。

本书读者对象

- 需要编写财务分析报告的专业人士。
- 需要进行财务分析的财务会计工作者。
- 需要阅读财务报告，并提取相关信息的企业内部管理人员。
- 相关专业师生、对财务分析感兴趣的其他人群。

本书文字严谨，细节讲解到位，图表清晰，标记规范，是不可多得的财务分析类图书，可以手把手地帮助读者进行财务分析，撰写出高水平的财务分析报告。鉴于编者水平有限，书中疏漏在所难免，恳请广大读者不吝指正。

编　者

2023 年 7 月

目录 Contents

第5章 掘金新零售——基于杜邦分析体系的YH超市财务分析

第6章 医药制造业砥砺前行的白马股——基于哈佛分析框架的HR医药财务分析

第7章 中国第一窖——基于哈佛分析框架的LZ老窖财务分析

第8章 新能源汽车前景几何——基于哈佛分析框架的XNY公司财务分析

第9章 锐见与慎行——基于哈佛框架的WK集团财务分析

第10章 自繁自养，向阳生长——基于哈佛分析框架的MY股份财务分析

第 1 章 从财务报表入手的财务分析

现代企业是一个由资源、文化、人力、服务、产品等一系列要素组成的集合体，债权人、投资者、供应商、客户、政府、竞争者等将企业围绕其中。财务报表是企业的DNA，反映了企业要素状况及其利益相关者关系，同时也是企业系统认识、评价和预测其财务活动和其他经济活动，进行财务分析的基石。

1.1 认识财务分析

1.1.1 财务分析的定义

财务分析是以财务报表数据为依据，运用一定的分析方法和技术，对企业的经营和财务状况进行分析，评价企业以往的经营业绩，衡量企业现在的财务状况，预测企业未来的趋势。财务分析得出的结论，不仅能说明企业目前的财务状况、经营成果和现金流量状态，更重要的是能为报表使用者展示企业未来的发展前景，为其做出决策提供依据。

财务分析的对象是企业的各项基本活动。财务分析就是从报表中获取符合报表使用人分析目的的信息，认识企业活动的特点，评价其业绩，发现其问题。财务报表能够全面反映企业的财务状况、经营成果和现金流量情况。但是单纯从财务报表上的数据还不能直接或全面说明企业的财务状况，特别是不能说明企业经营状况的好坏和经营成果的高低，只有将企业的财务指标与有关的数据进行比较、评价，才能说明企业财务状况所处的地位，这便是从财务报表入手的财务分析。

1.1.2 财务分析的对象比较

不同的报表使用者，由于其所处立场以及与企业关系的不同，对企业财务报表关注的项目并不一致。同时，出于各自不同利益的考虑，不同的报表使用者在对企业进行财务分析时也有各自不同的要求。因此，在进行财务分析之前需要了解不同使用者的需求，根据使用对象的不同，在共性的内容上进行不同层面的分析。

财务分析的信息需求者主要包括投资者、企业的经营者（管理者）、债权人、企业员工、供应商以及政府部门等。不同的报表使用者，对财务分析数据的侧重点各有不同，不同的主体具有不同的关注点：

（1）企业投资者的关注点。投资人作为企业的所有者或者股东，必然会高度关心其投入资本的保值和增值状况，从财务分析的角度，就是对企业投资的回报率极为关注。

如果只是一般投资者，就像我们说的股民中的“散户”，当然会关注企业是否盈利，但最关心的还是企业是否能提高股利、红利的发放。而对于拥有企业控股权的大投资者，考虑得更多的是如何增强企业的竞争实力，扩大产品的市场占有率，降低企业的财务风险和纳税支出，从而实现长期的高额收益，其最关注的是企业的盈利能力和发展能力。

（2）企业经营者（管理者）的关注点。投资者把企业交给经营者来管理，经营者作为管家“既当着家，又不能完全当家”，所以为满足不同利益主体的需求，协调各方面的利益关系，企业经营者必须充分关注企业财务分析的各个方面，包括营运能力、偿债能力、盈利能力及发展能力等全部财务指标以及其代表的信息，以便使各个利益主体都能达到平衡。

（3）企业债权人的关注点。债权人是指借款给企业并得到企业还款承诺的人。通俗地讲就是放贷人，或者高利贷商人。通常情况下，要了解是否给企业贷款、给多少贷款相对安全，债权人必须关注贷款企业的报酬和风险；要了解债务人的短期偿债能力，他们需要关注其资产的流动能力；而如果了解债务人的长期偿债能力，他们需要关注企业的盈利状况和资本结构。

（4）企业员工的关注点。企业员工作为企业生存和发展的主要要素之一，当然希望企业盈利，也希望企业能长期稳定发展。但是从财务分析的角度看，员工更关注的是企业的现金流，也就是企业的支付能力。如果企业不能如期支付工资，那么对于员工来说，就没有继续为这家企业服务的价值。

（5）供应商的关注点。供应商表面上应该是不需要关注企业财务分析的，但是对客户企业的财务分析一方面涉及自身销售产品的收入能否如期实现，同时也关系着自己的应收账款能否及时收回。所以，供应商会关注企业的长期盈利能力和偿债能力，并以此决定是否建立与企业的长期合作关系，同时需要关注企业的短期偿债能力，并据此判断应收账款的信用政策是否合理。

（6）政府部门的关注点。政府部门包括税务部门、国有企业的管理部门、证券管理机构、会计监管机构和社会保障部门等。随着市场经济的发展，政府部门直接参与企业管理、干预企业经营的情况已经越来越少，但其在市场经济的发展中仍然兼具多重身份：它既是国家宏观经济的管理者，又是国有企业的实际所有者。当政府部门进行采购时，它又成为消费者和市场参与者。作为一个“综合单位”，政府不同部门对企业财务报表分析的关注点也有差异。以税务部门为例，作为国家管理者，税务部门为实现其管理职能的财力需求，需要向企业征税。从财务报表分析的角度看，政府部门最关心的就是企业的盈利能力。因为只有企业盈利，税收才有保障，企业的盈利状态直接影响着政府财政收入。

1.1.3 财务分析的内容

从内容上来看，尽管财务分析报告的不同使用对象关注点存在差异，但是以财务报表为基础进行的财务分析共性依然突出，其主体主要包括资产负债表分析、利润表分析和现金流量表分析：

（1）资产负债表分析。从资产负债表内部分析的角度来看，资产负债表分析主要是对其自身结构以及表内各项目的分析等。从涉及财务指标分析的角度来看，资产负债表分析主要是对企业偿债能力、营运能力的分析。

（2）利润表分析。从利润表内部分析的角度来看，利润表分析包括利润增减变动及其构成分析、主营业务利润分析、企业收入分析和成本费用分析等。从涉及财务指标分析的角度来看，利润表分析主要包括对企业盈利能力、营运能力、发展能力的分析。

（3）现金流量表分析。从现金流量表内部分析的角度来看，现金流量表分析主要是对报表项目的结构分析，包括对现金流入、现金流出和现金净流量的分析。从涉及财务指标分析的角度来看，现金流量表分析主要包括企业的偿债能力、盈利能力和股利支付能力分析。

以上三个方面的分析内容互相联系，互相补充，可以综合地描述出企业生产经营的财务状况、经营成果和现金流量情况，以满足不同使用者对会计信息的基本需要。其中偿债能力是企业财务目标实现的稳健保证，而营运能力是企业财务目标实现的物质基础，盈利能力则是前两者共同作用的结果，同时也对前两者的增强起推动作用。

1.1.4 财务分析的基本方法

虽然财务报表分析的形式多样，但其中始终贯穿着“比较分析”的原理，基本的分析方法主要有三种，分别是：比率分析法、趋势分析法和因素分析法。

1. 比率分析法

所谓比率分析法，是指核算同一张财务报表的不同项目、不同类别之间，或两张不同报表中有关联的项目之间的比率关系，从相对数上对企业的财务状况进行分析和考察，借以评价企业的财务状况和经营成果是否存在问题的一种分析方法。

比率分析法按用以计算比率的项目不同，又可以分成结构比率、效率比率、相关比率等。

（1）结构比率，它是某项经济指标的各个组成部分与总体的比率，反映部分与总体的关系。其计算公式为：

$$结构比率=某个组成部分数额\div总体数额$$

利用结构比率，可以考察总体中某个部分的形成和安排是否合理，以便协调各项经济活动。在资产负债表的分析中，为了了解企业各项资产（或负债或所有者权益）的构成情况，可以把每一项目都除以资产总计（或负债合计或所有者权益合计），以求得资产（或负债或所有者权益）的结构比率，如在损益表的分析中，为了了解产品销售收入的各构成项目的比重，可以把各构成项目除以产品销售收入，分别计算出相应的结构比率，借以分析对比它们相对于产品销售收入的比重变化情况。

（2）效率比率，它是某项经济活动中所费与所得的比率，用以反映企业投入与产出的关系。利用效率比率指标，可以进行得失比较，考察经营成果，评价经济效益。如将利润项目与销售成本、销售收入、资本等项目加以对比，计算出成本利润率、销售利润率以及总资产报酬率等利润率指标，可以从不同角度分析比较企业获利能力的高低及其增减变化情况。

（3）相关比率，它是以报表某个项目和与其有关但又不同的项目加以对比所得的比率。利用相关比率指标，可以考察有联系的相关业务安排得是否合理，以保障企业经营活动能够顺利进行。如将流动资产与流动负债加以对比，计算出流动比率，据以判断企业的短期偿债能力等。

2. 趋势分析法

所谓趋势分析法，是将企业两期或连续数期的财务报告中相同指标进行对比，确定其增减变动金额、方向和幅度，用以说明企业财务状况或经营成果变动趋势的一种方法。

采用趋势分析法，可以分析引起变化的主要原因、变动的性质，并预测企业未来的发展方向。趋势分析法的具体运用主要有以下三种方式：

（1）财务报表数据绝对额的比较。该方法是将连续数期的财务报表同一项目的金额并列起来，比较其增减变动金额和幅度，据以判断企业财务状况和经营成果发展变化的一种方法。

【例1-1】表1-1是ABC餐饮公司2015至2019年销售收入变化表。

表1-1　ABC餐饮公司2015至2019年销售收入变化表　　单位：万元

年份	2015年	2016年	2017年	2018年	2019年
销售收入	156.00	182.00	245.00	286.00	273.00
年增长幅度		16.67%	33.62%	16.73%	-3.55%

从表1-1中的数据中，我们可以简单地做一个趋势分析，由于此4年内各年的销售收入均在增加，增长幅度均在15%以上，我们就可以认为，前四年企业一直处于稳定发展状态，这是绝对额的趋势分析。

重要财务指标的比较，是将同一企业不同时期财务报告中的相同指标或比率进行比较，直接观察其增减变动情况及变动幅度，考察其发展趋势，预测其发展方向。

【例1-2】表1-2是ABC餐饮公司2015至2019年销售毛利率变化表。

表1-2　ABC餐饮公司2015至2019年销售毛利率变化表　　单位：万元

年份	2015年	2016年	2017年	2018年	2019年
销售毛利率（%）	27	18	15	13	11

从该表2015至2019年的数据我们可以做一个简单的趋势分析，由于每年的毛利率都在降低，说明企业面临的市场竞争越来越激烈，企业发展的压力也越来越大。

财务报表项目构成的比较。该方法是在财务报表比较的基础上发展而来的。它是以财务报表中的某个总体指标为 100%，再计算出其各组成项目占该总体指标的百分比，从而比较各个项目百分比的增减变动，以此来判断有关财务活动的变化趋势。

【例 1－3】 表 1－3 是 ABC 餐饮公司 2015 至 2019 年长期负债占资产总额的变化情况。

表 1－3　ABC 餐饮公司 2015 至 2019 年长期负债占资产总额的变化表　　单位：万元

年份	2015 年	2016 年	2017 年	2018 年	2019 年
长期负债	200.00	290.00	300.00	400.00	400.00
资产总额	1 000.00	1 800.00	1 800.00	2 100.00	2 160.00
长期负债占资产总额的比率	20%	16.11%	16.67%	19.05%	18.51%

通过表 1－3 的数据，我们可以对该企业长期负债占企业总资产比率的趋势进行分析，可以得出结论，该餐饮公司长期负债的比率维持在 20% 以内，资本结构较为稳健。

3. 因素分析法

因素分析法，又称为连环替代法，是将一项综合性指标分解为各项构成因素，顺次用各项因素的实际数替换基数，分析各项因素影响程度的一种方法。

采用因素分析法，能确定不同因素对我们关注的指标的影响程度，确认哪个因素是最需要被“照顾”的，哪些因素相对来说可以“放任自流”。

【例 1－4】 某企业 2019 年 9 月某种原材料费用的实际值是 9 240 元，而其计划值是 8 000 元。实际比计划增加 1 240 元。由于原材料费用是由产品产量、单位产品材料消耗用量和材料单价 3 个因素的乘积构成的，因此，可以将材料费用这一总指标分解为 3 个因素，然后逐个分析它们对材料费用总额的影响方向和程度。现假定这 3 个因素的数值如表 1－4 所示。

表 1－4　材料费用的影响因素及数值情况表

项目	计划值	实际值
产品产量（件）	100	110
单位产品材料消耗量（千克）	8	7
材料单价（元）	10	12
材料费用总额（元）	8 000	9 240

根据表 1－4 的资料，材料费用总额实际值较计划值增加了 1 240 元。运用连环替代法，可以计算各因素变动对材料费用总额的影响方向和程度如下：

计划值 $=100\times8\times10=8\ 000$（元）　　(1)

第一次替代（产品产量因素）$=110\times8\times10=8\ 800$（元）　　(2)

第二次替代（单位材料消耗量因素）$=110\times7\times10=7\ 700$（元）　　(3)

第三次替代（材料单价因素）$=110\times7\times12=9\ 240$（元）　　(4)

由于产品产量增加对材料费用的影响为：

(2) － (1) $=8\ 800-8\ 000=800$（元）

由于单位产品材料消耗量节约对材料费用的影响为：

（3）－（2）=7 700－8 800 = －1 100（元）

由于材料单价提高对材料费用的影响为：

（4）－（3）=9 240－7 700 =1 540（元）

综合这 3 个因素对材料费用总额的影响为：

800－1 100－1 540 =1 240（元）

1.1.5 财务分析的程序

1. 确定分析目的

财务分析的目的决定了财务指标的选用和财务分析方法的选择，因此在做财务分析之前必须要有明确的财务分析目的。

由于不同利益主体进行财务会计报告分析有着各自的目的和侧重点，分析者必须明确自己侧重于哪一方面内容的分析，是偿债能力、营运能力还是盈利能力分析。企业短期债权人分析财务会计报告的目的在于了解企业的短期偿债能力，便于做出短期投资决策；企业长期债权人分析财务会计报告的目的则着重于企业的长期偿债能力，为长期行为提供决策依据；股东分析财务会计报告的目的在于投资价值分析、投资前景分析、经营状况分析；企业管理人员分析财务会计报告的目的在于及时掌握企业的财务状况及经营成果，及时发现偏差并且迅速做出调整；税务机关分析财务会计报告的目的在于核查纳税义务人是否如实申报有关税收、是否履行依法纳税的义务等。

2. 制定分析方案

分析目的不同，计划的具体内容也有所不同，要根据分析量的大小，分析问题的难度和深度，制定出合理的分析方案。假如是专项分析，比如销售分析，就重点搜集销售额、销售量和毛利率，以及不同产品、不同部门、不同区域的销售数据。假如是全面财务分析，就需要全面的数据，包括盈利能力数据、偿债能力数据、营运数据、市场销售数据等。

3. 搜集、整理和分析资料

一般来说，搜集的资料应包括宏观信息和微观信息即企业内部信息。宏观信息是指国家有关法律法规、经济环境、产业政策、通货膨胀等方面的信息。同时，还要搜集企业所属行业状况，如行业特点、产业周期、市场供需、市场竞争等。微观财务信息资料有定期性的财务会计报告和审计报告。财务会计报告分析者应当了解企业销售政策、企业发展战略、核心竞争力、人力资源、采购情况并且结合财务报表要素，如收入、成本、资产、负债、所有者权益等进行整理分析。注册会计师签发的审计报告，不同于政府审计和内部审计的审计报告，是以超然独立的第三者身份，对被审计单位财务报表合法性、公允性发表意见。审计报告一般包括标准无保留和附带说明段无保留意见审计报告、保留意见审计报告、无法表示意见审计报告和否定意见审计报告四种。财务会计报告分析者可以根据注册会计师出具的审计报告类型来判断企业财务会计报告是否存在重大缺陷，从而做出判断。

搜集到的原始资料可能是粗糙的、零碎的，甚至是有错的。所以，需要对取得的资料按实事求是的原则进行调查核实，去粗取精、去伪存真，使之成为真实有用的信息。对搜集到的资料还要进一步地加工整理。在整理资料的过程中，要注意资料的真实性、客观性、时效性，严格按企业生产经营活动的全貌进行加工整理，提供对经营决策有用的信息。

4. 选择分析方法

分析方法服从于分析目的。财务会计报告分析方法很多，应当根据不同的分析目的，采用不同的分析方法。基本的分析思路主要有四种方法，即比较分析法、比率分析法、趋势分析法、因素分析法。如对未来发展趋势的预测，一般采用趋势分析法；对流动性的分析，一般采用比率分析法；对计划执行情况的分析，一般采用因素分析法。在基本方法之上，不同分析框架（如杜邦分析体系、哈佛分析框架等）主要通过基本方法的组合，实现财务分析功能，生成财务分析报告。

5. 进行分析计算

对于初步整理过的相关数据资料，采用一定的分析方法，特别是采用一定的财务指标，进行财务指标计算，然后层层分解和辨析，找出指标之间的差距，分析形成差距的原因。财务分析的思路是：分析过去已经发生的数据、评价目前的经营现状，提出改进的建议和方案，并对未来的发展前景做出客观的展望与预测。

6. 撰写分析报告

财务会计报告分析者应根据自己的分析目的、分析重点，采用相应的分析方法和手段。对搜集到的资料进行适当的加工整理和计算，形成各种指标，然后与本企业不同时期的指标相对比，或与同行业不同企业之间的指标相对比，即横向比较和纵向比较。在分析报告中，应对分析时期、分析过程、分析方法和分析依据做出说明，对分析的主要内容和结果做出概括。同时，还应当对分析资料、分析方法的局限性做出说明等。只有这样，才能做到分析正确、分析透彻、说服力强，才能引导报告使用者做出正确合理的决策。还需要注意的是，财务分析的最后是要有结论性的论述，但在下结论时一定要慎重，尽可能不要用过于武断的措辞，对于结论性语言一定要字斟句酌，每一个结论性的词语都要了解其给报表使用者带来的影响。

1.2　认识财务报告

财务报表是财务报告的重要组成部分，财务报告是企业的 DNA，也是反映企业要素状况及其利益相关者关系、帮助企业系统认识、评价和预测其财务活动和其他经济活动、进行财务分析的基石。因此，在进行财务分析之前，需要首先了解财务报表，再进一步认识财务报告。

1.2.1 财务报告概述及意义

1. 财务报告概述

财务报告是企业对外提供的反映企业某一特定日期的财务状况和某一会计期间的经营成果、现金流量等会计信息的文件。作为企业财务会计确认与计量最终结果的体现，投资者等使用者能够通过财务报告来了解企业当前的财务状况、经营成果和现金流量等情况，从而预测未来的发展趋势（见图1-1）。

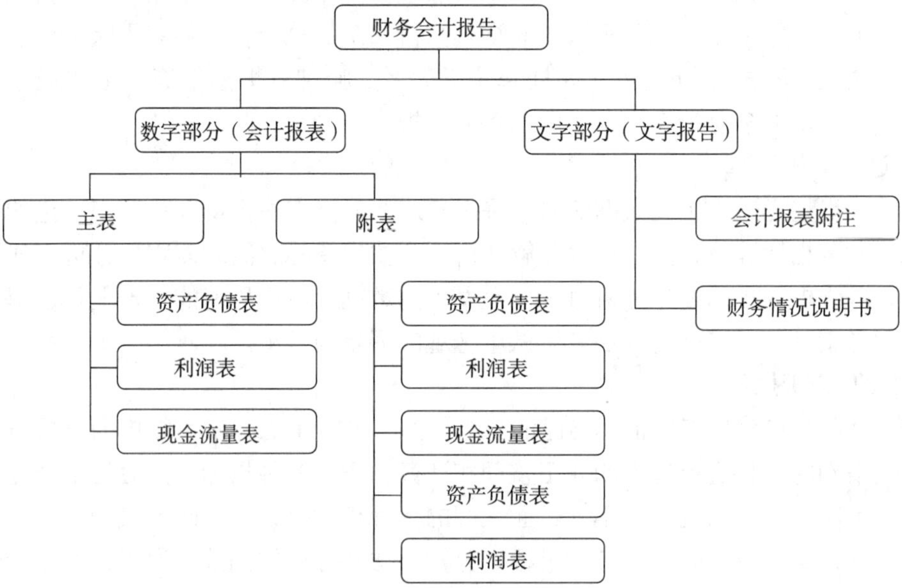

图1-1 财务会计报告

从内容来看，财务报告包括财务报表和其他应当在财务报告中披露的相关信息和资料。其中，财务报表由报表本身及其附注两部分构成，附注是财务报表的有机组成部分，而报表至少应当包括资产负债表、利润表和现金流量表等报表。

除了财务报表之外，财务报告还应当包括其他相关信息，具体可以根据有关法律法规的规定和外部使用者的信息需求而定。如企业可以在财务报告中披露其承担的社会责任、对社会的贡献、可持续发展能力等信息，这些信息对于使用者的决策也是相关的，尽管属于非财务信息，无法包括在财务报表中，但是如果有规定或者使用者有需求的，企业应当在财务报告中予以披露，有时企业也可以自愿在财务报告中披露相关信息。

以上市公司为例，他们每年披露的财报一般包含以下内容：①释义及重大风险提示；②公司简介；③会计数据和财务指标摘要；④董事会报告；⑤重要事项；⑥股份变动及股东情况；⑦董事，监事，高级管理人员和员工情况；⑧公司治理；⑨内部控制；⑩财务会计报告；⑪备查文件目录。

2. 财务报表的分类

财务报表可以按照不同的标准分类。

（1）按服务对象，可以分为对外报表和内部报表。其中对外报表是企业必须定期编制、定期向上级主管部门、投资者、财税部门等报送或按规定向社会公布的财务报表。这是一种主要的、定期的、规范化的财务报表。它要求有统一的报表格式、指标体系和编制时间等，资产负债表、利润表和现金流量表等均属于对外报表。而内部报表是企业根据其内部经营管理的需要而编制的，供其内部管理人员使用的财务报表。它不要求统一格式，没有统一指标体系，仅用于反映企业内部经营管理情况，如成本报表就属于内部报表。

（2）按编制和报送的时间分类，可分为中期财务报表和年度财务报表。广义的中期财务报表包括月份、季度、半年期财务报表。狭义的中期财务报表仅指半年期财务报表。年度财务报表是全面反映企业整个会计年度的经营成果、现金流量情况及年末财务状况的财务报表。企业每年年底必须编制并报送年度财务报表。

对于上市公司而言，财务报表包括月度报表、一季报（4 月份之内发布）、中报（半年报，8 月份之内发布）、三季报（10 月份之内发布）以及年报（4 月份之内发布）。其中，由于公司法规定年度财务报表必须经过审计才能发布，所以年报通常被认为是具有最高分析价值的财务报表。这并不是说其他三个财务报表没有分析价值，而是相对而言，年报更真实、更完整、更详细、更有研究价值。除此之外，季报对于季节性经营的上市公司来说非常重要，可以用于分析企业的利润在不同季节期间的分布。比如有些企业是均衡销售，1 个亿的营业额，基本上平均就是 4 个季度都相差无几。而有些公司可能一季度就赚了 1 个亿，后面就没有盈利。

3. 财务报表的编制要求

（1）真实可靠。

财务报告中的各项数据必须真实可靠，如实地反映企业的财务状况、经营成果和现金流量。这是对会计信息质量的基本要求。这要求企业在编制财务报告前需要做到：

①按照规定，全面清查资产、核实债务；

②核对各会计账簿记录与会计凭证的内容、金额等是否一致，记账方向是否相符；

③依照规定的结账日进行结账，结出有关会计账簿的余额和发生额，并核对各会计账簿之间的余额；

④检查相关的会计核算是否按照国家统一的会计制度的规定进行；

⑤对于国家统一的会计制度没有规定统一核算方法的交易、事项，检查其是否按照会计核算的一般原则进行确认和计量以及相关账务处理是否合理；

⑥检查是否存在因会计差错、会计政策变更等原因需要调整前期或者本期相关项目。在前款规定工作中发现问题的，应当按照国家统一的会计制度的规定进行处理。

同时，由于日常的会计核算以及编制财务报表，涉及大量的数字计算，而只有准确的计算才能保证数字的真实可靠。这就要求企业在编制财务报表时，必须以核对无误后的账簿记录和其他有关资料为依据，不能使用估计或推算的数据，更不能以任何方式弄虚作假、玩数字游戏或隐瞒谎报。

（2）全面完整。

财务报表应当反映企业经济活动的全貌，全面反映企业的财务状况和经营成果，才能满足各方面对会计信息的需要。凡是国家要求提供的财务报表，各企业必须全部编制并报送，不得漏编和漏报。凡是国家统一要求披露的信息，都必须披露。

企业应当按照规定的会计报表的格式和内容编制会计报表。企业应按规定编报国家要求提供的各种会计报表，对于国家要求填报的有关指标和项目，应按照有关规定填列。

（3）相关可比。

财务会计报告的相关可比，是指企业财务会计报告所提供的财务会计信息必须与财务会计报告使用者的决策相关，并且便于企业的财务报告使用者在不同企业之间以及同一企业前后各期之间进行比较。这就要求企业编制财务会计报表依据的会计方法，在前后期遵循一致性原则，不能随意变更。如果确需改变某些会计方法，应报表附注中说明改变的原因及改变后对报表指标的影响。

（4）编报及时。

及时性是信息的重要特征。财务报表信息只有及时地传递给信息使用者，才能为使用者的决策提供依据。否则，即使是真实可靠和内容完整的财务报告，由于编制和报送不及时，对报告使用者来说就大大降低了会计信息的使用价值。企业应根据有关规定，按月、按季、按半年、按年及时对外报送会计报表。会计报表的报送期限，由国家统一加以规定：

①月报应于月度终了后 6 天内（节假日顺延，下同）对外提供；

②季报应于季度终了后 15 天内对外提供；

③半年度报应于年度中期结束后 60 天内（相当于两个连续的月份）对外提供；

④年报应于年度终了后 4 个月内对外提供。

（5）手续完备。

企业对外提供的财务报表应加具封面、装订成册、加盖公章。财务报表封面上应当注明企业名称、企业统一代码、组织形式、地址、报表所属年度或者月份、报出日期，并由企业负责人和主管会计工作的负责人、会计机构负责人（会计主管人员）签名并盖章；设置总会计师的企业，还应当由总会计师签名并盖章。

4. 财务报表分析的意义

财务报表分析以企业财务报告反映的财务指标为主要依据，对企业的财务状况和经营成果进行评价和剖析，以反映企业在运营过程中的利弊得失、财务状况及发展趋势。它既是对已完成财务活动的总结和评价，又是对企业发展趋势的财务预测，是报表使用者深刻认识企业财务状况的“探测仪”。

财务报表分析通过收集整理企业财务报表的有关数据，并结合其他有关的补充信息，对企业的财务状况、经营成果和现金流量情况进行综合比较与评价，为报表使用者提供决策依据，其作用主要有：

（1）财务报表分析能合理评价企业经营者的经营业绩。不仅仅是报表使用者需要进行财务报表分析，企业经营者在编制完财务报表后，一定会先于报表使用者做财务报表分析，通过财务报表分析，企业经营者可以确认企业的偿债能力、营运能力、盈利能力和现金流量等状况，合理地评价自己的经营业绩，并促进管理水平的提高。

（2）财务报表分析是企业经营者实现理财目标的重要手段。企业生存发展的根本目的是实现企业价值最大化，企业经营者通过财务报表分析，能促进自身目标的实现，确认目前企业的状态，“拨开云雾见明月”，确认不足，找出差距，从各方面揭露矛盾，并不断挖掘潜力，充分认识未被利用的人力，物力资源，促进企业经营活动按照企业价值最大化目标运行。

（3）财务报表分析能为报表使用者作出决策提供有效依据。财务报表分析能帮助报表使用者正确评价企业的过去，全面了解企业现状，并有效地预测企业的未来发展，这就为其作出决策提供了有效的依据。

①企业投资者或者潜在投资者是企业财务报表使用者之一，他们通过对企业财务报表的分析，可以了解企业获利能力的高低，营运能力的大小以及发展能力的强弱，这样可以进一步确认自己投资的收益水平和风险程度，从而决定是否投资。

②企业债权人也是财务报表使用者之一，他们通过对企业财务报表的分析，可以了解企业偿债能力的高低、现金流的充足程度，从而确认自己债权的风险程度，并决定是否马上收回债权或要求企业提供担保等。

③除了投资者和债权人，财务报表的使用者还包括企业的供应商及客户，他们通过对企业财务报表的分析，可以了解企业营运能力的大小、偿债能力的高低，从而确认是否需要与企业长期合作。

（4）财务报表分析能为国家行政部门制定宏观政策提供依据。国家作为市场经济的调控者，通过对统计部门核算出的整个国民经济的财务数据进行分析后，可以有效地了解目前经济的发展趋势，存在的不足，从而有针对性地调整税收政策和货币政策等，以促进整个国民经济的平稳发展。

1.2.2　财务报表内容概览

一套完整的财务报表包括资产负债表、利润表、现金流量表、所有者权益变动表（或股东权益变动表）和财务报表附注。

（1）资产负债表（Balance Sheet/Statement of Financial Position），它反映企业资产、负债及资本的期末状况，长期偿债能力，短期偿债能力和利润分配能力等。

（2）利润表（或称损益表），（Income Statement/Profit and Loss Account）　它反映本期企业收入、费用和应该记入当期利润的利得和损失的金额和结构情况。

（3）现金流量表（Cash Flow Statement），它反映企业现金流量的来龙去脉，当中分为经营活动、投资活动及筹资活动三部分。

（4）所有者权益变动表（Statement of change in equity），它反映本期企业所有者权益（股东权益）总量的增减变动情况，还包括结构变动的情况，特别是要反映直接记入所有者权益的利得和损失。

（5）财务报表附注（Notes to financial statements），一般包括如下项目：企业的基本情况、财务报表编制基础、遵循企业会计准则的声明、重要会计政策和会计估计、会计政策和会计估计变更及差错更正的说明和重要报表项目的说明。

1. 概览资产负债表

资产负债表是指反映企业在某一特定日期的财务状况的报表，主要反映资产、负债和所有者权益三方面的内容，并满足“资产 = 负债 + 所有者权益”平衡式。其中，资产应当按照流动资产和非流动资产两大类别在资产负债表中列示，在流动资产和非流动资产类别下进一步按性质分项列示；负债应当按照流动负债和非流动负债在资产负债表中进行列示，在流动负债和非流动负债类别下再进一步按性质分项列示；所有者权益一般按照实收资本、资本公积、盈余公积和未分配利润分项列示。

我国企业资产负债表采用账户式结构，分为左右两方，左方为资产，右方为负债和所有者权益。资产负债表各项目均需填列“年初余额”和“期末余额”两栏。其中“年初余额”栏内各项数字，应根据上年末资产负债表的“期末余额”栏内所列数字填列。具体的填列方法包括：

（1）根据总账科目余额填列。如“应收票据”“交易性金融资产”“短期借款”“应付票据”“应付职工薪酬”等项目，根据各相应总账科目的余额直接填列；有些项目则需根据几个总账科目的期末余额计算填列。

（2）根据明细账科目余额计算填列。如“应付账款”项目，需要根据“应付账款”和“预付款项”两个科目所属的相关明细科目的期末贷方余额计算填列；“应收账款”项目，需要根据“应收账款”和“预收款项”两个科目所属的相关明细科目的期末借方余额计算填列。

（3）根据总账科目和明细账科目余额分析计算填列。“长期借款”项目，需要根据“长期借款”总账科目余额扣除“长期借款”科目所属的明细科目中将在一年内到期、且企业不能自主地将清偿义务展期的长期借款后的金额计算填列。

（4）根据有关科目余额减去其备抵科目余额后的净额填列。如资产负债表中的“应收账款”“长期股权投资”“在建工程”等项目，应当根据各科目的期末余额减去“坏账准备”“长期股权投资减值准备”“在建工程减值准备”等科目余额后的净额填列。“固定资产”项目，应当根据“固定资产”科目的期末余额减去“累计折旧”“固定资产减值准备”备抵科目余额后的净额填列；“无形资产”项目，应当根据“无形资产”科目的期末余额，减去“累计摊销”“无形资产减值准备”备抵科目余额后的净额填列。

（5）综合运用上述填列方法分析填列。

“未分配利润”账目根据总账期末余额填列，分 3 种情况：

①“本年利润”贷方余额 +“利润分配”贷方余额；

②“本年利润”借方余额 +“利润分配”借方余额（以“ - ”号填列）；

③“本年利润”贷方余额 -“利润分配”借方余额或

“利润分配”贷方余额 -“本年利润”借方余额（若借方余额大于贷方余额，以“ - ”号填列）。

2. 概览利润表

利润表，又称为损益表，是指反映企业在一定会计期间的经营成果及其分配情况的会计报表，是一段时间内公司经营业绩的财务记录，反映了这段时间的销售收入、销售成本、经营费用及税收状况，报表结果为公司实现的利润或形成的亏损。利润表正表的格式一份有两种：单步式利润表和多步式利润表。单步式利润表是将当期所有的收入列在一起然后将所有的费用列在一起两者相减得出当期净损益。多步式利润表是通过对当期的收入、费用、支出项目按性质加以归类，按利润形成的主要环节列示一些中间性利润指标。我国企业会计制度规定，企业的利润表采用多步式，每个项目通常又分为“本月数”和“本年累计数”两栏分别用列。

多步式损益表将损益表的内容作多项分类，从销售总额开始，多步式损益表分以下几步展示企业的经营成果及其影响因素：

第一步：反映销售净额，即销售总额减销货退回与折让，以及销售税金后的余额。

第二步：反映销售毛利，即销售净额减销售成本后的余额。

第三步：反映销售利润，即销售毛利减销售费用、管理费用、财务费用等期间费用后的余额。

第四步：反映营业利润，即销售利润加上其他业务利润后的余额。

第五步：反映利润总额，即营业利润加（减）投资净收益，营业外收支，会计方法变更对前期损益的累积影响等项目后的余额。

第六步：反映所得税后利润，即利润总额减应计所得税（支出）后的余额。

3. 概览现金流量表

现金流量表是反映企业在一定会计期间现金和现金等价物流入和流出的报表。我国企业现金流量表采用报告式结构，分类反映经营活动产生的现金流量、投资活动产生的现金流量和筹资活动产生的现金流量，最后汇总反映企业某一期间现金及现金等价物的净增加额。

其中，经营活动产生的现金流量主要包括销售商品或提供劳务、购买商品、接受劳务、支付工资和交纳税款等流入和流出的现金和现金等价物；投资活动产生的现金流量主要包括购建固定资产、处置子公司及其他营业单位等流入和流出的现金和现金等价物；筹资活动产生的主要包括吸收投资、发行股票、分配利润、发行债券、偿还债务等流入和流出的现金和现金等价物。偿付应付账款、应付票据等商业应付款等属于经营活动，不属于筹资活动。

4. 概览所有者权益变动表

所有者权益变动表是反映公司本期（年度或中期）内至截至期末所有者权益变动情况的报表。在所有者权益变动表中，企业应当单独列示反映下列信息：所有者权益总量的增减变动；所有者权益增减变动的重要结构性信息；直接计入所有者权益的利得和损失。

所有者权益变动表各项目均需填列“本年金额”和“上年金额”两栏。所有者权益表变动表“上年金额”栏内各项数字，应根据上年度所有者权益变动表“本年金额”内所列数字填列。所有者权益变动表“本年金额”栏内各项数字一般应根据“实收资本（或股本）”“资本公积”“盈余公积”“利润分配”“库存股”“以前年度损益调整”科目的发生额分析填列。

5. 概览财务报表附注

财务报表附注旨在帮助财务报表使用者深入了解基本财务报表的内容，财务报表制作者对资产负债表、损益表和现金流量表的有关内容和项目所作的说明和解释。财务报表项目是被高度浓缩的会计信息，且由于经济业务的复杂性和企业在编制财务报表时可能选择了不同的会计政策，企业需要通过财务报表附注对财务报表的编制基础、编制依据、编制原则和方法及主要事项等进行解释，以此增进会计信息的可理解性，同时使不同企业的会计信息的差异更具可比性，便于进行对比分析。

财务报表附注中的内容主要包括：

（1）企业的基本情况：主要包括企业的概况以及合并报表的范围，在这一部分投资者可以了解到企业的基本情况和经营方向，并能获知该企业的分子公司情况。

（2）财务报表的编制基础：这一部分包括编制基础和持续经营，除非 ST 退市等极端情况，此处是不会有异常的。

（3）遵循企业会计准则的声明：此处会有一些企业标记出根据实际生产经营特点制定的具体会计政策和会计估计，大多是折旧、坏账准备、收入等相关政策。

（4）重要会计政策和会计估计。

由于企业经济业务的复杂性和多样化，某些经济业务可以有多种会计处理方法，也即存在不止一种可供选择的会计政策。企业选择不同的会计处理方法，可能极大地影响企业的财务状况和经营成果，进而编制出不同的财务报表。为了有助于报表使用者理解，有必要对这些会计政策加以披露。财务报表列报准则强调了对会计估计不确定因素的披露要求，企业应当披露会计估计中所采用的关键假设和不确定因素的确定依据，这些关键假设和不确定因素在下一会计期间内很可能导致对资产、负债账面价值进行重大调整。

（5）会计政策和会计估计变更以及差错更正的说明。

（6）合并财务报表项目注释。

企业应当以文字和数字描述相结合、尽可能以列表形式披露报表重要项目的构成或当期增减变动情况，并且报表重要项目的明细金额合计，应当与报表项目金额相衔接。在披露顺序上，一般应当按照资产负债表、利润表、现金流量表、所有者权益变动表的顺序及其项目列示的顺序。

（7）其他需要说明的重要事项。

这主要包括或有和承诺事项、资产负债表日后非调整事项、关联方关系及其交易等，具体的披露要求须遵循相关准则的规定，分别参见相关章节的内容。

1.2.3　财务报表的勾稽关系

勾稽关系是编制报表时常用的术语，它是指某个会计报表和另一个会计报表以及本会计报表项目的内在逻辑对应关系。财务报表勾稽关系见下图 1－2。

1. 认识财务报表的勾稽关系

勾稽关系是指会计账簿和报表中有关指标、数字之间存在着必然的、可据以进行相互查考、核对的关系。注意勾稽关系，有利于保证会计资料的准确性。会计报表的勾稽关系主要有以下几种：

（1）平衡勾稽关系。资金平衡表分左右两方，一方反映资金占用，另一方反映资金来源，两方必须保持平衡。

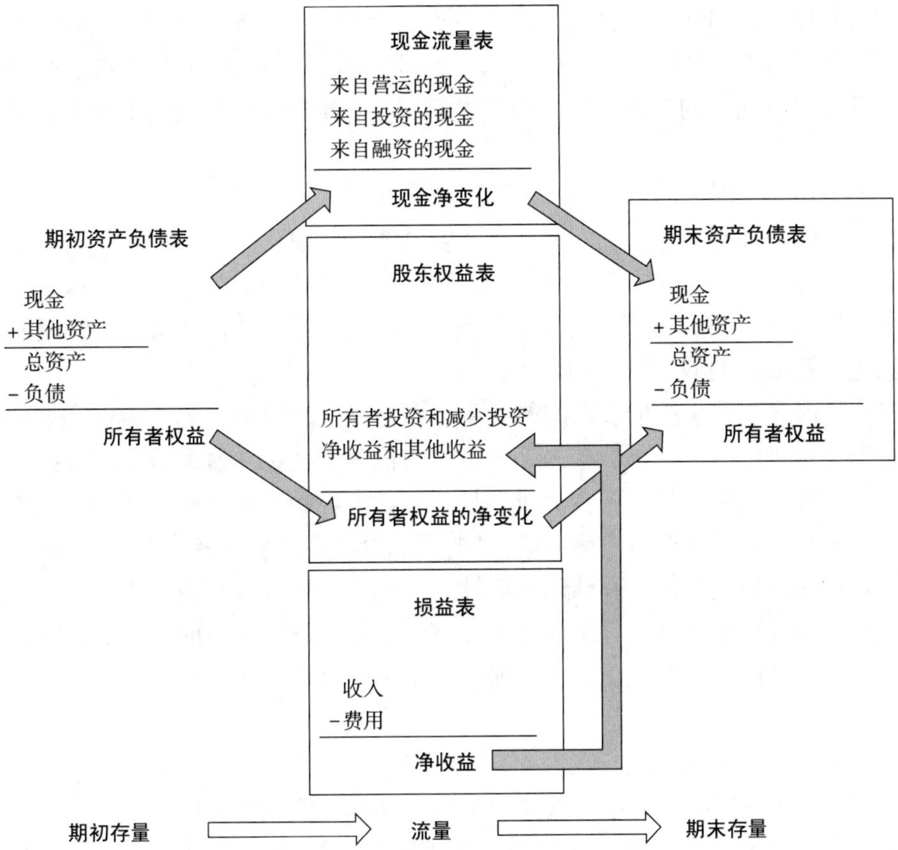

图 1-2　财务报表的勾稽关系

（2）对应勾稽关系。根据复式记账法对每项经济业务用相等金额在两个或两个以上互相关联的账户中登记，表明资金运动的来龙去脉以及相互对应关系固定不变。

（3）和差勾稽关系。报表中的有些勾稽关系表现为一个指标等于其他几个指标的和或者差。

（4）积商勾稽关系。报表中有些勾稽关系表现为一个项目等于其他几个项目的积或商。

（5）动静勾稽关系。专用基金及专用拨款表等为“动态表”而资金平衡表为“静态表”。“静态表”与“动态表”所反映的某些指标具有一致性，由此在报表中形成勾稽关系。

2. 理解财务报表之间的勾稽关系

作为报表分析者，需要掌握财务报表的表内项目以及财务报表之间在何种情况下会构成等式，在何种情况下这些项目之间无法构成等式以及在何种情况下这些项目之间的勾稽关系会被破坏。在进行财报分析之前，需要考察报表中这些相关项目之间的关系，并从报表及报表附注中发现相关证据，帮助形成对分析对象的判断。各报表之间的勾稽关系主要表现在以下几个方面：

（1）项目之间的精确勾稽关系。

在财务报表中，有些勾稽关系是精确的，即各个项目之间可以构成等式。

特定财务报表的内部项目之间存在“资产 = 负债 + 所有者权益”的静态平衡关系，“收入 – 费用 = 利润”的动态平衡关系，以及某项目数值与所属的各明细项目合计数的平衡关系等。这些基本的勾稽关系，是报表编制者判断报表编制是否准确的最基本的衡量标准。

财务报表与财务报表项目之间的勾稽关系包含：

①资产负债表同利润表的表间关系。主要是资产负债表中未分配利润的期末数减去期初数，应该等于利润表的未分配利润项。因为，资产负债表是一个时点报表，而利润表是一个时期报表，两个不同时点之间就是一段时期，这两个时点上未分配利润的差额，应该等于这段时期内未分配利润的增量。

②资产负债表同现金流量表之间的关系。主要是资产负债表的库存现金、银行存款及其他货币资金等项目的期末数减去期初数，应该等于现金流量表最后的现金及现金等价物净流量。需要注意的是，现金流量表是按收付实现制来编制的，而资产负债表、利润表及利润分配表都是按权责发生制编制的。利润反映了企业赚钱的能力，而现金净流量反映了企业获取现金和未来存活的可能性。因此，对于企业来说，一方面要以权责发生制来编制报表，计算出利润，来评价企业获利的能力；另一方面，也要以收付实现制来编制报表，计算出现金净流量，来反映企业未来是否有可能存活下去，活得是否“潇洒”。

（2）项目之间的非精确勾稽关系。

对于财务报表分析而言，更为重要的是另一种不太精确的勾稽关系，即报表中的某些项目之间存在勾稽关系，在某些假设前提和条件下可以构成等式。例如：现金流量表中的“现金及现金等价物净增加额”一般与资产负债表“货币资金”年末数、年初数之差相等，前提是企业不存在现金等价物。再如：利润表中的“营业收入”、现金流量表中的“销售商品、提供劳务收到的现金”、资产负债表中的“应收账款”“其他应收款”等项目之间存在勾稽关系；利润表中的“营业成本”、现金流量表中的“购买商品、接受劳务支付的现金”、资产负债表中的“应付账款”等项目之间存在的勾稽关系。

（3）不同期间财务报表之间的勾稽关系。

本期财务报表有关项目的期初数应与前期报表的期末数相等，本期报表有关项目的累计数应等于前期报表的累计数加上本期发生数等，这有利于检查报表项目之间的平衡关系。

（4）财务报表主表和附表之间的勾稽关系。

财务报表主表和附表之间的勾稽关系，有的有着比较简单的明细与合计的关系，有的也有比较复杂、涉及数张报表发生额和余额的关系。例如：固定资产及累计折旧明细表，就既与固定资产原价、净值和累计折旧发生勾稽关系，又与现金流量表的固定资产折旧发生勾稽关系。

1.3　认识财务分析框架

1.3.1　传统的财务分析框架——杜邦分析体系

1. 杜邦分析体系概述

（1）定义。

杜邦分析法是一种用来评价公司盈利能力和股东权益回报水平，从财务角度评价企业绩效的一种经典方法，这种分析方法最早由美国杜邦公司使用，故名杜邦分析法。其基本思想是将企业净资产收益率（Rate of Return on Common Stockholders' Equity，ROE）逐级分解为多项财务比率乘积，进而深入分析比较企业经营业绩。

（2）特点。

杜邦模型最显著的特点是将若干个用以评价企业经营效率和财务状况的比率按其内在联系有机地结合起来，形成一个完整的指标体系，并最终通过权益收益率来综合反映。采用这一方法，可使财务比率分析的层次更清晰、条理更突出，为报表分析者全面仔细地了解企业的经营和盈利状况提供方便。

（3）意义。

杜邦分析法有助于企业管理层更加清晰地看到权益资本收益率的决定因素，以及销售净利润率与总资产周转率、债务比率之间的相互关联关系，给管理层提供了一张明晰的考察公司资产管理效率和是否最大化股东投资回报的路线图。

2. 杜邦分析体系的内容

净资产收益率是一个综合性最强的财务分析指标，是杜邦分析系统的核心。杜邦分析法将净资产收益率分解为三部分：净利润率，总资产周转率和财务杠杆。其中，净利润率用销售净利润率衡量，表明企业的盈利能力；总资产周转率用资产周转率衡量，表明企业的营运能力；财务杠杆用权益乘数衡量，表明企业的资本结构。如图1－3所示：

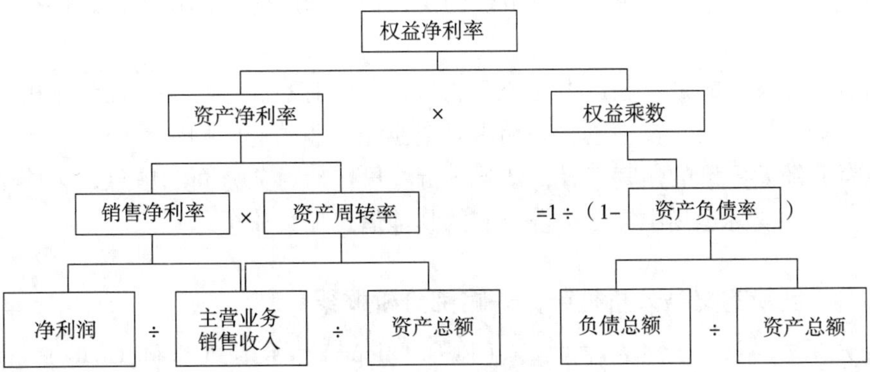

图1－3　杜邦分析体系

资产净利率是影响权益净利率的最重要的指标，具有很强的综合性，而资产净利率又取决于销售净利率和总资产周转率的高低。总资产周转率是反映总资产的周转速度。对资产周转率的分析，需要对影响资产周转的各因素进行分析，以判明影响公司资产周转的主要问题在哪里。销售净利率反映销售收入的收益水平。扩大销售收入，降低成本费用是提高企业销售利润率的根本途径，而扩大销售，同时也是提高资产周转率的必要条件和途径。

权益乘数表示企业的负债程度，反映了公司利用财务杠杆进行经营活动的程度。资产负债率高，权益乘数就大，这说明公司负债程度高，公司会有较多的杠杆利益，但风险也高；反之，资产负债率低，权益乘数就小，这说明公司负债程度低，公司会有较少的杠杆利益，但相应所承担的风险也低。

3. 杜邦分析体系的评价

（1）适用性。

随着学术和实践的发展，杜邦分析体系越发成为主流的财务分析体系。从其在世界各国公司的适用性来看，杜邦分析体系的广泛应用主要得益于：

①有利于实现股东财富最大化目标。股东财富最大化是多数上市公司的理财目标，而股东权益收益率又是反映股东财富增值水平最为敏感的内部财务指标。杜邦分析方法将股东权益收益率作为分析的核心指标非常符合上市公司注重衡量股东财富最大化目标实现程度的诉求。

②有利于缓解委托代理冲突。在企业中，由于委托代理关系的存在，无论是在法律上还是在道义上，经营者都应该优先考虑股东的利益，这导致股东和代理人之间就必然发生一定程度的委托代理冲突。为了尽量缓解这种委托代理冲突，委托人和代理人之间会建立起有效的激励与约束的机制，将经营者的收入与股东利益挂起钩来，在股东利益最大化的同时也能实现经营者的利益最大化。在这种机制的影响下，经营者必然会主动地去关心股东权益收益率及其相关的财务指标，这就体现了杜邦分析体系在解决委托代理冲突中的重要作用。

（2）局限性。

杜邦分析体系并非十全十美，在它的推广和应用的实践中也反映出杜邦分析体系的一些局限性：

①对短期财务结果过分重视，有可能助长公司管理层的短期行为，忽略企业长期的价值创造。

②财务指标反映的是企业过去的经营业绩，在目前的信息时代，杜邦分析法无法反映顾客、供应商、雇员、技术创新等因素对企业经营业绩的影响。

③从企业绩效评价的角度来看，杜邦分析法只包括财务方面的信息，不能全面反映企业的实力，在实际运用中需要结合企业的其他信息加以分析。

1.3.2 创新的财务分析框架——哈佛分析框架

哈佛分析框架由哈佛大学佩普（K. G. Palepu）、希利（P. M. Healy）和伯纳德（V. L. Bernard）三位学者提出。相比于传统的财务分析框架，它更在乎财务信息和背后商业逻辑的印证结合，同时考虑定性和定量的因素，弥补了传统财务分析框架的缺陷。哈佛分析框架主要包括企业战略分析、会计分析、财务分析及前景分析四个重要的步骤，如图 1－4 所示。

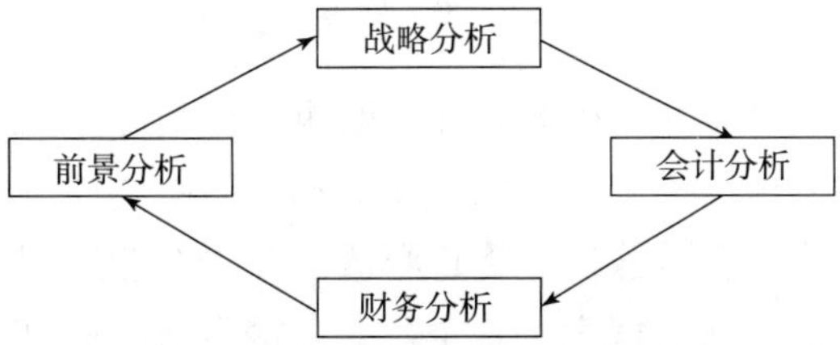

图 1－4　哈佛分析框架

1．战略分析

企业战略从整体上决定企业未来发展方向，并为实现企业目标服务，所以在哈佛分析框架中，战略分析成为企业财务分析的出发点。作为非财务信息，战略分析是对传统财务分析的补充，能够在一定程度上反映企业管理现状，为外部利益相关者提供关于企业目标、行业发展趋势、市场格局等相关信息，进而为财务分析奠定基础。战略分析可以从以下几个方面入手：

（1）宏观环境分析。

宏观环境分析主要分析影响企业经营活动的政治、经济、法律、社会文化方面的因素。重点在于分析这些因素的特定转变会给企业带来哪些方面的影响以及某些因素的转变带来的是机会或威胁。例如产业政策的变化是否意味着会对企业的某项业务形成限制，或者政府对某些高新技术产业提供财政支持，将会给这些企业带来新的发展机遇。

（2）市场分析。

市场分析的目的在于分析市场的整体需求状况并相应地发现某些未饱和的细分市场中的新机会。主要包括市场总需求量分析、市场某类产品结构状况、各细分市场容量大小、消费者需求量变化、消费者购买动机等。通过对这些因素分析可以识别企业产品及销售政策的合理性并能挖掘新的市场机会，最大限度地减少投资失误。

（3）行业分析。

行业分析主要包括分析行业中相关企业的分散程度、行业价值运作分析、产品所处的阶段分析、产品创新分析和市场份额分析。“五力模型”可以作为行业分析的基本内容，通过运用“五力模型”可以了解整个行业目前的竞争状况、潜在投资者进入企业所在行业的可能性、替代产品对企业主营产品构成的威胁、购买者与供应商在多大程度上对企业产品价格产生影响。此外价值链分析也可以用来优化企业的运营流程，通过对行业内优秀企业的价值链分析可以找出企业差距，进而优化企业价值活动。

（4）企业战略分析。

企业战略分为三个层次，最高层为公司层战略，在公司总体战略指导下有相应的竞争战略，竞争战略下一层次为各个职能部门采取的针对各项业务的具体战略即职能层战略。战略分析的目的在于识别企业采取何种类型的战略、战略实施的有效性、对于战略过程管理是否落实以及是否对战略的实施过程采取控制措施。企业战略为企业目标服务，战略分析是企业站在更高层次上审视企业的发展定位是否合理，对企业战略的有效分析才能分析财务报表数据的内在本质，对于企业战略的分析也能对整个企业集团做一个全面整体的了解，从而能够最大程度减少财务分析中的片面性和局限性。

2. 会计分析

财务报表分析结果的可靠性在很大程度上取决于公司披露的会计信息的真实性及所披露的会计信息是否充分地反映出企业的经营活动，所以会计分析将成为企业财务分析不可忽视的重要组成部分。会计分析应将重心放在分析企业运用会计及财务管理原则的恰当性和企业对会计处理的灵活程度上。企业财务报表附注可以提供关于会计政策与会计估计运用恰当性的有效证据。另外也可以对行业、竞争对手、外部宏观经济环境剖析来判定企业财务数据的真实性。根据会计分析的结果，重新调整财务报表中的相关数据以剔除扭曲的财务数据的影响，进而可以得出更为真实的报表数据进行财务分析。

3. 财务分析

在对企业会计恰当性分析并得出调整后的会计数据之后就可以对针对会计报表进行财务分析，财务分析主要包括偿债能力分析、营运能力分析、盈利能力分析和发展能力分析。哈佛分析框架下的财务分析并不是单纯分析企业财务数据，而是结合企业所处的行业环境及企业发展战略解释财务数据异常的原因。在进行财务分析时应重点关注财务指标或财务数据在某一时点的异常变化，分析产生变化的原因。分析财务数据异常变化时可以在会计分析的基础上进行，会计分析所提供的关于会计数据真实性的有效证据可以作为财务异常分析的基础。

4. 前景分析

企业的发展前景关系到企业的未来，能否在行业中长久、可持续的发展是投资者关心的主要问题。前景分析不同于传统财务报表分析中的企业发展能力分析，企业未来的发展前景是企业战略定位、产业环境及企业财务能力综合的结果，而不仅仅是从财务指标增长率来评价。分析企业发展前景时应注重企业能否发挥自身技术优势以及企业与竞争对手的竞争能力。具备较强竞争能力的企业即使短期业绩达不到预期，从长期来看依然具有较好的投资前景。

总而言之，哈佛分析框架提供了一个不同于传统杜邦分析体系的分析逻辑，在实际的应用中应该结合企业的实际，与其他分析方法结合，对企业的业绩能力和经营状况进行充分有效的分析。

1.4 编制财务分析报告

财务分析报告是对财务数据的再次加工，牢牢把握住“有用”两个字，由于不同的报告使用者需要通过财务分析报告获取的信息也有所不同，因此要找好立足点对财务报表进行分析，在繁多的财务数据中提取出报告使用者关心的信息。

1.4.1　财务分析报告编制目的

撰写财务分析报告，首先要明白该行为的目的。一般来说，撰写财务分析报告的目的主要有：

（1）对过去的经营、投资、筹资等状况进行揭露、剖析、总结，并提出相关建议。如财务分析、经管分析、专题分析（成本、投资、绩效、项目）、月度分析等都属此类。

（2）对某个阶段的经营状况所作的阶段性总结，或对某个需要重点关注的项目进行深入透视了解等。

为达到上述目的，财务分析报告不仅要展示出宏观财务状况与经营业绩，反映绝对和相对的财务表现，也要揭示财务业绩表现背后的原因，分析业绩驱动因素，为绩效改进提出指导性意见。

1.4.2　财务分析报告编制原则

1. 跟业务部门沟通

财务在与业务相融合的过程中，必然要求能够深入到企业活动方方面面，逐一展示不同环节的绩效表现和内在驱动因素，即为企业内部绩效管理做财务分析。而企业的价值创造是通过一系列活动构成的，这些活动可分为基本活动和支持性活动两类。基本活动包括内部后勤、生产运营、外部后勤、市场和销售、服务等；而辅助活动则包括采购、技术开发、人力资源管理和企业基础服务职能等。这些互不相同但又相互关联的生产经营活动，构成了一个创造价值的动态过程。

制造业企业价值链全成本构成包括获得客户成本、客户服务成本、传统的生产成本、客户服务成本。在日常中与法定财务报告不同，“全成本”淡化了会计报表中成本与费用的区别，而转向关注贯穿利润中心整体价值链活动，用全成本计算出的盈利也是“底层”项利润而不是毛利。

因此，有必要强调的一点是：各种财务数据并不仅仅是通常意义上数字的简单拼凑和加总。每一个财务数据背后都有生产的增减、费用的发生、负债的偿还等。财务分析人员通过对业务的了解和明察，并具备对财务数据敏感性的职业判断，即可判断经济业务发生的合理性、合规性，由此写出来的分析报告也就能真正为业务部门提供有用的决策信息。

2. 体现财务分析的价值

对于财务人员来说，角色从“报告者”转为内部管理者的“业务伙伴”，是真正体现财务分析价值的地方。为了做出这一角色的转变，财务人员应当充分地理解沉没成本和机会成本。理解了沉没成本便清晰了管理会计与财务会计的角色：因为是对未来的决策，所以财务会计固有的沉没成本对管理会计来说，是一种负担，无论曾经付出多少，站在现在的时间点都不应该影响对未来决策的判断。机会成本则是指选择了甲方案那么就要放弃乙方案所产生的损失，这是决策时需要考虑的事情，因此机会成本要在分析决策中占有重要位置。

财务分析报告应当体现出财务分析的价值，财务分析应该成为公司管理的工具。作为工具，财务分析应立足于财务数据，但不能就数字论数字，而是要通过数字揭示公司存在的问题，分析问题产生的原因，并提出有针对性的解决方案。

3. 明白读者需求，思路清晰

报告阅读对象不同，报告的写作应因人而异。比如，提供给财务部领导可以专业化一些，而提供给其他部门领导尤其对本专业相当陌生的领导的报告则要力求通俗一些；同时提供给不同层次阅读对象的分析报告，则要求分析人员在写作时准确把握好报告的框架结构和分析层次，以满足不同阅读者的需要。再如，报告分析的范围若是某一部门或二级公司，分析的内容可以稍细、具体一些；而分析的对象若是整个集团公司，则文字的分析要力求精练，不能对所有问题面面俱到，集中性地抓住几个重点问题进行分析即可。

财务分析报告的框架具体如下：报告目录→重要提示→报告摘要→具体分析→问题重点综述及相应的改进措施。

“报告目录”告诉阅读者本报告所分析的内容及所在页码；“重要提示”主要是针对本期报告在新增的内容或须加以重大关注的问题事先做出说明，旨在引起领导高度重视；“报告摘要”是对本期报告内容的高度浓缩，一定要言简意赅，点到为止。无论是“重要提示”，还是“报告摘要”，都应在其后标明具体分析所在页码，以便领导及时查阅相应分析内容。

以上三部分非常必要，其目的是，让领导们在最短的时间内获得对报告的整体性认识以及本期报告中将告知的重大事项。“问题重点综述及相应的改进措施”一方面是对上期报告中问题执行情况的跟踪汇报，同时对本期报告“具体分析”部分中揭示出的重点问题进行集中阐述，旨在将零散的分析集中化，再一次给领导留下深刻印象。

“具体分析”部分，是分析报告的核心内容。“具体分析”部分的写作如何，关键性地决定了本报告的分析质量和档次。要想使这一部分写得很精彩，首要的是要有一个好的分析思路。例如：某集团公司下设四个二级公司，且都为制造公司。财务分析报告思路是：总体指标分析→集团总部情况分析→各二级公司情况分析；在每一部分里，按本月分析→本年累计分析展开；再往下按盈利能力分析→销售情况分析→成本控制情况分析展开。如此层层分解，环环相扣，各部分间及每部分内部都存在着紧密的勾稽关系。

1.4.3 财务分析报告编制步骤

财务分析报告由于所展示的内容不同，所表示的对象也各有侧重，所以，在编制方法上也有所差别。但是，所有财务分析报告所遵循的规律是共通且具有逻辑性的。

以编制年度财务分析报告为例，具体分为五步：

1. 明确分析报告所面向的对象、分析内容的深度及所分析的目的

对于股东、管理者、直属领导、全部员工、金融机构或外部投资人等不同对象，决定分析内容的广度与深度是不一样的。报告不能泛泛而谈，更不能给人述而不专、作而不精的印象，而应该根据不同对象的需要，有针对性呈现高质量的分析内容。

财务分析可分为四个层次。层次一，说明情况，列示事实；层次二，对比目标，查找差异；层次三，解释差异，寻找原因；层次四，提出建议，解决问题。所以，就本质而言财务分析其实是一种“差异管理”的工具，在纵向、横向分析中寻找差异，进行提示问题，解决问题。

2. 基础资料的准备阶段

虽然步骤一根据不同的对象侧重不同的分析内容，但不代表在前期资料准备阶段做出太多素材的取舍。在第二步应该尽可能搜集较全面的资料信息，在对内容进行对比、分析、整合的过程中，提取共性的、有价值的信息。所以，在基础资料准备阶段，应根据时间、场合、条件、资料的可获取性等方面综合考虑如何搜集资料。因此，平时工作中的持续搜集与总结显得尤为重要。

具体说来，基础资料准备阶段可以分为两个阶段：沟通协调阶段与资料搜集阶段，这两个阶段可在同时进行。

（1）沟通协调阶段：又分为内部沟通与外部沟通。在内部沟通方面，分析人员应通过实地走访、电话、会议等不同形式与企业内部财务、管理、销售、收购、车间等员工进行深入沟通、交流，了解他们的工作流程，他们所面临的问题或困惑，总结他们的经验与不足。在外部沟通方面，则是通过行业论坛、同行、供应商、客户等进行拜访、沟通等，从而对行业当前的现状，及行业趋势有较为直接的了解。这个阶段，侧重对人的沟通与协调。要注意这不是临时的沟通协调，而是日常从事分析管理工作的常规内容。如果理解为一种突击性、阶段性的沟通则往往得不到有益的内容。

（2）资料搜集阶段：资料分析素材是做好财务分析的前提与基础。数据的编制标准及规范，数据的准备、完整、全面与否是决定财务分析质量好坏的关键所在。否则，一切的分析都因数据的无效而失败，甚至会导致决策失误。而根据资料的来源不同，可以将资料区分为内部资料与外部资料。

①内部资料搜集方面。在搜集内部资料时，首先考虑分析所需的资料主要有哪些内容，其次，则要考虑企业的流程管理的繁简度及其组织架构特点。要清楚不同的资料向那些不同的职能部门、不同的职能岗位获得。

就财务分析报告所需要的资料，往往侧重于财务报表及与之相关财务数据，这时不再细述。而对于来自销售部、生产部、采购部、合规等职能部门相关的资料也是相当重要的，这需要结合企业自身情况及所分析的内容及范围有所取舍。对于内部跨部门资料数据的搜集，主要从人、财、物、产、供、销等六个方面分类搜集：

第一，与“人”相关的数据。具体表现为：企业组织架构、员工薪酬社保、劳务合同等台账的相关信息及其相关的主要流程，内控制度等相关台账、文件。

第二，与“财”相关的数据。具体表现为：企业运营资金的结构、来源、投向和筹集计划等基本信息。其中所涉及资金管理的流程、关键内部控制制度，相关的台账记录，借款合同、股权融资合同等相关的原始单据。

第三，与“物”相关的数据。具体表现为：企业的核心固定资产、无形资产的基本数据信息，以及相关的资产管理流程、关键内部控制制度，相关的台账记录，资产的购建、使用过程所产生的原始单据。

第四，与“产”相关的数据。具体表现为：原材料、能源、产品、半成品、副产品、边角料，研发模式、生产模式、产能产量、生产周期等信息，研发、生产过程及关键内部控制，与研发、生产相关的业务台账记录，研发、生产过程产生的立项报告、存货出入库单据等相关数据信息。

第五，与“供”相关的数据。具体表现为：采购模式、主要供应商、主要原材料、主要能源等信息，采购结算过程、关键内部控制，与采购相关的业务台账记录，以及供应商评价资料、采购合同、验收入库单等相关的原始业务单据。

第六，与“销”相关的数据。具体表现为：销售模式、主要客户、主要新增客户、定价策略等相关数据信息。销售收款过程、关键内部控制，与销售相关的业务台账记录，以及客户评价资料、销售合同、产品验收或签收单据和结算单据等相关的原始业务单据。

②外部资料搜集方面。一份好的财务分析，不能只有企业微观的数据展示，还应有足够的宏观、行业等信息支撑与对比。

在外部资料搜集方面，可侧重对财税政策、政府统计、财经年会、行业资讯、相关上市公司季年报、同行业态等方面进行资料搜集。这些信息往往展示宏观的经济景气状况及行业的某些发展趋势，进而通过信息的综合考虑，提炼对未来阶段的预判，以提供决策参考。

3. 财务分析框架搭建阶段

对框架搭建阶段，不同专题、不同的报告、不同的分析对象往往有不同的搭建技巧和搭建结构。需要注意以下几个要点：

（1）布局清晰主线。即是由宏观向中观、微观层层推进，先宏观经济综述，行业环境简析，再到集团分公司主体，细分板块，板块内公司，再到具体指标展示等层层推进。

（2）结合实际，选合适的财务指标。需要注意的是，财务指标并非多而全就好，而要结合企业实际情况进行选择。这需要分析人员的基本功。

（3）选择分析所需要的工具或图表。通常有：量本利分析图、杜邦分析体系、商业仪表盘、产品定价建模分析等。注意，对于分析工具的选择也要有针对性，并结合受众的专业水平。

4. 起草撰写阶段

经过前三步的充足准备，无论在主题、素材、立论等方面已有一定把握，这个时候关键是要拿捏好分析的尺度。好的分析报告是要有态度，有立场，有观点的，不能泛空，不能偏窄，更不能扭曲事实。无论任何时候都要切记分析报告是服务于经营管理需要的，本质则是服务于股东的利益。

5. 排版、复稿阶段

这是撰写报告的收尾阶段。此时，能用图，则不用表；能用表，则不用文。同时兼顾受众阅读习惯与专业水平并对报告中的主要逻辑、基本数据、指标进行审核，防止数据之间打架，数据录入错误，结论过于空泛等问题的产生。

1.4.4　编制财务分析报告应当注意的问题

在编制财务分析报告时，不仅应当遵循编制原则，按步骤进行编制，还应当注意不要出现以下常见问题：

1. 立足点不清，把报告写成下对上的汇报

财务分析应该成为公司管理的工具。作为工具，财务分析应立足于财务数据，揭示公司存在的问题，分析问题产生的原因，并提出有针对性的解决方案。如果异位，把财务分析演变成下级对上级的汇报，分析报告将会变味，分析问题会变成寻找客观理由，解决问题会变成推诿责任。最终，管理工具会沦落为表功道具。

2. 机械套用模板

财务输出模板化的理念现在已经深入人心了。模板化的好处表现为：①上级将自己的意图直接说出来了，下级就不用猜测了；②交付格式统一，便于汇总；③填报时可直奔主题，省去了下级的无效工作量；④关注点明确，减少了上级的无效阅读。

但套用模板，容易忽视自己的实际是否与模板匹配。试想，模板是根据共性设计的，而每个公司都有自己的特色，不加变通，模板就会阻碍公司获取真实的问题。

3. 把握不住重点，没能着重揭示根本性的问题

每个企业经营中都会有最突出的问题，或者说是最根本的问题，如同企业的病灶。这一病灶又会引来诸多不良反应或其他疾病，但这些反应与疾病都是次要的。成功的财务分析需要透过财务数据，找出企业最根本的问题。譬如，公司销售收入下降，有研发设计的原因，有成本价格的原因，有质量的原因，有广告宣传的原因，根本的原因可能是研发设计不够时尚。如果不能拿捏重点，那么所有的分析都将是片面的，甚至可能是方向性误导的。

4. 揭示出的问题与对应专项分析不能呼应

分析一旦揭示出了公司最根本的问题，就需要对此问题进行专项的、深入的分析。譬如，公司资金链紧张，主要是因应收账款过度膨胀造成的。揭示这一问题后，专项分析就应定位在如何限制新增应收账款、如何清收前期应收账款、如何制定赊销政策与进行客户评级这几方面。这样才能首尾呼应，让分析报告富有逻辑性。要是揭示出的问题与专项分析风马牛不相及，做出的财务分析必然会与业务实质脱离。

5. 就数字论数字，没有挖掘业务层面的原因

在编制原则中就提到，财务分析报告要体现财务分析的价值，而财务分析的价值则需要依靠对业务层面的剖析表现出来。

如果财务分析报告中，单纯罗列诸如“公司利率下降了 20%，主要因为收入下降了 10%，管理费用增加了 20%，销售费用增加了 15%”，实际不能称之为分析，因为报告使用者看不出收入缘何而下降，费用因何而增高。如果将数据同业务结合，从而表述为，“因华南市场推广受阻，××产品销量降低了 30%，导致毛利减少××万元”“因写字楼租金上涨××万元，导致管理费用增加了 20%；华南市场广告投入增加××万元，导致销售费用增加了 15%”，那么分析报告真正的意义才能体现出来。

6. 定性描述多，定量分析少

虽然财务分析报告不能就数字论数字，但是其也不能脱离数字而空谈分析。“因市场竞争加剧，公司收入出现大幅下降，利润也因之降低。”这是典型的定性式描述。如果财务分析不能做到量化，只是宽泛地讲原因，分析结果的可信度要下降许多。但很多时候数据确实不易取得，有的是因为没有积累，有的是因为核算颗粒度太粗放，有的是因为核算维度未涉及，有的是因为组织架构调整。除了这些原因，还可能是因为财务人员对市场、对业务理解不透彻。量化分析不仅是财务核算精准的体现，也是财务人员深入理解业务的体现。

7. 预测的准确性差

财务分析报告在结尾处往往要对全年的经营指标结果进行预测。预测准确与否，从某种程度上讲也是检验财务分析效果的标尺。谈及华为的财务预测工作时，任正非曾说，“预测是管理的灵魂”。财务对业务的支持从事后走向事前，预测是可以为之的举措。准确的预测有助于公司做出正确的决策，可以优化公司的资源配置。

第 2 章 从更高层次重新认识财务分析的基石——财务报表

财务报表是企业的 DNA，也是企业进行财务分析的基石。要进行财务分析，仅仅了解财务报表的概念远远不够，需要从其结构入手，结合企业具体的特点，对财务报表进行更充分、更深入的认识。本章将从财务报表的结构出发，对各财务报表进行深入解读，并结合四维财务分析的重要指标，指出对财务报表进行财务分析的关键所在。

2.1 重新认识财务报表

对于一家公司而言，其主要的财务报表包括：资产负债表、利润表、现金流量表以及所有者权益变动表。这 4 张报表各有侧重，并通过严密的勾稽关系联系起来，反映企业财务状况和经营成果。从反映的内容来看，资产负债表代表一个公司的资产、负债及股东权益，利润表代表一个公司的利润来源，而现金流量表代表一个公司的现金流量，也代表资产负债表的变化。一家优秀的企业必须拥有充沛的现金，优质的利润空间，以及优秀的资产和负债结构。

从某种意义上来说，资产负债表是一家公司财务报表的核心。无论是现金流量表、利润表还是所有者权益变动表都是对资产负债表的深入解释：利润表实际上体现的是资产负债表里面的一个科目——未分配利润的变动情况；现金流量表体现的是资产负债表里面货币资金的变动情况；而所有者权益变动表体现的是资产负债表中权益类科目的变动情况。在此基础上，以资产负债表为核心的财务报告体系内部形成了严密的勾稽关系：

（1）资产负债表是公司盈利的基础、利润的源泉，体现了公司的商业模式。资产负债表中的资产是可以为企业带来收入的资源，同时，企业在使用这类资产过程中产生的耗用又会令资产逐步转化为利润表中的成本费用。收入减去成本费用，就得到利润，这构成了利润表的基本逻辑。以比较常见的资产——固定资产为例，当使用固定资产进行生产活动时，企业利用固定资产生产出的产品通过销售环节产生收入；同时，固定资产的账面价值以折旧方式在资产负债表上逐步减少，而相应金额则以折旧费用的形式出现在利润表的成本或费用中。

（2）利润表和现金流量表是对资产负债表变化的解释。一方面，净利润直接影响资产负债表中股东权益的变化。另一方面，作为现金的变化源泉，净利润经过“经营”“投资”“筹资”三项重要的现金变动转变为最终的现金变化，最终反映到资产负债表的现金及等价物一项。首先，净利润经过营运资本的变化、摊销折旧等非现金项目、其他项目（财务支出或收入、投资收益等）的调整，最终转换为经营现金流。其次，投资的支出与收益的现金流量反映买卖资产对资产负债表的资产项目的影响。最后，筹资活动相关的现金流量中，借债与还债会影响资产负债表的借款项目，而分红与增发会影响资产负债表的股东权益项目。

财务报表是对一个公司财务状况的精髓与总结，也是对公司这个动态系统的简化模型分析。从财报上看，如果一家企业有充足的现金，又主要来源于利润，就可以被称为好企业。而如果一家企业能够在较长时期内，持续地达到营收增长、获利增长以及经营活动现金流量的增长，就可以被称为优质成长的企业。当然，在具体营运过程中，管理层可以根据企业的实际情况，动态地调整营收、获利、现金流量的相对优先地位，实现企业的长期良性健康发展。

需要注意的是，现行的财务分析以合并报表的数据为主，也就是把一个集团公司的所有子公司组合起来，作为一个集团企业来看总体的财务情况。合并财务报表与单体的财务报表一样，主要包括合并资产负债表，利润表，现金流量表，所有者权益变动表以及财务报表附注，其中三张主表和财务报表附注是各利益相关方最为关注的内容。

2.1.1 增增减减，“盛”者为王：资产负债表

资产负债表是对企业整体状况的概括性描述，它展示了企业资产和负债的结构情况。从资产负债表中可以得知企业有哪些资产，有哪些负债，分别属于长期或是短期，有多少负债需要支付利息，这些是资产负债表的核心，也是企业的各方利益相关者密切关注的问题。因此，深入了解资产负债表对于企业的财务分析而言至关重要。

总体来看，资产负债表是一张平衡表，其基本的勾稽关系满足：资产 = 负债 + 所有者权益。其中，资产反映企业资金的占用，是能够给企业带来收益的资源；负债和股东权益是企业资金的两种不同来源，是企业要承担的代价。在资产负债表中，除了资产和负债的结构不一样，表中资产总额与负债及所有者权益的合计额是相等的。因此分析资产负债表的关键在于分析资产以及负债的结构。

1. 资产负债表的结构（图 2－1）

我国现行的资产负债表一般分为两块，按照“资产 = 负债 + 股东权益”的形式从左到右、从上到下排列。如图 2－1 所示。其中，资产是按照可以变现的能力及其流动性进行排序，排在最前面的是最容易变现，并且流动性最好的。因此，流动资产在非流动资产前面，而货币资金又是在流动资产的最前面。负债和所有者权益是按照企业融入资金的偿还时间排序，排在最前面的是需要最快偿还的，流动性也最强。因此，负债在所有者权益前面，流动负债在非流动负债前面。

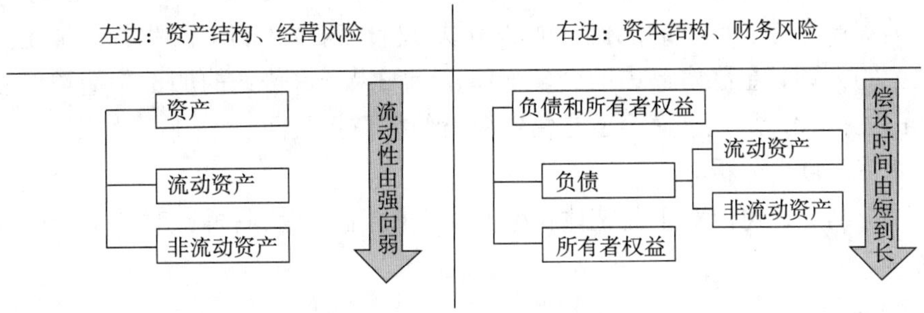

图 2-1　资产负债表的结构

资产负债表这种列示规则也巧妙地揭示了企业的资产结构和资本结构。一方面，资产按照占用期限和用途结构在资产负债表中依次列示，能够反映出各种资产占企业总资产的比重，也就是企业的资产结构；另一方面，负债和所有者权益的关系揭示了企业的资本结构，并可以进一步分类为流动负债结构、长期负债结构、投入资本结构和积累资本结构。其中，负债的构成通常用来分析资本结构与资产结构的适应性及平衡性，借以说明资本的种类（保守型、中庸型和激进型）；而所有者权益的构成及其比例关系具体提示了企业资本结构的成本水平、风险程度和弹性大小。

2. 资产负债表分析思路

资产负债表反映了企业资产、负债的总规模以及其分布形态，并揭示了企业经济资源的来源和用途。而企业的利益相关者最关切的是其资产、负债的质量，因此，对资产负债表进行分析毫无疑问需要重点关注资产和负债。

（1）资产分析。

资产是企业用以安身立命的根本，是企业综合实力的反映。对于企业而言，资产总量更大听起来是一件好事，所以很多企业出于美化报表或者其他考虑，往往会倾向于高估资产。但实际上，资产也处于不断的更新迭代中。从企业长期健康经营的角度来看，资产的总量并不是唯一重要的因素，对企业资产质量的考察更多应该关心企业拥有的资产为企业创造价值的能力。如果企业流动资产占比不高，但是可以靠固定资产持续的盈利来弥补流动资产不足的偿债风险，那么对于企业来说也是一种健康、可持续的发展模式。对资产进行分析可以通过以下程序：

①分析资产规模的变化情况。

分析资产首先需要关注资产规模的变化。一般而言，处于成长期或发展前景好的企业，资产规模肯定在不断增加。同时，企业资产的规模应当跟行业发展趋势一致。如果整个行业在萎缩，而企业资产规模却在扩大，那么可能存在潜在的舞弊问题。因此，分析一家企业的资产规模变化需要结合行业整体发展情况，分析这家企业所处的行业的性质，重点关注国家大力支持的行业或者高能耗、高污染等急需整改的行业。

②分析资产的结构或构成。

资产负债表提供了一种资产分析的思路，即流动资产和非流动资产。按照流动性的分类，资产负债表能够反映企业资产的变现能力，进而反映企业的偿债能力和资产配置。

另一种分类方法是把资产分成两类：经营性资产和金融资产（投资性资产）。通过比较这两类资产在总资产中的比例，能够帮助分析一家企业的主营业务：集团公司或以投资为主业的公司，金融资产占比会多一些；而如果一家普通的加工制造类型公司，投资性资产占比很大，那么这家企业主营业务就值得重点关注。

③具体资产项目分析。

通过以上两点，可以对企业整体状况有个大概判断，然后再针对各个资产项目详细地进行考察。

（2）负债分析。

负债一般被认为是企业的负担。一般认为，依靠负债生存的企业面临利息支付的压力，容易面临更大的风险。但是负债是本质是负重前行，有些企业用杠杆经营，看上去负债总额很大，但是有息负债比例并不高，没有给企业带来负担；同时预收账款这类负债的存在实际上体现了企业的竞争力，不会给企业带来压力。

对负债进行分析需要关注其结构和构成，分析负债给企业带来的风险程度，包括但不限于以下分析：

①计算流动负债与长期负债的比重，如果流动负债比重大反映企业偿债压力大，如果长期负债比重大说明企业财务负担重。

②计算负债总额中信用性债务和结算性债务的比重与流动负债中临时性负债与自发性负债的比重，判断债务结构是否合理；

③计算长期负债与总资本的比率，分析总资本对长期负债的保障程度，计算长期负债与所有者权益的比率，分析债权人风险的大小。

通过以上分析获取企业整体负债状况后，再针对各个负债项目进行详细的考察。

需要注意的是，在实际的财务分析中，由于每个企业的企业性质、经营理念以及管理方法不一样，财务分析人员更需要关注企业选择这样的资产结构和负债结构以后实际的经营成果。如果一家企业是重资产企业，非流动负债占比相对较高，但是这家企业的盈利能力很强，经营成果优秀，那就可以认为它的资产和负债结构是合理的。

2.1.2 赚赚赔赔，“胜”者为王：利润表

资产负债表可以称之为企业经营战略表，而利润表一向是投资者最关注的，也可以称之为上市公司的成绩单。

在企业中，管理层对利润表负责，这就给利润表带来了双重任务：一方面利润表要“取悦”资本市场，也就是广大投资者；另一方面要“取悦”董事会，毕竟董事会要拿利润来考核管理层的绩效。所以利润表在编制过程中可能会出于某种目的进行调整或者叫“修饰”。调整未必就是造假，企业在会计准则的框架之内其实有相当大的操作空间，只要不超出准则规定，在监管层面就没有太大问题，只不过对于使用报表的用户特别是投资者而言，利润表的信息就不能真实反映企业的盈利状况。

因此，在做利润表的分析时，我们要重点关注或者识别利润表项目的调整。这些调整包括两方面的内容：一是企业出于利润管理的需要，进行的合法但不合理的调整；另一种就是纯粹的财务作假，既不合法又不合理。对于前者，只要企业有充分的理由，能

合理地解释，那么问题就不大。为了充分识别利润表的调整项目，对利润表的分析可以从结构入手，关注重点项目。

1. 利润表的结构

利润表按照利润形成的逻辑把收入、费用等项目有机地结合起来，清晰地展示了企业的利润的来源和成本的去向。利润表的结构如图 2－2 所示。在此基础上，将利润表中的项目重新排列组合，可以将形成净利润的项目分成两大类：增加类和减少类。

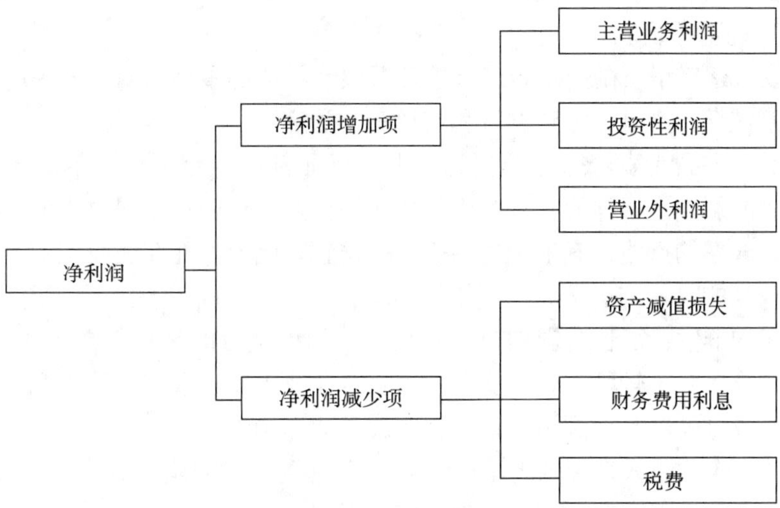

图 2－2　利润表的结构

（1）净利润的增加项。

按照对企业的重要程度，能够为企业增加净利润的依次是主营业务利润、投资性利润和营业外利润。其中：

①主营业务利润＝主营业务收入－主营业外成本－销售费用－管理费用－财务费用（不含利息支出）

②投资性利润＝公允价值变动损益＋投资收益

③营业外利润＝营业外收入－营业外支出

利用利润表数据，分别计算一下这三项利润的占比，可以大概判断这家企业的经营状况。正常情况下，主营业务利润占比最大；而如果投资性利润占比最大，可能有两个原因：一是这家企业是以投资业务为主，比如集团公司；二是这家企业通过投资性业务来调节利润，例如上市公司卖掉一栋楼来增加利润。正常情况下营业外利润占比很小，如果占比较大的话，很可能也是调节利润的信号。

（2）净利润减少项。

能够导致净利润减少的项目主要包括资产减值损失、利息支出和税费。其中，资产减值损失最值得关注，因为计提减值准备需要做财务判断，主观性较强，这就使得企业在这方面有很大的操作空间。企业很可能通过多提或少提减值准备来调节利润。比如企业在某一年计提大量的减值准备，然后第二年再转回，那么第二年就可能扭亏为盈。在进行利润表分析时，可以比较最近几年的资产减值损失的数据，如果发现波动较大那就可能存在调节利润的风险。而利息支出可以用于验证这家企业的平均债务成本。通过比较前后几年企业贷款成本的变化并与同行业跟其他公司比较，可以得知这家企业的信用状况变化情况。一般而言，资质良好的企业，能从银行拿到相对低息的贷款。

2. 利润表分析思路

利润表的分析重点包括收入、成本、费用以及利润。表面上看，利润表能够反映一家企业经营和获利的情况，深层次来说，利润表能够反映企业的经营战略以及资产负债结构是否合理。对利润表进行分析可以从以下几个方面入手：

（1）收入的可持续性。

企业的收入逐年增长是投资者或者管理层殷切希望的事情。对于一家企业而言，收入的决定因素包括：产品、客户群体和市场竞争强度。

一般来说，产品代表着企业所在的行业，行业都有生命周期，不同生命周期的行业，带给企业的影响是不同的。一个相对成熟的行业，企业想获得收入的大幅增长几乎不可能，因为成熟的行业，竞争相对平衡，很难脱颖而出。而在成长型的行业中，企业往往能获得较高的收入增长率。

同时，客户群体特征也会影响企业的收入。如果企业的客户都是500强的大企业，那么可以预测收入会比较稳定，也能说明这家企业业务质量很高；如果客户中小微企业占比多，那么收入就容易受到小微企业业绩波动的影响。

除此以外，企业收入来源的地理区域也要考虑到。比如企业收入部分来自于海外，那么国际政治变化、汇率变化都会对收入产生影响。

（2）费用所带来的效益。

一般来说，正常的企业费用的支出往往会带来相应的效益，就是钱不能白花。因此，在分析利润表时需要计算一下期间费用率，看看费用与收入的增长是不是具有稳定的比例关系。如果一家企业费用支出很多，但收入却没有相应增加甚至在减少，说明企业管理上存在问题。

另外，如果期间费用发生剧烈上升或下降，那就需要格外关注变动的原因。

（3）毛利率的变化。

毛利率与产品生命周期密切相关。产品刚投入市场的时候，市场竞争较小，此时的毛利率加高；随着竞争性产品的加入，毛利率会越来越低。当企业毛利低的时候，往往会采用一些营销手段，比如采用促销手段，广告宣传等等，相应的费用也会增加。此外，如果毛利率降低的同时存货大量积压，那么企业的经营状况就需要更多关注。

（4）利润中的现金含量。

源源不断的现金流是企业长久发展的根本。如果企业利润中能够实际变现的很少，那么利润就会存在泡沫。分析利润中的现金含量需要结合现金流量表的经营活动现金流量项目。

一般来讲，营业收入与“销售商品、劳务收到的现金”相匹配，并且后者多于前者，因为后者含有增值税；营业成本与“购买商品、劳务支付的现金”相匹配；综合下来，营业利润要与经营活动的现金净额相匹配，并且正常情况下经营活动的现金净额要多于营业利润；投资收益对应着投资活动的现金流。

2.1.3　进进出出，“剩”者为王：现金流量表

现金流量决定着企业的存亡。因为企业可以没有利润，但是不能没有现金，没有利润只是证明企业的产品暂时没有市场，但是没有现金时，企业马上面临倒闭风险。另外，在很多利益相关者眼中，利润是基于财务报表的，不是真实的现金，现金才是真正用来运作和经营的唯一保障。而现金流量表就是用来看清楚企业现金的重要报表，这张报表会反映出企业的现金从何而来，用在何处，所剩几何。

从本质上来说，现金流量表的编制基础是收付实现制，而利润表和资产负债表都是权责发生制。这其中的区别就在于本期列报的利润表和资产负债表相对有更多职业判断的空间，可能会有资产、利润被提前或者延期确认；但是现金流量表是真实的本期的现金流动情况，可以真实地反映企业到底经营得怎么样，也可以用来证伪利润表和资产负债表的质量。

1. 现金流量表的结构

现金流量表本身的结构暗含了对现金流量表进行分析最好的模式。它一共可以划分为三个方面，其中经营方面对应经营活动现金流，投资方面对应投资活动现金流，筹资方面对应筹资活动现金流。现金流量表的结构如图 2－3 所示。对于企业而言，最重要的一定是经营活动，因为投资、筹资的最终目的都是为了企业更好地经营。经营活动现金流只要越来越好，企业基本上可以认为良性增长。增长的现金流可以用来偿还债务，也可以用于继续投资扩大生产。

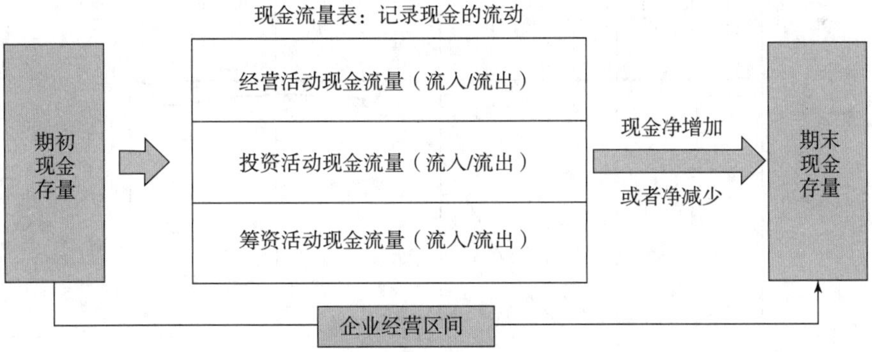

图 2－3　现金流量表结构

2. 现金流量表结构分析

从现金流量表列示的三种现金流量净额的正负情况入手，可以形成对一家企业现金流量结构的大致判断，具体包括以下八种情况，如表 2－1 所示：

表 2－1　现金流量表结构分析

编号	经营活动现金流量净额	投资活动现金流量净额	筹资活动现金流量净额
1	正	正	正
2	正	正	负

续表

编号	经营活动现金流量净额	投资活动现金流量净额	筹资活动现金流量净额
3	正	负	负
4	正	负	正
5	负	负	负
6	负	负	正
7	负	正	正
8	负	正	负

一般认为，优秀企业的现金流量情况呈现为第三种“正负负”结构，也就是说这家企业经营活动赚到的现金既可以拿来投资，还有剩余用于偿还借款利息等融资的成本。对于其他企业，经营性现金流净额虽然短期内为负可以接受，因为可能存在行业特征，例如第一季度赊销为负，第四季度回款后为正；但是长期来看，经营性现金流持续为正是非常重要的。

除此以外，在进行现金流量表结构分析的同时，还需要关注企业所在的生命周期。在不同的生命周期，企业的现金流量呈现出不同的特点。根据企业的生命周期理论，可以把一家企业划分为初创期、成长期、成熟期和衰退期，这里的纵轴通常设置为企业的净利润或者市场份额等指标，并分别对应不同的现金流量特征，具体如图 2-4 所示：

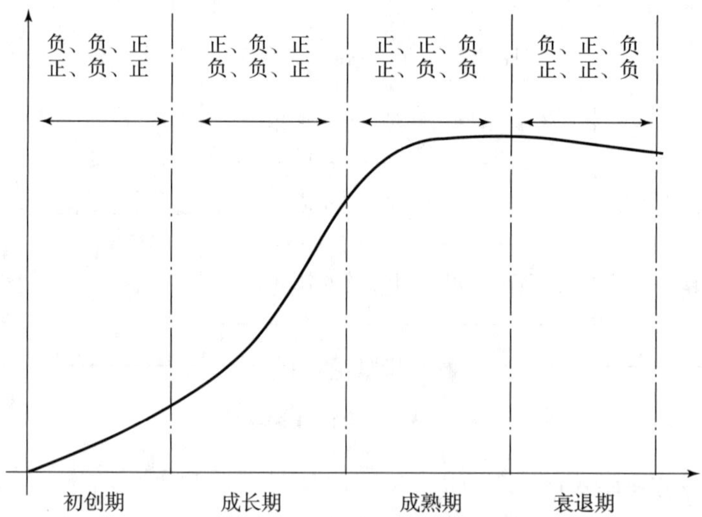

图 2-4 企业不同生命周期现金流特征

（1）初创期。

初创企业不同于一般企业，它们的现金流通常呈现为第六种“负负正”结构。大多是这种公司看好一个项目前景，从风险投资或者战略投资等融资途径筹措一笔资金大举进行投资，但是暂时没有产生经营性现金流。

（2）成长期。

当企业进入快速成长阶段后，经营活动现金流净额可正可负。这个时候有梦想的老板都会开始计划登录到资本市场，与社会分享公司成长带来的收益。这个时候企业对资金的需求仍然很大，但是市场份额没有完全打开，因此经营活动现金流量并不一定为正。

（3）成熟期。

到了成熟期的企业，经营发展良好运行，已占据一定的市场份额，经营活动源源不断地产生正的现金流入，如大家都知道的一些蓝筹股，除了正常的再生产投资，企业开始享受前期投资的回报，投资活动现金流可正可负，这与管理层的决策相关。成熟期的企业已被市场认可，投资者更倾向于获得回报从而去寻找更佳的投资对象。再加上前期的现金流积累，企业已能够分享自身的经营成果给投资者或者债务人，使用的方式包括分红和偿还债务本息，该阶段筹资活动现金流量净额为负。

（4）衰退期。

等一家企业到了衰退期，销售收入出现严重萎缩，经营上可能出现亏损；经营现金流流出可能大于流入，净额呈现为负值。企业战略开始收缩，前期投资开始收回，经营问题严重的企业可能出现减少或变卖生产设备等，所以投资活动现金流金额为正。该阶段的企业还可能面临债权人或者股东的还款压力，因此筹资活动现金流净额为负。

3. 现金流量表分析思路

（1）现金流量表结构分析。

从现金流量表的结构出发，通过分析三种不同类型的现金净流量的符号，可以形成对企业现金质量的基本判断，这是现金流量表分析的第一步。对表 2 - 1 中八种现金流结构具体的分析思路如下：

①经营活动现金净流入 +、投资活动现金净流入 +、融资活动现金净流入 +。

这种情况说明企业现金流充足。一方面，企业的经营是盈利的，投资、融资都有收益。但是不能被数据迷惑双眼，要分析数据表象下面潜在的问题，企业既然经营可以赚钱，投资又有收益，为什么还需要融资呢？无非只有两种解释，其一是这家企业可能即将开展大规模的对内对外投资，并且投资的金额是巨大的，这种情况下需要去关注它的投资项目是否靠谱。其二就是这家企业的大股东或者管理者将上市公司看作是一个圈钱的工具，准备将资金随时转作他用，甚至它的经营活动现金流是通过关联交易虚构的。如果一家企业出现这样的现金流量情况，那就需要关注企业是否隐藏了经营的真实情况，掩盖了企业缺钱的事实。

②经营活动现金净流入 +、投资活动现金净流入 +、融资活动现金净流出 -。

这种情况说明企业经营是可以赚钱的，投资也有收益流入，但是有融资活动现金净流出证明企业在还债。对于这样的企业需要关注其偿债来源，是在变卖资产还是正常的经营现金还债？如果企业是通过正常的经营活动获得的现金还债，投资现金流的流入是利息收入，那就可以认为企业在正常的还债；需要关注的是，企业投资现金流为正说明了企业的投资进程迟缓，不再招兵买马扩大经营，同时还在还债。这证明企业目前发展遇到了瓶颈，未来业绩可能很难增长。

③经营活动现金净流入 +、投资活动现金净流出 -、融资活动现金净流出 -。

这种情况说明企业经营可以赚钱，也在投资项目，同时还在还债。这种企业算是最优秀的企业，经营活动带来的现金不仅可以用于扩张，还可以用于还债。这侧面说明企业通过经营赚到的钱非常充足，这种企业也算是最健康，财务最安全的企业。

④经营活动现金净流入 + 、投资活动现金净流出 - 、融资活动现金净流入 + 。

这种情况说明企业经营赚到的钱以及融资活动现金流入都投入到了投资当中，所以投资现金流是负的。这种企业一般处于扩张期，企业需要投资，需要用钱，并且经营获得的钱不够，所以还要借钱来投资。财务人员需要着重分析的是企业借钱的利息是否合理，投资于何种项目。如果投资项目未来有巨大的盈利潜力，那么可以认为企业当前的现金流量结构是合理的。

⑤经营活动现金净流出 - 、投资活动现金净流出 - 、融资活动现金净流出 - 。

这种情况说明企业经营不赚钱，但是投资还在扩大，并且有债务的压力。对于企业而言，这种现金流量结构并不乐观，因为一方面企业经营没有获利，但是还要继续投资，并且还有债务的负担。如果一家企业呈现出这种情况，那么很可能离破产倒闭就只有一步之遥。

⑥经营活动现金净流出 - 、投资活动现金净流出 - 、融资活动现金净流入 + 。

这种情况说明企业经营不赚钱，投资仍在继续，但是能够筹到钱。一般而言，这种情况会出现在成长期的企业中，企业有一定的发展前景，因此能够吸引到投资，但是市场暂时没有打开，尚未通过经营活动赚到钱，但是又面临发展投资的需要。这种企业其实存在较大的风险，如果资金流断裂，可能立刻就会破产倒闭。

⑦经营活动现金净流出 - 、投资活动现金净流入 + 、融资活动现金净流入 + 。

这种情况说明企业的经营不赚钱，投资方面在卖家产或者是利息收入，并且还在借钱。这种企业不缺钱，因为不仅仅有投资现金流还有融资渠道，可以借到钱。但是问题在于企业的经营情况并不好，需要关注企业经营是否能够改善，并同时注意企业的投资现金流到底是怎么来的。如果是这个阶段的企业需要变卖资产来获得投资活动现金流，那企业的未来前景也并不乐观。

⑧经营活动现金净流出 - 、投资活动现金净流入 + 、融资活动现金净流出 - 。

这种情况说明企业经营不赚钱，只能通过变卖资产来偿还债务。因为经营活动现金流量为负的企业也很难靠利息使得投资活动现金净流量为正，那么只能说明这种企业在通过变卖资产偿还债务。这显示出企业面临的巨大风险，一旦没有资产可卖，经营又不能改善，那债务压力很可能导致企业破产。

（2）现金收入比率分析。

在了解企业现金流的大致结构之后，现金流量表分析进入第二步：分析现金收入比率。其中：

现金收入比率 = 销售商品、提供劳务收到的现金 ÷ 营业收入

该比率是在剔除了应收账款对公司带来的风险的情况下，从现金流入的角度反映销售收入的实际情况，能够从现金收回的角度反映企业营业收入的质量。该比率如果大于1，说明不仅当期收入全部收到现金，而且还收回以前期间的应收账款，盈利质量较好；如果该比率小于1，说明当期有部分收入没有收现，盈利质量不容乐观。

（3）现金净利润比率分析。

最后，对现金流量表进行分析时还需要关注净利润中的现金含量，即现金净利润比率或者现金经营利润比率。其中：

现金净利润比率＝经营性现金流净额÷净利润

现金经营利润比率＝经营性现金流净额÷经营利润

对企业而言，形成营业收入并不等于实际收到了赚到的钱。现金净利润比率关心的是企业净利润的现金质量，相当于对营业收入现金含量的再次确认。理论上，一家优秀的成熟企业的现金净利润比率应该要大于1，并同时大于前面的现金收入比。

2.1.4　财务报表附注

财务报表附注是根据《企业会计准则》的规定，为帮助报表阅读者理解财务报表的内容而对财务报表的有关项目等作出的解释和补充说明，是财务报表不可或缺的部分。通常来说，附注主要由七部分组成，包括企业的基本情况、财务报表的编制基础、遵循企业会计准则的声明、重要会计政策和会计估计、会计政策和会计估计变更以及差错更正的说明、合并财务报表项目注释以及其他需要说明的重要事项。

附注是最详细的财务报表内容解释和附加说明，也是财务报表专业分析的重要依据。财务报表不可能把一切细节都写得非常清楚，格式有限，科目有限，并且数字也并不足以说明企业的经营情况和细节。而财务报表附注就是对财务报表本身无法或难以充分表达的内容补充说明。企业的经营细节都在附注里面，附注的重要性就在于它揭示了数据背后的变动逻辑，为资产负债表、利润表、现金流量表以及股东权益变动表的变动提供了追本溯源的依据。

（1）企业基本情况。

这一部分内容重点看企业的行业、经营范围、规模，以及合并范围的变化。有些上市公司为了把报表变得好看，会剥离一部分业务，可以从合并范围体现出来。同样也有上市公司会通过并购增加合并范围，在此都能一目了然。

（2）会计政策和会计评估变更情况。

除了营改增这类大范围的会计政策变更或者准则修订后要求必须修订外，有部分企业会通过会计评估的变更来实现利润的修饰，而这类企业最常用的会计估计变动是固定资产折旧和应收账款坏账准备。这种会计评估的变更通常都有因为业绩压力而去调节利润的主观意愿，因此，如果是最近盈利情况较差的企业发生了会计评估变更情况，那几乎可以肯定是为了“制造”更好看的利润。

具体到项目上，可以重点关注：

①坏账计提的比例。坏账计提的比例一般按照流程是需要做减值测试的，但是在实际生活中很多企业为了简化处理计提方式就是直接乘以一个百分比。对于国企事业单位等计提坏账比例就明显不能高于私人企业，年底发生的业务在年底就计提坏账准备显然是不太合理的，需要一个账龄的过渡。

②存货跌价准备。特别是委托代销商品和受托代销商品的存货跌价准备，在进行财务分析时需要重点关注是否是属于企业的存货，警惕用跌价准备来操控利润所带来的

风险。

（3）货币资金。

企业一般很少存有大量的货币资金，如果有长期大额资金也是需要同时关注企业的财务费用，毕竟那么大一笔钱放在银行肯定是会产生不菲的收益的，这些都是有必然的联系的。

（4）金融资产。关注购买理财情况，一般而言，长期、大量购买理财的公司是效益比较好的公司。

（5）应收及应付款项。这也是容易暗藏风险的环节，需要重点关注：

①应收款项的大客户清单。根据规定，上市公司需要披露前五大客户，有些公司会实名披露，也有部分公司会匿名披露。对比来讲，实名披露的往往要比匿名披露的靠谱。如果该公司的前几大客户长期固定，并且销售收入占比很高，则说明这家公司的抗风险能力比较弱。在该公司所服务的行业不景气的时候，将面临把所有鸡蛋放在同一个篮子里的风险。比如为电力、钢铁、石油化工或者大型汽车公司提供零部件的上市公司。

②应付账款的供应商清单。

③应付款项的账龄。长期应付账款而又未付的应付账款是不太合理的，一般来说要么是采购合同双方因为某些原因终止了，或者对方不再收取这笔款项了，无论是什么原因都应当及时处理，而如果没有及时处理那就很可能隐藏问题。

（6）固定资产和在建工程。重资产（固定资产占比例较高的）企业为了盈余管理，有可能会在在建工程转资的环节做一些手脚，通过延迟转资实现少提折旧、调剂利润的效果。

（7）债权债务的所属与日期。需要注意的是，债权债务需要关注披露的债权人债务人可能同时也是公司的大股东，这极有可能形成大股东对公司的无偿借款。

（8）政策税费的优惠。有些行业的政策优惠很大，可能在税后的净利润中占有一席之地，税收的变化可能造成企业的利润强烈的波动，在附注中需要增强对政策税收优惠的理解。

（9）关联交易。许多上市公司通过关联交易进行利益输送，实现高额利润，因此需要格外关注关联交易的必要性和合理性，特别是金额重要的关联方交易。在进行财务分析时，可以通过测试关联方交易产生利润在企业总利润里面的占比情况，来帮助区分关联方交易的目的以及实质性的交易对公司的正向影响。如果这个比例非常大，那么就需要重点分析。

（10）投资收益。非经常性的投资收益是上市的ST公司一次次保壳成功的常用手段。在进行财务分析时，需要格外注意这个科目金额较大或者相比历史数据存在较大波动的情况。

2.2 财务报表要素及其关注点

2.2.1 资金：用在何处

1. 资产概述

（1）定义。

资产是指由过去的交易或事项形成的、由企业拥有或控制的、预期会给企业带来经济利益的资源。

具体来讲，企业从事生产经营活动必须具备一定的物质资源，如货币资金、厂房场地、机器设备、原材料等，这些都是企业从事生产经营的物质基础，都属于企业的资产。此外，像专利权、商标权等不具有实物形态，但却有助于生产经营活动进行的无形资产，以及企业对其他单位的投资等，也都属于资产。

（2）特征。

①资产是由于过去交易或事项所形成的。这就是说资产必须是现实的资产，而不能是预期的资产，是由过去已经发生的交易或事项所产生的结果。企业过去的交易或者事项包括购买、生产、建造行为以及其他交易或者事项。预期在未来发生的交易或者事项不形成资产。

②资产是公司、企业拥有或者控制的。由企业拥有或者控制是指企业享有某项资源的所有权，或者虽然不享有某些资源的所有权，但该资源能被企业控制，如融资租赁资产。

③资产能给公司、企业带来未来经济利益。资产包括各种财产、债权和其他权利。预期会给企业带来经济利益，是指直接或间接导致现金和现金等价物流入企业的潜力。这种潜力可以是企业的日常活动，也可以来自非日常活动，带来经济利益的形式，可以是现金，也可以是现金等价物，也可以是能转化为现金或现金等价物，以及减少现金或现金等价物流出的形式。

会计上能否确认一项资产，很重要的一个判断标准是看该项资源是否为本单位所拥有或能够控制，以划清自己的资产和别人的资产的界限，即明晰产权。比如向外单位以经营租赁方式租入的资产就不是本单位的资产，因为这不是本单位所拥有的。另外，还要看该项经济资源能否为单位带来经济利益，凡不能带来经济利益的东西不能确认为资产。比如一些已经报废的机器设备，已不能为单位带来经济利益，就不能在会计上确认为资产。

（3）分类。

在资产负债表中，通常按变现或耗用的时间长短，将资产划分为流动资产与非流动资产。流动资产的变现和耗用时长为一年内或超过一年的一个营业周期内，主要包括库存现金、银行存款、可交易性金融资产、应收和预付款项、存货。这里所讲的"营业周期"，是指企业在正常的生产经营过程中从取得存货、购买劳务一直到销售商品和劳务，最后收取货款和劳务款这一时间跨度。通常，商业企业的经营周期较短，制造业的经营周期较长，有的超过 1 年。非流动资产主要包括固定资产、长期投资、无形资产等。

2. 流动资产

流动资产是指可以在 1 年或者超过 1 年的一个营业周期内变现或被耗用的资产，主要包括各种现金、银行存款、短期投资、应收及预付款项、待摊费用、存货等。

一般来说，流动资产具有流动性比较好、容易变现的特点，在经营过程中经过"现金——存货——应收账款——现金"这个循环不断转化。流动资产不可能永远是固定的形态，其本身就是在不断地互相转化中：钱要去买生产所需要的东西，然后做出产品，然后一部分成为现金，另外一部分成为应收账款，周而复始。因此，需要用动态的眼光来看待流动资产，理解企业经营的本质在于在资产的流转中创造更多价值。

在资产负债表上，流动资产列示的主要项目包括：

（1）货币资金。

货币资金指的是企业生产经营过程中处于货币形态的那部分资金，是一家企业最容易变现的资产。

对一家企业而言，货币资金的储备十分重要，对于提高企业抗风险能力具有极高的价值。公司拥有很多的货币资金是利好的消息，这是企业资金充足的象征。一家优秀的企业应该每年都增加货币资金，如果货币资金少于短期负债太多，或者明明有很多货币资金但却借了很多有利息、高利息的负债，这都是不健康或者不正常的表现。公司如果货币资金远远小于短期负债就可能出现偿债危机；而公司如果有很多钱却还是借高息负债，这很可能资金被其他人挪用，或者虚构资金。

对货币资金的分析需要结合企业的总资产规模，通过衡量企业货币资金占其总资产比重的变化判断潜在的风险。如果企业的现金相对于总资产而言呈现不断下降的趋势，那就需要关注企业的流动性情况，提前防范流动性变差带来的借贷风险。

（2）应收票据及应收账款。

应收票据是指企业持有的还没有到期、尚未兑现的票据。它是一种企业未来收取货款的权利，这种权利和将来应收取的货款金额以书面文件形式约定下来，因此它受到法律的保护，具有法律上的约束力，是一种债权凭证。而应收账款是指企业在正常的经营过程中因销售商品、产品、提供劳务等业务，应向购买单位收取的款项，包括应由购买单位或接受劳务单位负担的税金、代购买方垫付的各种运杂费等。

应收账款表示企业在销售过程中被购买单位所占用的资金。企业应及时收回应收账款以弥补企业在生产经营过程中的各种耗费，保证企业持续经营；对于被拖欠的应收账款应采取措施，组织催收；对于确实无法收回的应收账款，凡符合坏账条件的，应在取得有关证明并按规定程序报批后，作坏账损失处理。需要注意的是，应收账款大幅增长不一定是好事，具体要看是否能够收回来。如果公司的应收账款太多，或者账龄较长，那可能存在应收账款减值或坏账计提损失的潜在风险。

在对应收账款进行财务分析的时候，需要与企业的营业收入情况结合分析，如果企业的应收账款增长超过营业收入增长，那就需要关注营业收入的完整性以及应收账款的真实性。而如果应收账款远远低于营业收入增长，那就需要注意防范隐藏应收账款的风险；还需要与应收账款坏账准备计提情况结合分析，如果应收账款坏账准备相对于应收账款总额下降，那就需要警惕是否存在坏账计提不足、虚增营业利润的情况。

（3）预付款项。

预付账款是企业因购货和接受劳务，按照合同规定预付给供应单位的款项。

预付款项一般都是作为货款支付的。对于企业而言，预付款项相当于预定。企业的预付款占比高，在一定程度上说明这家公司在供应链的竞争地位不足：供应商要先收取部分货款才能够确定交易，或者说是处于上游地位的供应商刻意先收货款再提供商品或服务，这是一种竞争力的体现。因此，如果企业内的预付款项金额较大或者期间较长，在进行财务分析的时候就需要重点关注。

（4）其他应收款。

其他应收款是企业应收款项的另一重要组成部分，是企业除应收票据、应收账款和预付账款以外的各种应收暂付款项。

许多规模较大的集团公司在主营业务之外，可能还有很多其他业务。由这些和主营无关的小业务创造的非现金交易一般记为其他应收款。因此，在分析其他应收款时，需要关注企业内部主营业务之外的其他业务，并与财务报表的附注核对。

（5）存货。

存货是指企业在日常活动中持有以备出售的产成品或商品、处在生产过程中的在产品、在生产过程或提供劳务过程中耗用的材料和物料等。

存货作为流动资产，也处于“现金——存货——应收账款——现金”的循环中，必须经过销售环节转化为应收账款或者现金才能实现其价值。在进行财务分析时，需要重点关注存货的变现能力，警惕存货的潜在风险：

①存货不断增加，但是销售没有增加。存货并非越多越好，如果更多的存货没有为企业带来更多的营业收入，那就需要重点关注企业的经营情况，警惕是否存在产品淘汰、过时或者市场占有率下降的情况。这些潜在的问题如果不及时解决，后续可能会导致存货滞销，给企业的资金带来巨大压力。

②存货长期存在，流动性不强。对于企业而言，运营就是生命，存货在企业运营周期内的周转越快，企业的获利能力就越强。相反地，如果存在长期没有参与周转的存货，就需要根据存货实际的状况计提跌价准备。而如果企业内的存货跌价准备相对于存货呈现下降趋势，那很可能存在存货的跌价准备提取不足且虚增营业利润的情况。

③存货价格波动大，或难以精确计量。对于农林牧渔企业而言，在进行财务分析时需要尤其注意其存货估值的可靠性。对于鱼虾蟹之类较难盘存的存货，应该参考专业估值机构的评估意见；而对于互联网、生物科技等行业的轻资产企业而言，存货的价格波动很大并存在较大的不确定性，也需要定期评估、咨询专家意见。

（6）其他流动资产。

资产负债表上的其他流动资产，是指除货币资金、交易性金融资产、应收票据、应收账款、其他应收款、存货等流动资产以外的流动资产。相对而言，企业在这个项目上具有比较大的自主权，每个企业都有自己的特色，进行财务分析时需要结合财务报表附注综合分析。

3. 非流动资产

简单来说，非流动资产就是所有流动资产以外的资产。相对于流动资产而言，非流动资产流动性较差，一般不能在一年内通过经济运作转化为可用资金。

非流动资产具有占用资金多、周转速度慢、变现能力差等特点，会对企业相互联系的多个会计期间的财务状况、经营成果产生影响。其核算内容主要包括：

（1）长期股权投资。

长期股权投资是指企业持有的对其子公司、合营企业及联营企业的权益性投资以及企业持有的对被投资单位具有控制、共同控制或重大影响，且在活跃市场中没有报价、公允价值不能可靠计量的权益性投资。

从本质上来说，长期股权投资是企业让渡部分资产而换取的一项非流动资产。它处于生产经营活动之外，并且以取得长期收益或利益权利为表现形式。一般来说，企业会长期持有这部分投资。

需要注意的是，长期股权投资是有一定风险的，如果分析发现企业的长期股权投资的数额很大，但是投资收益很小，那就需要重点关注这项长期股权投资，对照财务报表附注，理清企业长期股权投资的情况，及时预知投资失败的风险。

（2）投资性房地产。

投资性房地产，是指为赚取租金或资本增值，或两者兼有而持有的房地产。投资性房地产应当能够单独计量和出售。

对投资性房地产进行分析，重点需要关注投资性房地产的后续计量是按照成本模式还是按照公允价值模式。一般来说，企业对投资性房地产的计量模式一经确定，不得随意变更。从成本模式转为公允价值模式的，应当作为会计政策变更处理，将计量模式变更时公允价值与账面价值的差额，调整期初留存收益。已采用公允价值模式计量的投资性房地产，不得从公允价值模式转为成本模式。

在成本模式下，应当按照固定资产或无形资产的有关规定，对投资性房地产进行后续计量，计提折旧或进行摊销；存在减值迹象的，还应当按照资产减值的有关规定进行处理。而符合条件的企业用公允价值模式进行后续计量的，不对投资性房地产计提折旧或进行摊销，应当以资产负债表日投资性房地产的公允价值为基础调整其账面价值，公允价值与原账面价值之间的差额计入当期损益（公允价值变动损益）。需要注意的是，对于采用公允价值模式的企业而言，投资性房地产当期的公允价值变动会影响利润，但其实并没有带来真正的利润变动。因为没有收到现金或者形成应收账款，只是投资性房地产的估值提升，而不是经过销售程序变成实际的利润，这就相当于是纸上的富贵。因此，财报分析者需要关注投资性房地产的估值变化，警惕由于估值变动带来的利润虚增。

（3）固定资产。

固定资产是指企业为生产商品、提供劳务、出租或经营管理而持有的、使用寿命超过 1 个会计年度的有形资产，包括房屋、机器、设备等。

从本质上来说，固定资产属于产品生产过程中用来改变或者影响劳动对象的劳动资料，是固定资本的实物形态。固定资产在生产过程中可以长期发挥作用，长期保持原有的实物形态，其价值则随着企业生产经营活动而逐渐地转移到产品成本中去，并构成产品价值的一个组成部分。因此，每年固定资产的计提折旧都要作为公司当期经营的费用从利润表里面扣除；除此以外，固定资产还要每年进行减值测试，如果存在损坏、跌价或长期不用的情况，需要及时计提减值准备，并作为费用从利润表里面扣除。

对于固定资产的分析主要关注以下两点：

①固定资产的折旧情况，包括折旧政策。一般而言，优质的企业会采取较快的折旧政策，使固定资产尽快进入到企业经营环节中，为企业创造价值。而如果公司存在太慢的折旧情况，那就需要关注企业的运营情况，防范企业为了减小对利润的影响而故意减慢折旧的情况。同时，如果在财务分析时发现企业的固定资产总额提高，但是其累积折旧却在下降，那就很可能存在未充分计提折旧的情况，其营业利润可能存在虚增。

②固定资产增长速度。固定资产必须随着企业的发展而不断增长的，保障企业具有足够的竞争力；但固定资产的增长速度也并不是越快越好，需要同时考虑利润是否随之增长。如果购置固定资产没有给企业创造更多价值，那么随之而来的折旧会让财务报表雪上加霜。

（4）在建工程。

在建工程是指企业固定资产的新建、改建、扩建，或技术改造、设备更新和大修理工程等尚未完工的工程支出。

在建工程可以看做企业固定资产的一个过渡环节，建好之后直接转为固定资产。而相比固定资产而言，在建工程不需要计提折旧，因此对在建工程的分析需要重点关注在建工程的完工情况，是否已经满足固定资产的确认标准却未及时转到固定资产，警惕通过在建工程科目逃避计提折旧的情况。

（5）无形资产。

无形资产是指企业拥有或者控制的没有实物形态的可辨认非货币性资产，包括商标权，专利权，著作权，土地使用权等。从特性来看，无形资产具有：

①非实体性。一方面无形资产没有人们感官可感触的物质形态，只能从观念上感觉它。它或者表现为人们心目中的一种形象，或者以特许权形式表现为社会关系范畴；另一方面，它在使用过程中没有有形损耗，报废时也无残值。

②垄断性。无形资产的垄断性表现在以下几个方面：有些无形资产在法律制度的保护下，禁止非持有人无偿地取得；排斥他人的非法竞争。如专利权、商标权等；有些无形资产的独占权虽不受法律保护，但只要能确保秘密不泄露于外界，实际上也能独占，如专有技术，秘方等；还有些无形资产不能与企业整体分离，除非整个企业产权转让，否则别人无法获得，如商业信誉。

③不确定性。一方面，无形资产的有效期受技术进步和市场变化的影响很难准确确定；另一方面，由于有效期不稳定，其实际价值也不容易确定。

④共享性。是指无形资产有偿转让后，可以由几个主体同时共有，而固定资产和流

动资产不可能同时在两个或两个以上的企业中使用，例如，受让企业可以使用商标权，同时出让企业也可以使用。

⑤高效性。无形资产能给企业带来远远高于其成本的经济效益。企业无形资产越丰富，则其获利能力越强，反之，企业的无形资产短缺，则企业的获利能力就弱，市场竞争力也就越差。

由于这些特性的存在，在财务分析时尤其需要注意无形资产。一方面，需要关注无形资产在企业资产总额的比例，尽可能利用合理的技术手段确定无形资产的估值，防范无形资产虚增的风险；另一方面，无形资产也需要根据其预计使用年限进行摊销，其中对于预计使用年限以及摊销方式的确定也是极容易存在风险的环节，需要重点关注。

（6）商誉。

商誉是指能在未来期间为企业经营带来超额利润的潜在经济价值，或一家企业预期的获利能力超过可辨认资产正常获利能力（如社会平均投资回报率）的资本化价值。从定义上来说，商誉是一种不可确指的无形资产，它没有实物形态，且需要依附于企业整体而不能单独存在，也不能与企业其他各种可辨认资产分离出单独出售。

按国际会计惯例，只有外购的商誉才能确认入账，即在企业合并时才可能予以入账。企业合并确认的商誉不需要计提折旧也不需要摊销，但是需要在每年年底进行减值测试，如果商誉的价值下降了就需要计提减值准备。在进行财务分析时，如果企业本身已经具有较高的商誉，但其经营又并不完善，那一定要重点关注商誉减值，防范可能存在的减值风险。

（7）长期待摊费用。

长期待摊费用是指企业已经支出，但摊销期限在 1 年以上（不含 1 年）的各项费用，包括租入固定资产的改良支出、股票发行费用等。简单来讲，长期待摊费用就是企业实际已经花费，但是其功效需要在一年内体现的费用。以固定资产改良费用为例，对固定资产的一次改良可以使固定资产维持改良效果至少一年，因此需要将这部分费用作为资产进行确认。

对长期待摊费用的分析的重点与无形资产类似，需要关注长期待摊费用是否确实用于长期资产的改良等具有长期效用的项目，警惕公司将其他费用放在长期摊销费用科目冒充资产，特别是如果企业的长期待摊费用数额较大，需要重点关注。

（8）其他非流动资产。

其他非流动资产是指除资产负债表上所列非流动资产项目以外的其他周转期超过 1 年的长期资产。其他非流动资产项目，反映非流动资产中，不应单独列项反映的部分资产。

这部分资产与所有名字带“其他”的会计科目一样，是一个现有会计科目定义范围之外但是又确实存在的其他项目的集合。一般而言，企业内的“其他”科目数额都不会太大。在对此类会计科目进行分析时，需要结合财务报表的附注，重点分析相关的明细，关注其存在性以及产权归属。

2.2.2　负债及权益：资金从何而来

1. 负债概述

（1）定义。

负债，是指由于过去的交易或事项所引起的公司、企业的现有债务，这种债务需要企业在将来以转移资产或提供劳务的方式加以清偿，从而引起未来经济利益的流出。包括除投资者投入以外，向银行或金融机构借入的资金；公司在生产经营活动中由于购买材料、商品等或接受其他单位劳务供应而结欠其他单位的款项；公司由于接受投资者投入资金而应付给投资者的利润，以及应交纳的税金、应付给职工的工资、福利费等。

（2）特点。

①负债是企业负担的现时义务。现时义务是企业在现行条件下已承担的义务。未来发生的交易或事项形成的义务，不属于现时义务。义务可以是法定义务，也可以是推定义务。法定义务是指具有约束力的合同或者法律法规规定的义务，如企业的应纳税款。推定义务是指企业根据多年来的习惯，公开的承诺或者公开宣布的政策而导致企业将承担的责任。如企业的质量保证承诺。负债是企业在过去和现时的经济业务中所产生的，且在未来偿还的一项经济负担。它代表企业未来资金的交付或资产或劳务的提供，但未来经济业务可能发生的负债，不包括在会计负债之内。

②负债是企业过去的交易或事项形成的。购买货物或接受劳务会产生应付账款（已经预付或是在交货时支付的款项除外），接受银行贷款则会产生偿还贷款的义务。只有源于已经发生的交易或事项，会计上才有可能确认为负债。

③负债会导致经济利益流出企业。负债可以有多种偿还方式，如用现金偿还或以实物资产偿还、以提供劳务偿还、以部分转移资产部分提供劳务形式偿还等，无论何种方式，负债的偿还都会使经济利益流出企业。

④负债须有确切的债权人和到期日。对于可以作出合理估计的，可以作出合理的估计；对于某些不能合理估计的，但是有可能在将来发生损失的事项，可以作为或有负债在资产负债表附注中或用其他方式予以揭示。

一般的负债具有确切的债权人和到期日，涉及到第三方关系，同时企业也并不存在操纵负债的动机。因此，相对于资产而言，负债的真实性更高，其数据也更可信。对于企业而言，拥有负债并非全是坏消息，只要举债经营的收益高于成本，并且保证负债在可控范围内，企业就是健康并且良性的。

（3）分类。

负债一般按其偿还速度或偿还时间的长短划分为流动负债和长期负债两类：

其中，流动负债是指将在 1 年或超过 1 年的一个营业周期内偿还的债务，主要包括短期借款、应付票据、应付账款、预收货款、应付职工薪酬、应交税费、应付利润、其他应付款、预提费用等。而非流动负债负债是指偿还期在 1 年以上或超过 1 年的一个营业周期以上的债务，包括长期借款、应付债券、长期应付款等。

2. 流动负债

流动负债是指在一份资产负债表中，一年内或者超过一年的一个营业周期内需要偿还的债务合计。流动负债主要包括短期借款、应付票据、应付账款、预收账款、应付职工薪酬、应付股利、应交税费、其他暂收应付款项、预提费用和一年内到期的长期借款等。

按照资金的来源不同，可将其分为两类，一为非自发性的融资，如应付票据，应付账款，应付费用，这些都是企业通过营运自然产生的付款义务，大多数情况下这类融资不需额外支付利息。其中应付票据与账款为供应商的融通，而应付费用如应付薪资、应付租金、应付利息，则是企业对于取得资产或享受服务而产生的未来支付义务；另外一类则为自发性的融资，如银行借款，应付商业本票，这些都是企业为了筹措资金而主动取得，其特性为支撑短期的资金需求，这类融资是需要支付资金成本（利息）。长期借款将于一年内到期的部分，也应转列为流动负债。

（1）应付票据和应付账款。

应付票据是指企业购买材料、商品和接受劳务供应等而开出、承兑的商业汇票，包括商业承兑汇票和银行承兑汇票。应付票据由企业在经营中因采用商业汇票结算方式而发生，是一项指定日期无条件支付确定金额给销售方的承诺。与应付账款相比，应付票据由于作出了付款的书面承诺，因而更具有法律上的约束力。所以，当供应商对购买企业的资信程序不太了解或交易的金额较大时，为了降低风险往往会要求购买企业出具商业票据。但不论是哪种票据，通常都是按到期的金额计价。如果是带息票据，那么在每一会计期末，企业还应计提应付票据上的利息费用和相应的应付利息。

应付账款是指企业因购买材料、物资和接受劳务供应等而付给供货单位的账款，也就是企业进行的赊购。一般来说，应付账款的账期处在 2 ~ 4 个月为最佳，既能够保证企业资金的充分有效配置，又不至于损失企业的信誉度，具体的账期需要视公司所处的行业以及自身市场竞争地位等而定。与应收账款相对的是，只要企业的应付账款在合理范围内并且能够在信用期内偿还，那么应付账款充足对企业而言就不是坏消息，还能够在一定程度上反映出其竞争地位和企业信誉。

（2）预收账款。

预收账款指买卖双方协议商定，由购货方预先支付一部分货款给供应方而发生的一项负债。预收账款一般包括预收的货款、预收购货定金。

作为流动负债，预收账款不是用货币抵偿的，而是要求企业在短期内以某种商品、提供劳务或服务来抵偿。预收账款是企业在交易之前预先收取的部分货款，这个款项显示了企业的产品竞争力。对于企业而言，预收账款越多，越能够证明企业的产品具有独特的稀缺性；另外，由于产品的稀缺性，其价格更具有真实性，存在贬值的可能性更低。

（3）应付职工薪酬。

应付职工薪酬是指企业为获得职工提供的服务而给予各种形式的报酬以及其他相关支出。职工薪酬包括职工工资、奖金、津贴和补贴、职工福利费等。根据职工所处岗位的不同，应该支付给职工的费用被归集到不同的科目：一线生产员工的作为生产成本，工厂员工的作为制造费用，管理人员的作为管理费用，销售人员的作为销售费用，而在建工程的职工薪酬计入在建工程。

进行财务分析时，应该结合企业历年应付职工薪酬科目的金额，分析其变动情况。如果职工薪酬出现较大的波动，那就需要进一步分析波动的原因，防范故意调薪、操纵利润的风险。

（4）其他应付款。

其他应付款是指企业在商品交易业务以外发生的应付和暂收款项，包括企业除应付票据、应付账款、应付职工薪酬、应付利润等以外的应付、暂收其他单位或个人的款项。

作为财务会计中的一个往来科目，通常情况下，其他应付款只核算企业应付其他单位或个人的零星款项，因此其数额一般不会太大。在进行财务分析时，需要结合附注以及公司的历史数据，将这个科目的异常波动与附注对比，防范可能的财务风险。

3. 非流动负债

非流动负债是指偿还期在一年或者超过一年的一个营业周期以上的债务。非流动负债的主要项目有长期借款、应付债券等。

对于企业而言，非流动负债一方面可以在不影响原有股东对企业的控制权的前提下，保持企业原有的股权结构不变和股票价格稳定，不仅可以增加股东的收益，其利息还具有抵税的功能；另一方面，由于必须按规定到期偿还，因此偿还非流动负债可能带来股东收益的减少，给企业带来较大的财务风险。

（1）长期借款。

长期借款是指企业从银行或其他金融机构借入的期限在 1 年以上（不含 1 年）的借款。在我国，企业的长期借款主要是指向金融机构借入的各项长期性借款，例如从各专业银行、商业银行取得的贷款，以及向财务公司、投资公司等金融企业借入的款项。

相对而言，长期借款的利息比短期借款的更高，因此不会成为企业融资的优选。如果企业的长期借款数额较高，那么可能企业确实存在资金困难，而不是通过借款来进行短期周转。在进行财务分析时，如果发现长期借款科目数额较大，那就需要关注企业的经营情况，及时防范企业的资金风险。

（2）长期应付款。

长期应付款是指企业除了长期借款和应付债券以外的长期负债，包括应付引进设备款、应付融资租入固定资产的租赁费等。其中，应付引进设备款是根据公司与外商签订来料加工、来料装配和中小型补偿贸易合同而引国外设备所发生的应付款项，企业需要根据与外商签订的合同，按合同规定的还款方式用应收的加工装配收入和出口产品所得收入归还引进外国设备而发生的应付款项。融资租入固定资产应付款是指企业采用融资租赁方式租入固定资产发生的租赁费。融资租入的固定资产，在租赁有效期限内，虽然资产的所有权尚未归租入方所有，但租赁资产上的所有风险以及利益均已转移给了承租方，因此，租入方应将租入固定资产以及相应的融资作为一项资产和一项负债。我国现行企业会计准则对融资租入固定资产应付款的计量采用的是净价法，即按融资租入固定资产实际发行的应付款数额登记入账。

对长期应付款的分析需要对照企业相关业务的合同，以保证企业长期应付款真实存在并金额准确。如果与历史数据相比出现较大波动，还需要参考明细账以及财报附注，防范企业将其他费用类款项错误归集到本科目的风险。

（3）预计负债。

根据负债的定义，负债按履行义务的时间和金额确定与否可分为三类：第一类是企业对履行义务的时间和金额能够控制的负债，即确定性负债；第二类是企业对履行义务的时间和金额的控制存在风险的负债，即预计负债；第三类是企业对履行义务的时间和金额不能完全控制的负债，即或有负债。

预计负债是介于确定性负债与或有负债之间的一种负债，因或有事项而可能产生，一般具有以下基本特征：

①预计负债是企业过去的交易或事项形成的现时义务，包括法定义务和推定义务。

②预计负债的结果具有风险性，但可合理估计。一方面，预计负债与或有负债相似，其结果具有风险性质；另一方面，预计负债又与确定性负债相似，其结果能合理估计。

在分析预计负债时，需要结合被审计单位律师或法律顾问的法律意见，关注已涉诉但尚未判决的对外担保，关注预计负债科目列示金额的真实性和完整性。

4. 权益概述

（1）定义。

所有者权益是指资产扣除负债后由所有者应享的剩余权益，即一个会计主体在一定时期所拥有或可控制的具有未来经济利益资源的净额，包括实收资本、资本公积、盈余公积、未分配利润等。

（2）特征。

一般来说，所有者权益是企业可长久使用的资金来源，除非发生减资、清算，企业不需要偿还所有者权益。所有者权益的满足由企业实现的收益程度决定，所有者凭借所有者权益参与利润的分配。而一旦企业破产进入清算程序，对所有者权益的清偿列在负债之后。

（3）分类。

所有者权益按经济内容划分，可分为投入资本、资本公积、盈余公积和未分配利润四种。

①投入资本是投资者实际投入企业经济活动的各种财产物资，包括国家投资、法人投资、个人投资和外商投资；

②资本公积是通过企业非营业利润所增加的净资产，包括接受捐赠、法定财产重估增值、资本汇率折算差额和资本溢价所得的各种财产物资；

③盈余公积是指企业从税后净利润中提取的公积金；

④未分配利润是本年度所实现的净利润经过利润分配后所剩余的利润，等待以后分配。如果未分配利润出现负数时，即表示年末的未弥补的亏损，应由以后年度的利润或盈余公积来弥补。

无论何种类型的所有者权益，都代表了所有者对企业经济利益的一种分享权。对所有者而言，相比于资产和负债这些需要专业会计人员进行复杂运算的科目，所有者权益与他们更为息息相关，其变动也受到他们的密切关注。

5. 相关科目

（1）实收资本（或股本）。

实收资本是指企业的投资者按照企业章程或合同、协议的约定，实际投入企业的资本。我国实行的是注册资本制，因而，在投资者足额缴纳资本之后，企业的实收资本应该等于企业的注册资本。同时，企业在投入资本后，应该按照企业章程、合同、协议或有关规定，根据实际收到的货币、实物及无形资产来进行确认。

实收资本反映了企业实际收到的、由投资人投入公司的资本金，表明了所有者对上市公司的基本产权关系，既是上市公司永久性的资金来源，又是保证上市公司持续经营和偿还债务的最基本的基础。一般而言，在没有新的注资、减资、撤资等重大变动时，企业的实收资本应该保持不变。因此，对实收资本进行财务分析，需要将企业的实收资本科目余额与历史数据比较，并依据财务报告附注以及公司发布的公告分析可能存在的波动。

（2）资本公积。

资本公积是企业收到的投资者的超出其在企业注册资本所占份额，以及直接计入所有者权益的利得和损失等。资本公积包括资本溢价（股本溢价）和直接计入所有者权益的利得和损失等。其中，资本溢价是企业收到投资者的超出其在企业注册资本（或股本）中所占份额的投资，比如溢价发行股票、投资者超额缴入资本等；直接计入所有者权益的利得和损失是指不应计入当期损益、会导致所有者权益发生变动、与所有者投入资本或向所有者分配利润无关的利得或损失。

资本公积是投资者或他人投入到企业、所有权归属于投资者、并且金额上超过注册资本部分的资本或者资产。从形成来源上看，资本公积不是由企业实现的利润转化而来的，本质上来说应属于投入型资本范畴，因此，它与留存收益有根本区别。与此同时，资本公积尽管属于投入资本范畴，但它与实收资本又有所不同，实收资本一般是投资者投入的、为谋求价值增值的原始投资，而且属于法定资本，在金额上有比较严格的限制；资本公积在金额上则并没有严格的限制，而且在来源上也相对比较多样，它可以来源于投资者的额外投入，也可以来源于除投资者之外的其他企业或个人，如接受捐赠的资产等。

基于此，在分析资本公积时，关键的一点是要确保这个科目与收益项目合理区分，同时通过相关凭证和公告确认其存在的真实性和准确性。

（3）盈余公积。

盈余公积是指企业从税后利润中提取形成的、存留于企业内部、具有特定用途的收益积累，包括法定盈余公积和任意盈余公积。前者以国家的法律或行政规章为依据提取；后者则由企业自行决定提取。其中，公司法规定，公司制企业的法定盈余公积按照税后利润的 10% 提取（非公司制企业也可按照超过 10% 的比例提取），法定盈余公积累计额已达注册资本的 50% 时可以不再提取。而任意盈余公积主要是公司制企业按照股东大会的决议提取。

企业提取的盈余公积可用于弥补亏损、扩大生产经营、转增资本（或股本）等。从本质来看，盈余公积的提取实际上是企业当期实现的净利润向投资者分配利润的一种限制。一般情况下，提取盈余公积相对应的资金，一经提取形成盈余公积后，再不得用于向投资者分配利润或股利。

（4）未分配利润。

未分配利润是企业未作分配的利润，属于所有者权益的组成部分，它在以后年度可继续进行分配。从数量上来看，未分配利润是期初未分配利润加上本期实现的净利润，减去本年度提取的各种盈余公积和分配的利润后的余额。

未分配利润有两层含义：一是留待以后年度处理的利润；二是未指明特定用途的利润。相对于所有者权益的其他部分来说，企业对于未分配利润的使用有较大的自主权。但需要注意的是，未分配利润高不一定就证明企业有足够的资金用来分红，因为这一部分钱很可能会被用作购买固定资产或者作为其他投资所用。

对未分配利润进行分析需要将本期未分配利润账户余额的实际数与上期进行比较，通过比较，分析有无异常的情况，重点关注利润形成及利润分配的会计处理。警惕企业为了避税通过多计费用少计收益来减少账面的未分配利润数额，或者故意多计收入少计费用来达到虚增未分配利润的情况。同时，需要结合未分配利润内部控制制度，检查其在利润分配过程中的健全性和有效性。

（5）少数股东权益。

少数股东权益简称少数股权，是反映除母公司以外的其他投资者在子公司中的权益，表示其他投资者在子公司所有者权益中所拥有的份额。在控股合并形式下，子公司股东权益中未被母公司持有部分。在母公司拥有子公司股份不足100%，即只拥有子公司净资产的部分产权时，子公司股东权益的一部分属于母公司所有，即多数股权，其余部分仍属外界其他股东所有，由于后者在子公司全部股权中不足半数，对子公司没有控制能力，故被称为少数股权。

作为一项权益，少数股东对公司的剩余收益享有分享权，即使其清偿顺序在债权人之后，但是如果公司的利润大部分被少数股东掌握，那对于公司来说就是潜在的风险。如果后期出于股东关系或其他考虑，公司不能够收购少数股东的股份，那公司的收益可能会持续流出。

2.2.3 利润：公司挣了多少钱

1. 利润概述

（1）定义。

利润指的是收入减去费用后的净额以及直接计入当期利润的利得和损失等。我国会计准则认为利润是一定时期内的经营成果，包括营业利润、投资净收益和营业外收支净额，并将利润单独设置为一个单独的要素和收入与费要素相独立。而IAS中没有单独的利润要素，直接原因在于IASC将溢余和损失分别归入收入和费用，他们认为利润是收入和费用的相抵之差，收入与费用的确认和计量从而也是利润的确认和计量，因而利润要素也就无须单独设立。

本书依据我国会计准则的定义，从利润这个要素本身以及收入和成本两个组成部分来分析。

（2）特征。

从特征来看，利润是衡量企业优劣的一种重要标志，通常作为评价企业管理层业绩的一项重要指标，也是投资者等财务报告使用者进行决策时的重要参考。如果企业实现了利润，表明企业的所有者权益将增加，业绩得到了提升；反之，如果企业发生了亏损（即利润为负数），表明企业的所有者权益将减少，业绩下滑了。

（3）分类。

按其构成的不同层次，利润可划分为：营业利润、利润总额和净利润。

①营业利润。

营业利润是企业在其全部销售业务中实现的利润，又称销售利润、经营利润，它是由主营业务利润加其他业务利润之后扣除期间费用（包括管理费用和财务费用）得到的。

营业利润是利润表的重点，它比较恰当地反映了企业管理者的经营业绩。一般来说，营业利润是决定一家企业是否赚钱的关键。对于收入水平相当的两家企业而言，营业利润更高的企业一般具有更高的管理层水平。

②利润总额。

利润总额是指税前利润，也就是企业在所得税前一定时期内经营活动的总成果。利润总额是衡量企业经营业绩的十分重要的经济指标。

按收益总括观点，企业的利润总额包括主营业务利润（产品销售利润）、其他业务利润、投资净收益和营业外收支净额4个部分。其中产品销售利润、其他业务利润和投资净收益是企业当期经营过程中从事生产、销售、投资告示活动所实现的利润，也被称为正常利润；而营业外收支净额及以前年度损益调整都是与企业生产经营活动无关事项所引起的盈亏，也被称为非正常利润。

一家优秀的企业每年的营业利润必须是增加的，并且应该主要来源于主营业务，而不是其他营业外的收入。如果一家企业主营业务表现平平，但营业外收入非常突出，这很可能有巨大的隐藏风险。

③净利润。

净利润（收益）是指在利润总额中按规定交纳了所得税以后公司的利润留存，一般也称为税后利润或净收入。

但是需要注意的是，净利润并不是公司真正赚到手的钱，对利润表的质量进行评估还需要结合现金流量表。一方面，净利润（收益）是预计未来现金流量的基础。未来现金流量的估计是通过现金预算的编制进行的，现金预算是保证现金收支管理的重要工具。另一方面，现金流量与净利润的差异可以揭示净利润品质的好坏。一般而言，即净利润与现金流量之间的差异（数量上，时间分布）越小，说明净利润的收现能力越强，净利润品质越好，企业的流动性和财务适应性就越强。

从定义来看，对利润的分析需要考虑收入和费用两个关键要素。

2. 收入

（1）营业收入。

营业收入是企业在生产经营活动中，因销售产品或提供劳务而取得的各项收入。营业收入包括主营业务收入和其他业务收入。主营业务收入是指企业持续的、主要的经营活动所取得的收入。主营业务收入在企业收入中所占的比重较大，它对企业的经济效益有着举足轻重的影响。而其他业务收入是指企业在主要经营活动以外从事其他业务活动而取得的收入，它在企业收入中所占的比重较小。

营业收入无论何种类型，都属于复杂的财务数据，因为收入是有很大预估性的。除了最基础的一买一卖之外，有些收入对应的产品或服务的交割具有比较长的时间跨度，比如建筑服务，或者产品或服务合同中约定了售后保证条款，对于这些复杂收入的确认需要公司管理层进行职业判断，并具有很大的决策空间，因而也是容易出现风险的科目。

营业收入的持续增长是优秀企业最起码的表现，真正优秀的企业应该可以超越行业和同行增速，但是也要和行业本身或者同行其他公司的增速匹配。对收入进行分析需要结合财务报表附注、同行业对比以及历年数据，分析公司实实在在的收入明细以及其波动。如果企业主营业务复杂，或者业绩不好，但是突然收入大增，那就需要重点关注。

（2）营业外收入。

营业外收入是指企业发生的与其生产经营无直接关系的各项收入，包括固定资产盘盈、处置固定资产净收益、非货币性交易收益、出售无形资产收益、罚款净收入等。

对营业外收入进行分析需要结合其明细，确定利润表中记录的营业外收入是否已发生，且已完整、恰当地记录于正确的会计期间和账户。

3. 成本

（1）营业成本。

营业成本是与营业收入直接相关的，已经确定了归属期和归属对象的各种直接费用。营业成本主要包括主营业务成本、其他业务成本。其中，主营业务成本用于核算企业因销售商品、提供劳务或让渡资产使用权等日常活动而发生的实际成本。其他业务成本用于核算企业除主营业务成本以外的其他销售或其他业务所发生的支出，包括销售材料、提供劳务等而发生的相关成本、费用，以及相关税金及附加等。

成本的控制就是企业营运能力的体现，具有优质管理层的企业可以把成本控制到完美且不伤害利润。一般来说，优质企业都有核心技术，其在市场竞争中获得更高利润的关键就是成本能否成功降下来，让产品可以在价格上面得到主动权，获得更大竞争力。对营业成本分析的另一个关键是营业成本与营业收入的配比。如果企业销售收入大幅增加，但是成本却下降，就可能存在潜在的风险，需要重点关注。

4. 费用

（1）研发费用。

研发费用是指研究与开发某项目所支付的费用。我国会计准则委员会对研发费用的构成虽然没有指明具体包括哪些，但指明了研发费用归集的期间：企业内部研究开发项目研究阶段的支出，应当于发生时计入当期损益，而企业内部研究开发项目开发阶段的支出，能够证明下列各项时，应当确认为无形资产。

一般而言，高新技术企业都会保持高水平的研发投入，努力保持自己的技术先进性，并增强自身的市场竞争力。但需要注意的是，研发费用对企业而言就是成本，并且是那种极度不稳定的成本。它更像是一把双刃剑，研发投入高证明企业在不断地增加新技术、开发新技术，但是研发不一定都会成功，其背后可能是无数次失败。

在进行财务分析时，对于研发费用应该理性看待。一方面，企业不能没有研发，需要进行研发投入来提升自身的市场竞争地位；另一方面，企业也不能完全靠研发生存，那将会给企业带来极大的不确定性。

（2）销售费用。

销售费用是指企业在销售产品、自制半成品和工业性劳务等过程中发生的各项费用，包括由企业负担的包装费、运输费、装卸费、展览费、广告费、租赁费（不包括融资租赁费），以及为销售本企业产品而专设的销售机构的费用，包括职工工资、福利费、差旅费、办公费、折旧费、修理费、物料消耗和其他经费。

一般而言，销售费用属于期间费用，在发生的当期就计入当期的损益。如果销售费用金额太大，那可能存在的情况是企业的销售需要大量的销售费用来堆砌，而不是靠产品的竞争力来实现，这样的情况下公司的利润就容易受到影响。同时，如果两家企业产品质量及市场占有率相似，那么销售费用更低的企业就具有更高的管理层水平，其利润也会更高。

（3）管理费用。

管理费用是期间费用的一种，它主要是指企业行政管理部门为组织和管理生产经营活动而发生的各种费用，包括管理人员工资和福利费、公司一级折旧费、修理费、技术转让费、无形资产和递延资产摊销费及其他管理费用（办公费、差旅费、劳保费、土地使用税等）。

控制管理费用是企业营运能力的体现之一。一般来说，管理费用金额比较固定，每年存在增长是正常现象，但是如果突然变化很大，那就需要密切关注背后的管理问题，比如坏账损失或者是公司经费是否存在大额增加。但这并不是说管理费用下降就是好事，也可能是一个暗藏的问题，具有潜在的经营风险。

（4）财务费用。

财务费用是指企业为筹集生产经营所需资金等而发生的费用，包括企业生产经营期间发生的利息支出（减利息收入）、汇兑净损失（有的企业如商品流通企业、保险企业进行单独核算，不包括财务费用）、金融机构手续费，以及筹资发生的其他财务费用如债券印刷费、国外借款担保费等。

对于很多成熟的大企业而言，财务费用并不是必需的，他们可能不仅没有有息负债，还有利息收入。一般而言，只有比较艰难的企业才需要借钱经营。对财务费用进行确认一般需要银行出具的付息凭证，相对真实性比较高。在分析财务费用时，需要结合企业的贷款以及货币资金持有情况，核对对应的借款合同，警惕企业账上货币资金充足，但财务费用居高不下的情况。

（5）资产减值损失。

资产减值损失是指企业根据《资产减值准则》等计提各项资产减值准备时，所形成的或有损失。如计提的坏账准备，存货跌价准备和固定资产减值准备等形成的损失。我国会计准则规定资产减值范围主要是固定资产、无形资产以及除特别规定外的其他资产减值的处理。

相对而言，资产减值损失的计提需要用到较多的管理层估计，容易暗藏企业的风险。如果企业管理层未及时计提或者未足量计提资产减值损失，那就会使得公司利润虚增，表面上业绩表现更好，实际上并不尽然。一般来说资产减值损失的金额不会太大，对资产减值损失进行分析需要结合企业的历史数据，分析其变动情况。如果出现一次性大额计提，那就需要警惕企业是否在做财务粉饰、为了以后的业绩好看，而不是真正地改善经营流程。

（6）公允价值变动损益。

公允价值变动损益是指一项资产在取得之后，后续采用公允价值计量模式时，期末资产账面价值与其公允价值之间的差额。作为一个区分资产的公允价值变动在持有和处置期间不同影响的科目，持有期间的公允价值变动损益在计税时不予考虑，只有在实际处置时，所取得的价款在扣除其历史成本后的差额才计入处置期间的应纳税所得额。

从利润表的角度看，公允价值变动损益实际上是一种非经营性收益。对于企业而言，将这个项目与企业的经营收益区分开，不仅有利于投资者更好地进行分析和决策，也提供了一种协调资产负债表和利润表内在关系的一种方法，本身就是一种防范企业财务风险的有效措施。在进行财务分析时，需要主要结合相关的凭证和估值报告，关注企业的公允价值变动损益是否足额及时计提。

2.2.4 现金流：公司有多少钱在流动

1. 现金流概述

（1）定义。

现金流量是现代理财学中的一个重要概念，是指企业在一定会计期间按照现金收付实现制，通过一定经济活动（包括经营活动、投资活动、筹资活动和非经常性项目）而产生的现金流入、现金流出及其总量情况的总称。

（2）特征。

在现代企业的发展过程中，现金流决定企业兴衰存亡，也最能反映企业本质，在众多价值评价指标中基于现金流的评价是最具权威性的。相比传统的利润指标，现金流量不仅决定价值创造，还更能说明企业的盈利质量。

①现金流是企业生产经营活动的第一要素。企业只有持有足够的现金，才能从市场上取得生产资料和劳动力，为价值创造提供必要条件。同时，在企业的经营过程中，只有通过销售收回现金才能实现价值的创造。

②现金流反映企业的盈利质量。一方面，现金流量只计算营业利润而将非经常性收益剔除在外，这就降低了企业利用增加投资收益等非营业活动操纵利润的风险。另一方面，根据的是收付实现制，权责发生制下通过虚假销售、提前确认销售、扩大赊销范围或者关联交易调节利润的方法无法取得现金，而不能增加现金流量，这就弥补了利润指标在反映公司真实盈利能力上的缺陷。

③现金流状况决定企业的生存能力。这是企业生存乃价值创造之基础。传统反映偿债能力的指标通常有资产负债率、流动比率、速动比率等，而这些指标都是以总资产、

流动资产或者速动资产为基础来衡量其与应偿还债务的匹配情况，这些指标或多或少会掩盖企业经营中的一些问题。实际上，企业的偿债能力更多取决于它的现金流，比如，经营活动的净现金流量与全部债务的比率，就比资产负债率更能反映企业偿付全部债务的能力，而现金性流动资产与筹资性流动负债的比率，就比流动比率更能反映企业短期偿债能力。

（3）分类。

在现金流量表中，将现金流量分为三大类：经营活动现金净流量、投资活动现金净流量和筹资活动现金净流量。其中，经营活动是指直接进行产品生产、商品销售或提供劳务的活动，它们是企业取得收益的主要交易和事项；投资活动，是指固定资产的购建和不包括现金等价物范围内的投资及其处置活动；筹资活动，是指导致企业资本及债务规模和构成发生变化的活动。

2. 经营活动现金流量

经营活动现金流量是指企业投资活动和筹资活动以外的所有的交易和事项产生的现金流量。它是企业现金的主要来源。从组成上来看，经营活动现金流量包括销售商品和提供劳务收到的现金、收到的税费返还、收到其他与经营活动有关的现金、购买商品和接受劳务支付的现金、支付给职工以及为职工支付的现金、支付的各项税费以及支付其他与经营活动有关的现金。

在一家优秀企业中，如果销售情况和经营情况良好，那么现金流量一般为正，并且持续增加。相对于净利润而言，企业的经营活动现金流量更能反映企业真实的经营成果。企业对经营现金流量表的操纵主要是通过以下几种方式：

（1）篡改现金流量性质。包括将筹资活动现金流入粉饰为经营活动现金流入，将经营活动支出放到投资活动中，将投资活动现金流入粉饰为经营活动现金流入等；

（2）改善应收账款。企业为了避免年度会计报表中的经营现金净流量恶化，可能会通过让母公司或大股东在期末大量偿还应收账款甚至先行支付预付账款，在下期再将资金以多种形式返回给母公司或大股东的方式，美化企业当期的现金流量情况；

（3）应收票据贴现。应收票据贴现实质上是企业筹措资金的一种形式，但从本质上来说并不能改善企业的获利能力和收益质量。

3. 投资活动现金流量

投资活动现金流量是指企业长期资产（通常指一年以上）的购建及其处置产生的现金流量，包括购建固定资产、长期投资现金流量和处置长期资产现金流量等。

从性质上来看，投资活动现金流反映的是企业资本性支出的现金数额，企业买卖厂房，设备，固定资产都会导致投资活动现金流的增减。投资活动现金流大幅流出证明企业在进行大量的投资，一般来说，此时的企业应该处于扩张期。

投资活动必须符合企业的发展战略。针对投资活动的现金流量分析主要从以下两方面入手：

①投资活动现金流量小于或等于零。这种情形不能武断地认为是好还是坏，应该观察这个特征是否符合企业的发展阶段，是否与企业的发展战略和发展方向相一致，才能进一步做出判断，应关注投资活动的现金流出量与企业投资计划的吻合程度。

②投资活动现金流量大于零。这种情形可能出于两种原因：一是企业的投资回收的资金大于投资的现金流出，二是由于企业迫于资金压力，处理在用的固定资产或者持有的长期投资等。分析时应加以区分，找到真正的原因。

4. 筹资活动现金流量

筹资活动现金流量是指导致企业资本及债务的规模和构成发生变化的活动所产生的现金流量。

分析一个企业的筹资活动现金流量是否正常，关键看筹集资金的目的。企业出于扩大经营或者增加规模的目的进行贷款非常普遍，只要负债的程度恰当、负债的成本合理，都可以认为是正常的。如果筹资活动现金流量小于或等于零，那可能因为企业的筹资达到了一定的目的，利用经营活动产生的现金流量或者投资活动产生的现金流量在债务到期时进行偿还，也可能因为企业的投资活动或经营活动出现失误，需要变卖资产偿还债务。具体的情况需要结合企业的经营情况详细分析。

2.3　四维财务报表指标分析

现代企业普遍以股东价值最大化为目标。在该目标导向下，反映企业股东权益的投资报酬率的净资产收益率成为投资者密切关注的指标，也越来越成为财务报表指标分析的核心，净资产收益率是衡量一家公司经营业绩的最佳指标。

顾名思义，净资产收益率反映股东每投一块钱资本，可以获得多少的净利润。它能够直接体现企业的核心盈利能力以及为投资者创造价值的水平，是综合性非常强的盈利能力指标。净资产收益率越高，代表企业盈利能力越强，意味着投资者拥有的是盈利能力很强的优质资产。

如果将净资产收益率进行更加详细的拆分，那么可以认为

$$净资产收益率=(净利润\div销售收入)\times(销售收入\div平均总资产)\times(平均总资产\div净资产)$$

其中“净利润÷销售收入”就是企业的净利润率，“销售收入÷平均总资产”就是企业的总资产周转率，而“平均总资产÷净资产”就是企业的杠杆系数。经过拆分之后，通过三维数据的分析可以更加清楚企业盈利的途径，是依靠产品经营获得利润、依靠快速周转及时变现，还是依靠杠杆投资获取收益，这是杜邦分析的核心内容，也是财务指标分析的重点。

一般来说，企业若想实现盈利就至少要在以下三个维度的任一方面具有足够的竞争力。

（1）企业的产品或者服务具有竞争力，销售利润空间巨大；

（2）企业的运营效率高，资产周转极快；

（3）企业利用杠杆经营的能力强，能够杠杆撬动更多资源。三种模式没有优劣之

分，不同的企业模式下其侧重点也不一样。能够使企业维持经营下去、持续获得利润，那就是适合企业的良性发展战略。通常情况下，依靠产品或者服务的市场竞争力获取利润的企业更为安全，其利润的可持续性最能够得到保障。

如果企业属于第一种情况，依靠产品利润获利的，那么进行财务分析时，产品的利润至关重要，盈利能力分析应该作为财务分析的重点内容；如果企业能够依靠快速周转获取利润，那就要密切关注企业的周转情况，注重企业的营运能力分析，防止周转率下降压缩企业的盈利空间；而对于依靠杠杆经营获取利润的企业，则需要关注企业的杠杆比率和偿债能力分析，警惕杠杆的成本和对应的风险。

当然，以净资产收益率为核心的三维财务指标分析体系也存在缺陷。其中最值得关注的就是由于净资产收益率都是以历史数据作为依据，所以三维财务指标分析体系不能反映企业未来的发展情况。这时，本书选取了对企业更长期维度的发展能力分析——成长性分析作为评估企业财务状况和经营成果的另一个重要维度。成长性分析关注的是在一家企业过去以及现在的盈利、营运以及偿债能力都足够优秀的前提下，能否在未来保持稳定的增长和持续的优秀，这也是企业的利益相关方非常关切的话题。

以上四维财务报表指标的具体分析如下：

2.3.1　企业的偿债能力分析

企业的偿债能力是指企业对到期债务的承受能力或保证程度，包括偿还短期债务和长期债务的能力。通常认为反映公司偿债能力的指标主要有：流动比率、速动比率、资产负债率、现金负债率等。通过计算企业的流动比率和速动比率等指标可以了解企业偿还短期债务的能力；通过计算资产负债率等指标，可以了解企业偿还长期债务的能力。

企业偿债能力是反映企业财务状况和经营能力的重要标志，也是判断企业能否健康生存和发展的关键指标。无论作为企业的经营者还是投资者，分析企业的偿债能力都是十分必要的。一般认为公司的流动比率大于 1，速动比率大于 2，资产负债率低于 50%（在我国低于 60%）是合理的，说明该公司偿债能力较强。但是仅凭以上标准并不足以评价一家公司偿债能力的好坏，必须将反映企业偿债能力的指标与反映企业获利能力、现金流量的指标相结合，动态与静态结合，进行综合评价。

如果一家公司的各项偿债能力的指标都符合上述标准，但是该公司处于衰退期，是夕阳行业且获利能力很低，那么即使该公司的短期偿债能力能够满足标准，长期来看公司的偿债能力仍然值得怀疑。相反，如果一家公司息税前利润率高于公司负债的资金成本及该公司的获利能力较强，并且该公司处于发展阶段以及朝阳行业，即使该公司的资产负债比率较高（如大于 60%），从偿债能力指标分析来看短期内偿债能力较差，但是长期而言该公司的偿债能力是可以肯定的。

1. 短期偿债能力

短期偿债能力是指企业在不用变卖或处置固定资产的情况下，偿还短期债务的能力，通常用营运资本、流动比率、速动比率和现金比率来衡量。对债权人来说，企业要具有充分的偿还能力才能保证其债权的安全，按期取得利息，到期取回本金；对投资者来说，如果企业的短期偿债能力发生问题，就会牵制企业经营的管理人员耗费大量精力去筹集资金，以应付还债，还会增加企业筹资的难度，或加大临时紧急筹资的成本，影响企业的盈利能力。

短期偿债能力的强弱取决于流动资产的流动性，即资产转换成现金的速度。企业流动资产的流动性强，相应地短期偿债能力也强。除此之外，短期偿债能力还受到多种因素的影响，包括行业特点、经营环境、生产周期、资产结构、流动资产运用效率等。仅凭某一期的单项指标，很难对企业短期偿债能力作出客观评价。因此，在分析短期偿债能力时，一方面应结合指标的变动趋势，动态地加以评价；另一方面，要结合同行业平均水平，进行横向比较分析。同时，还应进行预算比较分析，以便找出实际与预算目标的差距，探求原因，解决问题。

（1）营运资本。

营运资金从会计的角度看是指流动资产与流动负债的净额。流动资产是指可以在一年内的正常营业周期内变现或运用的资产，包括货币资金、应收账款、存货等；流动负债是指需要在一年内的正常营业周期内偿还的债务，包括短期借款、应付账款等。

$$营运资金=流动资产-流动负债$$

营运资本可以用来衡量公司或企业的短期偿债能力，其金额越大，代表该公司或企业对于支付义务的准备越充足，短期偿债能力越好。当流动资产大于流动负债时，营运资本为正数，表明长期资本的数额大于长期资产，超出部分被用于流动资产。营运资本的数额越大，财务状况越稳定。简而言之，当全部流动资产没有任何流动负债提供资本来源，而全部由长期资本提供时，说明企业没有任何短期偿债压力。

当流动资产小于流动负债时，营运资本为负数，表明长期资本小于长期资产，有部分长期资产由流动负债提供资本来源。由于流动负债在 1 年或 1 个营业周期内需要偿还，而长期资产在 1 年或 1 个营业周期内不能变现，偿债所需现金不足，必须设法另外筹资，这意味着财务状况不稳定。

当营运资金出现负数，也就是一家企业的流动资产小于流动负债时，这家企业的营运可能随时因周转不灵而中断。如果流动资产等于流动负债，则占用在流动资产上的资金是由流动负债融资；如果流动资产大于流动负债，则与此相对应的“净流动资产”要以长期负债或所有者权益的一定份额为其资金来源。

（2）流动比率。

流动比率是指流动资产和流动负债的比率，它是衡量企业的流动资产在其短期债务到期前可以变现用于偿还流动负债的能力，表明企业每一元流动负债有多少流动资产作为支付的保障。

$$流动比率=流动资产\div流动负债\times100\%$$

流动比率是评价企业偿债能力较为常用的比率。它可以衡量企业短期偿债能力的大小，它要求企业的流动资产在清偿完流动负债以后，还有余力来应付日常经营活动中的其他资金需要。一般情况下，该指标越大，表明公司短期偿债能力强。根据一般经验判定，流动比率应在 200% 以上，这样才能保证公司既有较强的偿债能力，又能保证公司生产经营顺利进行。

在运用该指标分析公司短期偿债能力时，还应关注存货的规模大小、周转速度、变现能力和变现价值等指标以此进行综合分析。如果某一公司流动比率很高，但其存货规模大，周转速度慢，有可能造成存货变现能力弱，变现价值低，那么，该公司的实际短期偿债能力就要比指标反映得弱。同时，有些重资产企业流动资产占比不高，其流动比率甚至不到 1，但是他们可以靠持续的盈利来弥补流动资产不足的偿债风险。

（3）速动比率。

流动性的资产中有两种资产形态，一种是存货，比如原材料、半成品等实物资产；另一种是速动资产。速动比率代表企业以速动资产偿还流动负债的综合能力，通常指从流动资产中扣除变现速度最慢的存货等资产后，可以直接用于偿还流动负债的那部分流动资产。

速动比率 =（流动资产合计 − 存货净额）÷ 流动负债合计

一般情况下，该指标越大，表明公司短期偿债能力越强。传统经验认为，速动比率维持在 1∶1 较为正常，它表明企业的每 1 元流动负债就有 1 元易于变现的流动资产来抵偿，短期偿债能力有可靠的保证并且不会影响公司的日常经营。速动比率过低，企业的短期偿债风险较大，速动比率过高，企业在速动资产上占用资金过多，会增加企业投资的机会成本。

但以上评判标准并不是绝对的。实际工作中，应考虑到企业的行业性质。例如商品零售行业，由于采用大量现金销售，几乎没有应收账款，速动比率大大低于 1，也是合理的。相反，有些企业虽然速动比率大于 1，但速动资产中大部分是应收账款，并不代表企业的偿债能力强，因为应收账款能否收回具有很大的不确定性。所以，在评价速动比率时，还应分析应收账款的质量。

（4）现金比率。

现金比率反映企业的即刻变现能力，通常是指企业现金类资产与流动负债的比值，现金类资产包括库存现金、随时可用于支付的存款和现金等价物，即现金流量表中所反映的现金及现金等价物。现金比率表示每 1 元流动负债有多少现金及现金等价物作为偿还的保证。

现金比率 =（货币资金 + 短期投资）÷ 流动负债合计

现金比率是速动资产扣除应收账款后的余额。速动资产扣除应收账款后计算出来的金额，能反映出公司在不依靠存货销售及应收款的情况下，支付当前债务的能力。该指标值越大，反映公司的短期偿债能力越强。但需要注意的是，现金比率不考虑现金收到以及现金支付的时间。

对于企业而言，现金是企业偿还债务的最终手段，如果企业现金缺乏，就可能发生支付困难，面临财务危机。因而，现金比率高，说明企业有较好的支付能力，对偿付债务是有保障的。但是如果这个比率过高，可能意味着企业拥有过多的盈利能力较低的现金类资产，企业的资产未能得到有效的运用，可能导致企业机会成本增加。

2. 长期偿债能力

长期偿债能力是指企业对长期债务的承担能力和对偿还长期债务的保障能力，其中长期负债是指偿还期在 1 年或 1 个营业周期以上的债务，主要有长期借款、应付债券、长期应付款等。长期偿债能力主要通过资产负债率、股东权益比率、负债股权比率、利息保障倍数等指标来衡量。

长期偿债能力的强弱是反映企业财务安全和稳定程度的重要标志，也是企业债权人、投资者、经营者和与企业有关联的各方面等都十分关注的重要问题。一般来说，只要企业可以长期稳定的盈利，或者可以通过运营管理将非流动负债控制在足够低的水平，那么其长期偿债能力都是非常优秀的。因此，在对长期偿债能力进行分析时，需要关注企业的经营情况以及负债情况，采取同业比较、历史比较及预算比较的方法进行全面分析。

（1）资产负债率。

资产负债率是负债总额和资产总额之比值，表明债权人所提供的资金占企业全部资产的比重，揭示企业出资者对债权人债务的保障程度。

资产负债率是分析企业长期偿债能力的重要指标。一方面，它可以衡量企业清算时对债权人利益的保护程度。资产负债率越低，企业偿债越有保证，贷款越安全。另一方面，资产负债率还代表了企业的举债能力。一个企业的资产负债率越低，举债越容易。如果资产负债率高到一定程度，没有人愿意再为企业提供贷款，则表明企业的举债能力已经用尽。

一般认为，债权人投入企业的资金不应高于企业所有者投入企业的资金，也就是资产负债率保持在50%较为适宜。较高的资产负债率，在效益较好、资金流转稳定的企业是可以接受的，因这种企业具备偿还债务本息的能力；在盈利状况不稳定或经营管理水平不稳定的企业，则说明企业没有偿还债务的保障，不稳定的经营收益难以保证按期支付固定的利息，企业的长期偿债能力较低。但这个指标也不是绝对的，不同的行业根据经营性质不同，对杠杆也有不同的偏好。在考查企业的资产负债率时需要结合行业整体情况以及企业自身战略，重点关注有息负债。

（2）产权比率。

产权比率和权益乘数是资产负债率的另外两种表现形式。其中，产权比率是负债总额与所有者权益总额的比率，这一比率是衡量企业长期偿债能力的指标之一，也是企业财务结构稳健与否的重要标志。

$$产权比率 = 总负债 \div 股东权益 \times 100\%$$

产权比率不仅反映了由债务人提供的资本与所有者提供的资本的相对关系，而且反映了企业自有资金偿还全部债务的能力，因此它又是衡量企业负债经营是否安全有利的重要指标。一般来说，这一比率越低，表明企业长期偿债能力越强，债权人权益保障程度越高，承担的风险越小，一般认为这一比率为1∶1，即100%以下时，应该是有偿债能力的，但还应该结合企业的具体情况加以分析。当企业的资产收益率大于负债成本率时，负债经营有利于提高资金收益率，获得额外的利润，这时的产权比率可适当高些。产权比率高，是高风险、高报酬的财务结构；产权比率低，是低风险、低报酬的财务结构。

（3）利息保障系数。

利息保障倍数是指企业息税前利润与利息费用之比，又称已获利息倍数，用以衡量偿付借款利息的能力，它是衡量企业支付负债利息能力的指标。

利息保障倍数 = 息税前利润 ÷ 利息费用

利息保障倍数不仅反映了企业获利能力的大小，而且反映了获利能力对偿还到期债务的保证程度，它既是企业举债经营的前提依据，也是衡量企业长期偿债能力大小的重要标志。要维持正常偿债能力，利息保障倍数至少应大于 1，且比值越高，企业长期偿债能力越强。如果利息保障倍数过低，企业将面临亏损、偿债的安全性与稳定性下降的风险。

2.3.2　企业的营运能力分析

营运能力是指企业的经营、运行能力，即企业运用各项资产以赚取利润的能力。反映企业营运能力的财务分析比率包括流动资产周转率、固定资产周转率以及总资产周转率等。这些比率能够反映企业资金运营周转的情况，揭示企业经济资源管理、运用的效率高低。

营运能力主要通过企业的经营管理能力来体现，管理层的策略、市场营销的安排都属于营运能力的一部分。对于企业而言，资产周转越快，流动性越高，企业的偿债能力越强，资产获取利润的速度就越快。优秀的企业可以通过优化、串联“现金——原材料——存货——应收账款——现金”这一整个链条，使资源在企业内的高速、高效率的运转，在同样的时间内，创造出更多的价值。

对营运能力进行分析不仅需要关注企业流动资产、非流动资产以及总资产的周转效率，还尤其需要关注流动资产范围内的存货、应收账款等变现的速度，结合企业自身战略以及行业特点，综合评价企业的运营管理效率。

1. 总资产周转率

总资产周转率是综合评价企业全部资产的经营质量和利用效率的重要指标，它是指企业在一定时期内销售（营业）收入同平均资产总额的比值。

总资产周转率 = 销售收入总额 ÷ 平均资产总额

总资产周转率综合反映了企业整体资产的营运能力，一般来说，资产的周转次数越多或周转天数越少，表明其周转速度越快，营运能力也就越强。在此基础上，应进一步从各个构成要素进行分析，以便查明总资产周转率升降的原因，例如包含存货周转率、应收账款周转率的流动资产周转率以及固定资产周转率等。

2. 流动资产周转率

相对而言，企业的营运能力在很大程度上主要通过流动资产的运营管理来体现。在一个营业周期内，企业能在多大程度上高效、高速、高质量地管理和运用企业的经济资源，使其在“现金——原材料——存货——应收账款——现金”流程中高效运转并创造价值，是企业成败的关键。

一般来说，对流动资产周转的判断一般需要考虑流动资产周转率，应收账款周转率，存货周转率三个分析指标。

（1）流动资产周转率。

流动资产周转率是销售收入与流动资产平均余额的比率，它反映的是全部流动资产的利用效率。流动资产周转率是分析流动资产周转情况的一个综合指标，流动资产周转的快，可以节约资金，提高资金的利用效率。

流动资产周转率 = 主营业务收入 ÷ 流动资产平均余额 ×100%

流动资产周转率反映流动资产的周转速度。周转速度快，会相对节约流动资产，等于相对扩大资产投入，增强企业盈利能力；而延缓周转速度，需要补充流动资产参加周转，形成资金浪费，降低企业盈利能力。该指标越高，说明企业流动资产的利用效率越好。

流动资产周转率要结合存货、应收账款一并进行分析，和反映盈利能力的指标结合在一起使用，可全面评价企业的盈利能力。这个数据的重点就是越大越好，越大证明流动资产的质量好，可以带来很多的收入，越小就证明流动资产的质量不高，不能带来很多的收入。

（2）应收账款周转率。

应收账款周转率是反映应收账款周转速度的指标，它是一定时期内赊销收入净额与应收账款平均余额的比率。应收账款周转率有两种表示方法。一种是应收账款在一定时期内（通常为1年）的周转次数，另一种是应收账款的周转天数即所谓应收账款账龄。

①应收账款周转率 =（营业收入）销售收入 ÷ 平均应收账款 ×100%

②应收账款周转天数 =365 ÷ 应收账款周转率 = 平均应收账款 ×365 天 ÷ 销售收入

企业在一定时期内应收账款周转的次数越多，表明应收账款回收速度越快，管理工作的效率越高。良好的应收账款周转率不仅有利于企业及时收回贷款，降低发生坏账损失的可能性，而且有利于提高企业资产的流动性以及企业短期债务的偿还能力。分析企业的应收账款周转率，需要和同行业其他公司以及企业自己的历史数据作比较，结合企业自身及行业特点，综合评价企业应收账款管理运用的效率。

（3）存货周转率（反映企业存货的周转情况）。

存货周转率是企业营运能力分析的重要指标之一，一般用主营业务成本与存货平均余额的比率表示。按照分析的不同目的，存货周转率可以分为以成本为基础的存货周转率以及以收入为基础的存货周转率。

①以成本为基础的存货周转率，即一定时期内企业销货成本与存货平均余额间的比率，它反映企业流动资产的流动性，主要用于流动性分析。

成本基础的存货周转率 = 营业成本 ÷ 存货平均余额 ×100%

②以收入为基础的存货周转率，即一定时期内企业营业收入与存货平均余额间的比率，主要用于获利能力分析。

收入基础的存货周转率 = 营业收入 ÷ 存货平均余额 ×100%

总体而言，存货周转率是对流动资产周转率的补充说明，通过存货周转率的计算与分析，可以测定企业一定时期内存货资产的周转速度，是反映企业购、产、销平衡效率的一种尺度。它不仅可以用来衡量企业生产经营各环节中存货运营效率，而且还被用来评价企业的经营业绩，反映企业的绩效。良好的存货周转率能够促使企业在保证生产经营连续性的同时，提高资金的使用效率，增强企业的短期偿债能力。

一般来说，分析企业存货周转率的高低应结合同行业的存货平均水平和企业过去的存货周转情况进行判断。存货周转率越高，表明企业存货资产变现能力越强，存货及占用在存货上的资金周转速度越快。

3. 固定资产周转率

固定资产周转率又称为固定资产利用率，是指企业年产品销售收入净额与固定资产平均净值的比率。它是反映企业固定资产周转情况，从而衡量固定资产利用效率的一项指标。

固定资产周转率 = 销售收入（营业收入）÷ 固定资产 ×100%

固定资产周转率主要用于分析对厂房、设备等固定资产的利用效率，比率越高，说明利用率越高，管理水平越好。如果固定资产周转率与同行业平均水平相比偏低，则说明企业对固定资产的利用率较低，可能会影响企业的获利能力。

需要注意的是，固定资产周转率的分母采用的是固定资产净值，因此指标的比较将受到折旧方法和折旧年限的影响，在将这个指标用于评估企业的营运能力时，应注意其可比性问题。尤其是当企业固定资产净值率过低（如因资产陈旧或过度计提折旧），或者当企业属于劳动密集型企业时，这一比率就可能没有太大的意义。

2.3.3　企业的盈利能力分析

盈利能力是指企业获取利润的能力，也称为企业的资金或资本增值能力，通常表现为一定时期内企业收益数额的多少及其水平的高低。衡量公司盈利能力指标包括：毛利率、净利率、净资产收益率、总资产收益率和净利润现金流比率。

盈利能力是企业发展中的核心。一家企业的一切努力都会体现在盈利能力上面，营运能力强是为了创造更多价值，偿债能力强是为了更加安全地创造价值。对于企业而言，盈利能力的强弱在一定程度上就代表了企业的业绩，盈利能力越强，业绩就越好，企业为股东赚到的钱也就越多。一般来说，一家盈利能力强的公司一般具有良好的前景、优质的业务或者强大的管理，能够实现公司业绩长期健康的增长。

分析盈利能力类似于绩效、薪酬诊断，需要财务报告提供的数字，分析企业的营业收入、利润等，从而改善企业财务结构，提高企业偿债能力、经营能力，最终提高企业的盈利能力。

1. 营业利润率

（1）营业毛利率。

营业毛利率表示每一元营业收入扣除营业成本后，有多少钱可以用于各项期间费用和形成盈利。

营业毛利率 =（营业收入 − 营业成本）÷ 营业收入 ×100%

营业毛利率是企业净利率的基础，没有足够大的毛利率便不能盈利。毛利可以非常准确地反映每一元营业收入中营业毛利的比重，揭示企业产品销售的获利能力。营业毛利率越高，说明企业营业成本在营业收入中所占的比重越小，在期间费用和其他业务利润一定的情况下，营业利润就越高。除此之外，营业毛利率还是企业产品竞争力的体现。营业毛利率高说明公司产品在市场的竞争力就高，代表消费者愿意付出比同类商品更高的价格，来购买这家公司的产品。或者代表企业生产产品的直接成本很低。在市场不景气的时候，营业毛利率高的公司有能力降价促销，即使降价之后公司还是有利润可赚。但是营业毛利率低的公司就没那么幸运，很低的毛利率本来就是利润微薄，遇到不景气的年份降价可能导致亏损，不降价又会导致销售额下滑，很有可能使公司陷入危机。

通常来说，持续十几年一直在40%以上的企业可以被评为有可持续竞争力的企业，而一家企业如果毛利率不断下降证明企业的产品在慢慢失去竞争力。一般来说，30%的毛利率是一个底线，最好是可以一直维持在30%以上。当然，经验性的指标并不是绝对的，需要视企业所在的行业而定，优秀的企业必然可以在同行业竞争中保持高于行业平均的毛利率水平。

对毛利率进行分析需要结合企业的行业背景和历史数据，通过可比数据的比较，分析毛利率的变动，及时找出经营管理中存在的问题，提高企业的经营管理水平，加强企业内部经营管理。

（2）营业利润率。

营业利润率是指企业的营业利润与营业收入的比率。它是衡量企业经营效率的指标，反映了在不考虑非营业成本的情况下，企业管理者通过经营获取利润的能力。

营业利润率 =（营业收入 − 营业成本 − 三项期间费用）÷ 营业收入

一般企业的净利润主要来源于营业利润，企业营业利润率越高，净利润也会越多；不同于营业毛利率，营业利润率的计算不仅包含营业收入和营业成本，还加入了对企业营业费用的考察，营业费用也是企业经营过程中的必要支出，比如管理人员工资和营销推广等费用，甚至对于一些行业企业来说，比如互联网企业和服务业等，营业费用会大于营业成本；因为营业利润率的计算包含了企业营业中涉及的成本和费用，所以营业利润率比营业毛利率更能反映企业的盈利能力。

营业利润率是一个综合性很强的指标，因为包含的要素较多，意味着影响营业利润率的因素也有很多，在进行分析时需要结合营业毛利率以及多年度数据进行分析，注意投资收益等非经常性的损益，避免对企业持续盈利能力做出误判。

（3）净利率。

净利率，是净利润占销售收入的百分比。该指标反映每一元销售收入带来的净利润的多少，表示销售收入的收益水平。

净利率 = 净利润 ÷ 营业收入 × 100%

净利率与净利润成正比关系，与销售收入成反比关系，因此，企业在增加销售收入额的同时，必须相应地获得更多的净利润，才能使净利率保持不变或有所提高。

净利率是对营业收入的一次大考。营业收入是一个笼统的数据，如果一家企业营业收入很高，但是净利润很低，那么该企业营业收入的质量就不高。而如果企业的净利率高，则说明其营业收入的质量非常高，企业的成本和费用没有侵蚀太多利润空间，这样的企业盈利能力非常强。如果一家公司能够长期保持较高的销售净利率，特别是与同行相比也较高，那么说明该公司已经形成了较高的壁垒，竞争优势显著。

对净利率进行分析需要结合行业和历史数据，不同行业特点不一样，销售净利率的高低也不一样。通过分析销售净利率的升降变动，可以促使企业在扩大销售的同时，注意改进经营管理，提高盈利水平。

2. 成本费用利润率

成本费用利润率是企业一定期间的利润总额与成本、费用总额的比率，反映的是企业获取利润的效率。

$$成本费用利润率 = 利润总额 \div 成本费用 \times 100\%$$

成本费用利润率指标表明每付出一元成本费用可获得多少利润，体现了经营耗费所带来的经营成果，是可以检验企业综合经营能力的重要数据。该指标越大，说明企业付出单位成本的回报率越大，说明企业经营业务的盈利能力越强，从一个方面反映企业的盈利能力。如果一家公司销售规模增加，但是成本费用利润率却在降低，那就说明企业的经营效率下降，需要注意对成本费用的管理；对于发展成熟的企业来说，经营已经步入正轨，各项成本费用经过长时间的运营，应该能够控制在一个稳定的水平，成本费用利润率也相对稳定，如果一家企业成本费用利润率经常发生波动，而且波动较大，说明可能是企业对成本费用的管理失控了，是需要关注的事项。

成本费用利润率反映的是企业投入成本获得利润的能力，在分析的时候要结合行业和历史数据综合评价，同时注意非经常性损益的影响。

3. 总资产报酬率

总资产报酬率又称总资产利润率、总资产回报率、资产总额利润率，是指企业息税前利润与平均总资产之间的比率。

$$总资产报酬率 = (利润总额 + 利息支出) \div 平均总资产 \times 100\%$$

总资产报酬率用以评价企业运用全部资产的总体获利能力，是评价企业资产运营效益的重要指标。从财务角度来说，总资产收益率考虑企业整体资产的盈利能力，能准确地反映企业的盈利能力及发展现状。一般情况下，企业可将此指标与市场利率进行比较，如果该指标大于市场利率，则表明企业可以充分利用财务杠杆，进行负债经营，获取尽可能多的收益。

评价总资产报酬率时，需要与企业前期的比率、同行业其他企业的这一比率等进行比较，并进一步找出影响该指标的不利因素，以利于企业加强经营管理。

2.3.4　企业的成长能力分析

企业成长能力是指企业未来发展趋势与发展速度，包括企业规模的扩大，利润和所有者权益的增加。而企业成长能力分析是对企业扩展经营能力的分析，用于考察企业通过逐年收益增加或通过其他融资方式获取资金扩大经营的能力，评价企业成长能力的主要指标有营业收入增长率、营业利润增长率、总资产增长率、净资产增长率等。

企业成长能力是随着市场环境的变化，企业资产规模、盈利能力、市场占有率持续增长的能力，反映了企业未来的发展前景。对企业成长能力的分析，需要结合行业以及历史数据，站在中长期视角上进行分析。一般来说，企业业绩稳定增长是好事，但是如果行业增长比企业增长大，或者是同行增长比企业的增长大，这都说明企业其实经营并不好，只是站在了行业的风口而已，一旦行业增长慢了下来，企业很可能会出现负增长。同时，如果一家企业在某一个会计期间的业绩增长超过50%～100%，那就需要特别地查看其财务报表，分析增长的原因是在于有特别的亮点还是有不可持续性的问题，如非日常活动收益。

需要注意的是，没有任何一家企业可以稳定增长，所谓的稳定增长也是有波动的。市场总是会饱和，没有哪一种商品可以经久不衰，也没有哪一个行业不存在竞争者。市场份额总量是固定的，行业内的业绩增长也肯定有天花板。最重要的是，随着企业做大做强，增长率总是会倾向于逐渐降低，所以当企业在成长能力上表现不佳时，可以多一点耐心，关注企业未来的战略规划，评价其重新崛起的能力。

此外，随着技术进步和科技发展，企业只有不断创新才能永远处于成长期到成熟期的不断轮动，避免沦落到衰败期。任何的行业、产品和生意都有周期性，只不过是优秀的企业管理和战略方针导致企业在走进衰败期之前就转型或者是创新，让企业拥有保持活力，所以评价企业的成长能力时需要额外关注企业长期的创新能力，评估其发展的潜力。

1. 营业收入增长率

营业收入增长率是本期营业收入与上期营业收入之差和上期主营业务收入的比值，也叫营业收入同比增长率。

营业收入增长率 =（本期营业收入 − 上期营业收入）÷ 上期营业收入 ×100%

营业收入是企业利润的源泉，通常情况下，也代表了企业的市场占有率的大小。一般的情况下，营业收入越高，预示企业的市场占有率也会越高，反之，则表示企业的市场占有率会降低。营业收入的上升或下降，一般情况也预示着企业盈利有可能上升或下降，但这并不绝对。相应地，营业收入增长率可以用来衡量公司的产品生命周期，判断公司发展所处的阶段。一般来说，如果营业收入增长率超过 10%，说明公司产品处于成长期，将继续保持较好的增长势头，尚未面临产品更新的风险，属于成长型公司。如果营业收入增长率在 5% ~10% 之间，说明公司产品已进入稳定期，不久将进入衰退期，需要着手开发新产品。如果该比率低于 5%，说明公司产品已进入衰退期，保持市场份额已经很困难，营业利润开始滑坡，如果没有已开发好的新产品，将步入衰落。

需要注意的是，如果一家企业的营业收入持续上升，但营业收入增长率开始出现下行，表明公司营业收入的增长开始乏力，大多数情况下是增长见顶的信号；而相反地，如果一家企业营业收入持续下降，但营业收入增长率开始上升，表明公司营业收入的增长开始恢复，未来有希望继续增长。

同时，营业收入增长率与应收账款增长率的比较分析，可以表示公司销售额的增长幅度，可以借以判断企业主营业务的发展状况。一般认为，当营业收入增长率低于应收账款增长率 30% 时，说明公司营业大幅滑坡，预警信号产生。另外，当营业收入增长率小于应收账款增长率，甚至营业收入增长率为负数时，公司极可能存在操纵利润行为，需严加防范。在判断时还需根据应收账款占营业收入的比重进行综合分析。

2. 营业利润增长率

营业利润增长率是企业本年营业利润增长额与上年营业利润总额的比率，反映企业营业利润的增长速度。

营业利润增长率 =（本期营业利润 − 上期营业利润）÷ 上期营业利润 ×100%

一般来说，营业利润稳定增长且占利润总额的比例呈增长趋势的公司正处在成长期。如果 1 家公司在 1 个会计年度内利润总额有较大幅度的增加，但营业利润却未相应增加，甚至营业利润增长率呈现下降趋势，那就需要对照企业的财务报表及附注，检查企业是否存在资产管理费用居高不下等问题。

3. 净利润增长率

净利润是指在利润总额中按规定交纳了所得税后公司的利润留成，一般也称为税后利润或净收入。净利润增长率是指企业本期净利润额与上期净利润额的比率。

净利润增长率 =（本期净利润额 − 上期净利润额）÷ 上期净利润额 ×100%

净利润增长率反映了企业实现价值最大化的扩张速度，是综合衡量企业资产营运与管理业绩，以及成长状况和发展能力的重要指标。

4. 总资产增长率

总资产增长率是企业本年总资产增长额同年初资产总额的比率，反映企业本期资产规模的增长情况。

总资产增长率 =（本期总资产 − 上期总资产）÷ 上期总资产 ×100%

资产是企业用于取得收入的资源，也是企业偿还债务的保障。资产增长是企业发展的一个重要方面。企业总资产的变动要先于营收和利润的变动，能更加及时地反馈企业经营策略的变化。具体来说，企业打算扩张时，会先购进相关的资产，然后通过提升产量或者产品质量等方式，增加产出价值，再到市场上进行销售形成收入，在扣除成本费用后，最后形成利润，在时间上来说，企业经营策略的改变，营收上的反应慢于资产规模的变动，利润的变动慢于营收的变动。从长期视角来看，如果想要排除资产短期偶然性波动的干扰，可以分析企业 3 年平均资产增长率。

需要注意的是，企业资产增长的目的是带动销售的增长，进而使得企业利润最大化，在进行分析的时候，应该结合企业营业收入和利润的增长情况，评估企业资产增长所带来的效益。如果营业收入和利润的增长率低于资产的增长率，那么说明企业通过资产增长来增加收入和利润的经营策略效率较低，收入增长的同时，成本费用增长的速度超过了收入增长的速度。

同时，企业增加资产的资金来源也值得关注，企业长期资产变动往往需要大额的资金支持，如果通过借款的方式筹集资金，还本付息的资金压力较大，而且谁也不敢保证未来盈利的情况，如果资产的增加没有获得更多收益来弥补负债的资金成本，最后反倒会使得企业经营收益下降。相对于负债筹资，通过企业自身的经营盈余或者股权筹资获取资金，必须支付的资金成本较少，资金压力较小，对于企业来说更加健康；总之，企业获取资产的资金来源影响到企业长期经营的稳定性，应该特别关注。

总资产增长率反映的是企业总资产规模的变化情况，对于经营业务依赖于资产规模的企业，如制造业企业，该类企业一般通过经营资产来获取收益，资产规模越大，企业就可能获取更多的收益，所以这一类企业的资产变动情况往往也反映出其经营情况，总资产增长率越大，说明企业试图通过增加资产规模，获取更多收益。

在对总资产增长率进行分析时，需要关注资产规模扩张的质和量的关系，以及企业的后续发展能力，避免盲目扩张。三年平均资产增长率指标消除了资产短期波动的影响，反映了企业较长时期内的资产增长情况。

5. 净资产增长率

净资产增长率是指企业本期净资产总额与上期净资产总额的比率。净资产增长率反映了企业资本规模的扩张速度，是衡量企业总量规模变动和成长状况的重要指标。

净资产增长率 =（本期净资产 – 上期净资产）÷ 上期净资产

净资产增长率是代表企业发展能力的一个指标，能够反应企业资产保值增值的情况。对于企业而言，较高的净资产收益率代表了较强的生命力。如果在较高净资产收益率的情况下，又保持较高的净资产增长率，则表示企业未来发展更加强劲。

在对净资产增长率进行分析时，需要关注企业净资产规模扩张的质和量的关系，以及企业的后续发展能力。

第3章 高瞻远瞩，顺势而为

——基于杜邦分析体系的HE智家财务解读

"桃李春风一杯酒，江湖夜雨十年灯。"从熊猫电视到春兰空调，从长虹价格战到国美苏宁争霸，从贾跃亭为梦想窒息到格力举报奥克斯，在行业高速增长的时代，家电圈诞生了众多知名品牌，虽然有一些如流星般划过，但也有很多在饱经风霜后绿树常青。如今，在疫情的冲击下，已经步入存量市场的家电行业将迎来新一轮变革与洗牌。

在竞争者还囿于家电圈筹划着如何进行产品多元化、打开海外市场、培育新产品时，HE智家跳出家电企业的束缚，以逐步显现的海外红利、鹤立鸡群的高端市场以及储备深厚的研发成果，在行业内开辟了全新的商业模式，成为家电行业的新白马。本章将以HE智家作为分析对象，对其财务报告进行深入解读，从财务数据入手解读HE智家脱颖而出的秘密。

3.1 公司基本情况

HE智家股份有限公司（以下简称公司）的前身青岛电冰箱总厂成立于1984年，现今已从负债不堪濒临破产的电冰箱小厂发展成为知名家电企业进而成为家电行业的龙头品牌。自成立之初，公司便将客户需求置于核心位置，顾客满意一直是公司极力追求的目标，企业在不断朝着健康强大的方向发展。1989年。经中国人民银行青岛市分行批准募股，在对原青岛电冰箱总厂改组的基础上，以定向募集资金1.5亿元的方式设立股份有限公司。1993年，经批准由定向募集公司转为社会募集公司，增发社会公众股5 000万股，于上海证券交易所上市。2018年，公司发行之D股在中欧国际交易所股份有限公司上市。2020年，公司发行之H股在香港联合交易所有限公司上市。具体如图3－1所示如今的HE智家，无论是生产技术还是产品质量与品牌都走在时代前端，除冰箱制造外，公司业务囊括了各类家用电器的生产和销售。

HE智家作为中国家电品牌的出海领导者，仍不断开辟海外并购市场，具有超前的前瞻性全球布局战略眼光。如今的HE，营销范围包含海内外160多个国家以及地区，在全球运营14个研发中心、122个制造中心、108个营销中心，并在海外市场覆盖接近

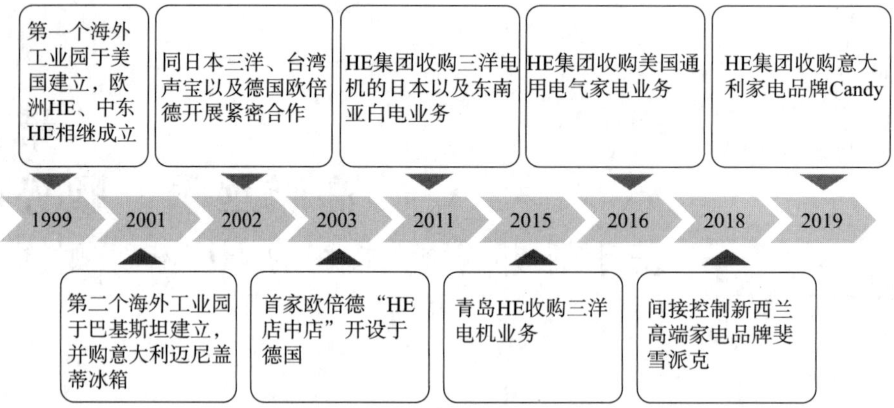

图 3-1　近 20 年来 HE 智家全球布局战略

13 万个销售网点，全球员工将近十万人。伴随经济全球化的发展，HE 集团不断推陈出新，深入推进全球化品牌战略。2020 年 HE 集团连续十二年斩获全球性大型家电品牌零售冠军，其中，2009 年至 2020 年，HE 品牌制冷设备、洗衣设备的零售量在全球大家电品牌中分别连续 13 年和 12 年蝉联第一，市场份额空前扩张。

2020 年 HE 智家的国际化业务实现丰收，销售收入突破人民币 1 000 亿元，同比增长 8. 3%；在美国市场，厨电、家用空调、波轮洗衣机份额第一，在澳大利亚和新西兰市场，洗衣机份额第一，在日本市场，冷柜和大中型冰箱份额第一。报告期内，公司再次入围《财富》杂志世界 500 强，排名较 2019 年提升 13 个名次；入选《财富》杂志 2021 年全球最受赞赏公司，是家电家居领域欧亚唯一入选公司，也是除美国本土之外的唯一入选企业；同时，再次入选 BrandZ[tm]2021 最具价值全球品牌 100 强，成为全球唯一入选物联网生态品牌。

截至 2020 年 12 月，HE 集团总资产达 2 034 亿元，当年实现收入 2 097. 26 亿元，同比增长 4. 46%，四季度收入 553. 14 亿元，同比增长 9. 5%。其中，国内家电业务收入 988. 80 亿元，同比增长 6. 6%，下半年增长 18. 5%；海外市场收入 1 006. 22 亿元，同比增长 8. 3%，其中下半年增长 15. 8%。本报告期内，公司全年实现净利润为 113. 23 亿元，同比下降 8. 20%，主要受到上年物流业务出表的投资收益影响；全年持续经营净利润 113. 22 亿元，同比增长 25. 31%，归于母公司净利润 88. 77 亿元，同比增长 8. 17%；其中四季度净利润增长最为显著，高达 33. 04 亿元，创历年同期新高度。全年毛利率 29. 68%，同比下降 0. 15 百分点；销售及管理费用率合计下降 0. 98 个百分点，其中下半年下降 2. 8 个百分点；公司全年经营活动现金流量净额为 175. 99 亿元，同比增长 16. 68%；其中四季度经营活动现金流量净额 118. 88 亿元，同比增长 79. 9%。

同时，伴随企业转入成熟阶段，财务工作量随之增加，财务部门在工作压力增长的情况下如何稳步前行，完美地解决财务工作，实现降低成本和控制财务风险双重目标是当前十分关键和亟待妥善解决的问题。基于此，企业运营效率提升和企业业绩稳步提高的工作挑战使得财务工作者格外注重对于财务会计报告的分析，从报告中探索和挖掘企业经营的财富密码，能够有效提振企业竞争力和可持续发展能力。

3.2　公司财务业绩总体评价

3.2.1　资产负债表分析

本部分将主要运用比较法和图表法等方法对公司2018—2020年的资产负债表（见表3-1、表3-2）进行分析，了解三年内公司资产、负债和所有者权益的构成及变化情况。

表3-1　2018—2020年HE智家股份有限公司资产项目情况　　单位：元

报告期	2020年		2019年		2018年
项目	金额（元）	变动率	金额（元）	变动率	金额（元）
货币资金	46 461 329 426.91	28.42%	36 178 815 683.25	-5.71%	38 370 916 510.92
交易性金融资产	2 165 192 497.83	602.68%	308 135 007.05	-82.65%	1 775 648 387.76
衍生金融资产	77 839 006.63	306.30%	19 158 132.45	-80.19%	96 723 164.37
应收票据	14 136 349 754.34	1.33%	13 951 419 893.96	-2.44%	14 300 186 109.12
应收账款	15 930 024 286.67	44.61%	11 015 871 060.09	4.58%	10 533 499 026.83
预付款项	765 427 571.70	-39.87%	1 272 921 546.72	114.13%	594 462 998.04
其他应收款	1 717 152 945.65	-20.63%	2 163 517 802.50	30.64%	1 656 056 557.69
存货	29 446 973 404.75	4.32%	28 228 600 971.61	25.96%	22 410 973 571.32
合同资产	263 412 927.58	-37.69%	422 738 398.42	-7.45%	456 781 406.54
其他流动资产	3 283 888 900.58	-52.99%	6 985 966 115.46	37.53%	5 079 674 706.45
流动资产合计	114 247 590 722.64	13.63%	100 547 144 611.51	5.37%	95 419 013 652.43
长期应收款	330 588 978.97	7.48%	307 588 203.00	25.14%	245 791 343.37
长期股权投资	21 567 658 450.89	5.41%	20 460 763 915.68	46.21%	13 993 750 238.52
其他权益工具投资	2 659 125 265.54	90.49%	1 395 959 878.92	-0.31%	1 400 316 460.34
其他非流动金融资产	—	—	294 547 364.47	-10.02%	327 358 825.57

续表

报告期	2020 年		2019 年		2018 年
项目	金额（元）	变动率	金额（元）	变动率	金额（元）
投资性房地产	28 387 002.81	-3.45%	29 402 691.38	-4.78%	30 879 147.42
固定资产	20 895 504 722.21	-1.34%	21 180 057 212.01	21.77%	17 393 085 539.69
在建工程	3 596 902 447.07	50.41%	2 391 364 659.97	-38.27%	3 873 648 086.10
使用权资产	2 839 858 259.27	3.08%	2 755 066 601.59	—	—
无形资产	10 017 867 645.93	-6.26%	10 687 071 783.07	15.58%	9 246 314 657.92
开发支出	167 746 724.13	-13.21%	193 285 777.10	-64.10%	538 382 288.33
商誉	22 518 460 337.64	-3.57%	23 351 729 813.35	9.95%	21 238 727 027.17
长期待摊费用	455 742 504.13	4.15%	437 586 912.58	89.01%	231 512 313.15
递延所得税资产	2 208 301 258.25	39.86%	1 578 901 892.73	-13.35%	1 822 103 089.57
其他非流动资产	1 925 761 560.17	4.45%	1 843 764 965.81	-20.89%	2 330 688 982.56
非流动资产合计	89 211 905 157.01	2.65%	86 907 091 671.66	19.59%	72 672 557 999.71
资产总计	203 459 495 879.65	8.54%	187 454 236 283.17	11.52%	168 091 571 652.14

表 3-2　2018—2020 年 HE 智家股份有限公司负债及所有者权益项目情况

报告期	2020 年		2019 年		2018 年
项目	金额（元）	变动率	金额（元）	变动率	金额（元）
短期借款	7 687 908 165.88	-10.45%	8 585 049 237.18	36.30%	6 298 504 892.57
交易性金融负债	26 952 508.66	-37.03%	42 799 173.35	-80.43%	218 748 280.33
衍生金融负债	239 582 532.90	140.67%	99 548 853.97	179.60%	35 603 754.54
应付票据	21 236 057 053.67	9.98%	19 308 538 776.92	-3.64%	20 038 016 339.68
应付账款	36 302 971 944.48	7.56%	33 750 567 046.28	20.97%	27 899 496 560.29
合同负债	7 048 637 659.48	26.25%	5 583 008 412.49	1.18%	5 518 079 019.27
应付职工薪酬	3 760 099 978.82	19.16%	3 155 572 417.30	17.97%	2 674 970 750.56
应交税费	2 399 705 460.12	13.35%	2 117 056 381.04	14.66%	1 846 299 486.82

续表

报告期	2020 年		2019 年		2018 年
项目	金额（元）	变动率	金额（元）	变动率	金额（元）
其他应付款	17 056 156 167.28	12.53%	15 156 392 521.82	18.69%	12 770 158 224.50
一年内到期的非流动负债	7 522 724 913.40	2.81%	7 317 138 918.02	57.18%	4 655 206 739.98
其他流动负债	6 112 053 944.63	1137.09%	494 065 707.54	15.67%	427 117 731.89
流动负债合计	109 392 850 329.32	14.42%	95 609 737 445.91	15.99%	82 429 245 514.89
长期借款	11 821 416 259.81	-10.96%	13 276 452 935.56	-14.57%	15 541 466 325.22
应付债券	6 713 501 050.27	-4.16%	7 004 585 761.43	-23.80%	9 191 896 302.70
租赁负债	2 072 702 352.68	4.67%	1 980 271 767.35	—	—
长期应付款	98 203 261.27	-31.01%	142 342 718.45	33.33%	106 763 243.99
长期应付职工薪酬	1 245 775 024.35	11.00%	1 122 350 237.36	20.04%	934 974 735.49
预计负债	1 442 844 036.73	3.14%	1 398 877 746.33	15.93%	1 206 615 541.95
递延收益	633 761 669.48	-10.14%	705 272 617.10	9.59%	643 551 987.30
递延所得税负债	1 900 401 265.97	64.62%	1 154 413 295.72	184.80%	405 343 787.76
其他非流动负债	27 033 458.13	-61.42%	70 071 490.03	-96.16%	1 823 866 693.93
非流动负债合计	25 955 638 378.69	-3.35%	26 854 638 569.33	-10.05%	29 854 478 618.34
负债合计	135 348 488 708.01	10.52%	122 464 376 015.24	9.07%	112 283 724 133.23
所有者权益合计	68 111 007 171.64	4.80%	64 989 860 267.93	16.45%	55 807 847 518.91
负债和所有者权益总计	203 459 495 879.65	8.54%	187 454 236 283.17	11.52%	168 091 571 652.14

1. 资产状况及变化

表 3-1 统计数据显示 2018—2020 年度内公司资产项目变动情况。

从公司资产总规模来看，截至 2018 年底，公司总资产规模 1 680.92 亿元，2019 年底，公司总资产规模 1 874.54 亿元，较上年增加 193.62 亿元，同比增长 11.52%；本报告期内，公司总资产规模 2 034.59 亿元，较上年增加 160.05 亿元，同比增长 8.54%。近三年内，公司总资产规模以平均 10% 左右的速度稳步增长。

从公司流动资产规模来看，截至 2018 年底，公司流动资产规模 954.19 亿元，2019

年底，流动资产规模高达 1 005.47 亿元，较上年增加 51.28 亿元，同比增长 5.37%；本报告期内，公司流动资产规模高达 1 142.48 亿元，较上年增加 137.01 亿元，同比增长 13.63%，较上年度增长速度有较大提升。其中，交易性金融资产和衍生金融资产变动幅度最大，主要是短期理财产品增加及本期远期外汇买卖合约增加所致。以交易性金融资产为例，继 2019 年底 3 亿的规模后，本报告期内交易性金融资产近 22 亿元，较上年度增长 6 倍。应收账款本期期末金额较上期期末变动比例为 44.61%，主要是收入增长及本期保理减少所致；本报告期预付账款及合同资产较上年度均下降近 40%，主要是处置子公司所导致。

从公司非流动资产规模来看，截至 2018 年底，公司非流动资产规模 726.73 亿元，2019 年底，非流动资产规模高达 869.07 亿元，较上年增加 142.34 亿元，同比增长 19.59%；本报告期内，公司非流动资产规模达 892.12 亿元，较上年增加 23.05 亿元，同比增长 2.65%。其中，其他权益工具投资变动幅度最大，本期期末金额较上期期末变动比例为 90.49%，主要是由于报告期公司出售卡奥斯 54.50% 股权，卡奥斯不再纳入公司合并报表范围，交易完成后公司仍持有的 18.75% 股权调整至其他权益工具投资。本报告期内在建工程较上年末变动比例为 50.41%，主要是在建厂房、设备增加所致。

2. 负债及所有者权益状况及变化

表 3－2 统计数据显示 2018—2020 年度内公司负债及所有者权益项目变动情况。

从公司负债合计来看，截至 2018 年底，公司负债金额 1 122.84 亿元，2019 年底，公司负债金额为 1 224.64 亿元，较上年增加 101.8 亿元，同比增长 9.07%；本报告期内，公司负债金额为 1 353.48 亿元，较上年增加 128.84 亿元，同比增长 10.52%。近三年内，公司总负债规模以平均 10% 左右的增速逐渐扩大。

从公司流动负债规模来看，截至 2018 年底，公司流动负债规模超 824.29 亿元，2019 年底，流动负债规模高达 956.10 亿元，较上年增加 131.81 亿元，同比增长 15.99%；本报告期内，公司流动负债规模高达 1 093.93 亿元，较上年增加 137.83 亿元，同比增长 14.42%。近三年内，公司流动负债规模以平均 15% 左右的增速逐渐增长。其中，衍生性金融负债变动幅度最大，变动比例为 140.67%，主要是利率互换协议及远期外汇买卖合约增加所致；交易性金融负债变动幅度次之，变动比例为 －37.03%，究其原因，主要是锁汇工具到期所致。

从公司非流动负债规模来看，截至 2018 年底，公司非流动负债高达 298.54 亿元，2019 年底，非流动负债规模为 268.55 亿元，较上年减少近 30 亿元，同比下降 10.05%；本报告期内，公司非流动资产规模 259.56 亿元，较上年减少近 9 亿元，同比下降 3.35%。近三年内，公司非流动负债规模持续下降。其中，递延所得税负债变动幅度最大，变动比例为 64.62%，主要是对子公司的股权变动所致；长期应付款变动幅度次之，变动比例为 －31.01%，主要是公司回购国开发展基金有限公司对子公司的投资所致。

从公司所有者权益规模来看，截至 2018 年底，公司所有者权益高达 558.08 亿元，2019 年底，所有者权益规模增加至 649.90 亿元，较上年增加 91.82 亿元，同比增加

16.45%；本报告期内，公司所有者权益规模达 681.11 亿元，较上年增加 31.21 亿元，同比增加 4.80%。相较于其他项目，公司所有者权益各项目变动比例较大，受公司转换债券所导致的权益部分增加，其他权益工具变动幅度高达 448.00%；资本公积变动比例为 238.35%，主要是股本溢价变动所致；其他综合收益同比下降 179.38%，主要是外币报表折算差额所致；股本变动幅度相对较小，变动比例为 37.21%，主要是公司依据私有化方案发行的作为注销计划股份对价的 H 股、以及公司因其 H 股可转换债券转股而增发 H 股所致。

3.2.2　利润表分析

对利润表的分析在于了解表中各项目在净利润形成过程中所起的作用大小以及各个项目水平的变动和变动趋势。同样地，我们运用比较法和图表法对公司 2018—2020 年的利润表（见表 3-3）进行指标分析，了解三年内公司收入、成本和费用的构成及变化情况。

表 3-3　2018—2020 年 HE 智家股份有限公司利润表各项目情况

报告期	2020 年		2019 年		2018 年
项目	金额（元）	变动率	金额（元）	增长率	金额（元）
营业收入	209 725 821 099.44	4.46%	200 761 983 256.57	9.05%	184 108 481 959.27
营业总成本	199 886 424 033.65	3.77%	192 625 787 459.73	10.27%	174 687 709 671.51
营业成本	147 475 181 245.03	4.69%	140 868 398 722.26	7.98%	130 455 086 874.95
销售费用	33 641 711 147.72	-0.12%	33 682 126 291.31	16.45%	28 923 144 934.04
管理费用	10 052 645 415.72	-0.60%	10 113 263 329.25	20.32%	8 405 151 809.85
研发费用	6 860 161 572.42	9.47%	6 266 936 518.17	22.77%	5 104 647 278.53
财务费用	1 196 217 735.43	33.95%	893 017 558.86	-4.14%	931 591 642.48
营业利润	13 597 954 952.64	-5.89%	14 449 443 890.04	25.23%	11 538 018 529.33
利润总额	13 554 480 464.79	-7.36%	14 630 608 797.96	24.18%	11 781 495 032.66
所得税费用	2 231 864 187.51	-2.80%	2 296 216 280.86	22.02%	1 881 843 052.56
净利润	11 322 616 277.28	-8.20%	12 334 392 517.10	24.59%	9 899 651 980.10

1. 利润总额等项目变动情况

上表统计数据显示 2018—2020 年度内公司利润表利润总额等项目变动情况。

从公司营业利润变动情况来看，截至 2018 年底，公司实现营业利润高达 115.38 亿元，2019 年盈利能力显著提高，营业利润增加至 144.49 亿元，年增长率为 25.23%；本报告期内，公司实现营业利润 135.98 亿元，受疫情冲击和经济增速放缓影响，本年内营业利润较上年减少近 9 亿元，同比下降 5.89%。

从公司利润总额变动情况来看，截至 2018 年底，公司实现利润总额 117.81 亿元，2019 年利润总额增加至 146.31 亿元，年增长率为 24.18%；本报告期内，公司实现利润总额 135.54 亿元，同比下降 7.36%。报告期内全年实现净利润高达 113.23 亿元，受疫情冲击、能源结构调整以及供给侧结构性改革等多重因素的影响，较去年同比下降8.20%。

2. 成本费用等项目变动情况分析

上表统计数据显示2018—2020年度内公司利润表成本费用等项目变动情况。

从公司成本费用变动情况来看，公司本期发生成本费用共计1 998.86亿元，其中主营业务成本1 474.75亿元，占成本费用总额的73.78%；销售费用为336.42亿元，占成本费用总额的16.83%；管理费用为100.53亿元，占成本费用总额的5.03%；研发费用为68.6亿元，占成本费用总额的3.43%；财务费用为11.96亿元，占成本费用总额的0.60%。

较上年同期情况来看，本报告期内，公司成本费用总额同比增长3.77%；主营业务成本较上年同期增长4.69%；销售费用及管理费用均较上年同期有所下降，分别为-0.12%和-0.60%；研发费用较上年同期增加9.47%，本期内，公司以用户体验为中心，更加注重聚焦原创科技突破，以技术专利化、专利标准化为主线，同时围绕国家产业战略以及核心物联网技术切入，形成未来智家场景应用技术的持续引领；财务费用较上年同期增加最多，变动比例为33.95%，主要是本期汇率波动确认汇兑损失所致。

3. 基于利润表各项目的综合分析

综合前述分析，主营业务成本攀升，营业利润较上年同期显著下降成为本报告期内利润表值得深入探讨和分析的一环。受新冠疫情、复杂多变的国际环境等因素影响，国内外经济增速放缓甚至增速下降。根据国家统计局数据，2020年，我国GDP总额突破101万亿人民币，比上年同比增长2.3%，增速为近5年来最低水平。疫情冲击叠加新能源结构调整和供给侧结构性改革等，对原本就处于波动调整期的家电类行业及一众公司带来巨大挑战。疫情暴发，居民平均收入下降，消费行为趋于谨慎，家电市场遭遇冰点，总体消费需求萎缩。国内白色家电、厨房家电全年零售额市场规模实现人民币4 487亿元，较同期下降11.9%，其中冰箱、洗衣机、空调、厨电等品类零售额分别负增长3.3%、6.5%、22%、5.4%。但随着国内疫情得到有效控制、行业实现有序复工复产、消费需求得以释放，整体家电市场逐渐摆脱疫情冲击，市场销售有所改善。同时，受到后疫情时代催化，家电市场将持续向健康、智能化升级，并在细分品类和渠道呈现亮点。

4. 现金流量表分析

现金流量表是指以现金为基础编制出来的财务状况变动表。本部分将依据表3-4对现金流量结构进行分析。现金流量结构分析包括流入结构、流出结构和流入流出比例分析，本部分只对流出流入结构进行分析。

表3-4　2018—2020年HE智家股份有限公司现金流量表各项目情况

报告期	2020年		2019年		2018年
项目	金额（元）	变动率	金额（元）	变动率	金额（元）
经营活动现金流入小计	210 500 620 708.60	1.60%	207 185 175 443.00	7.79%	192 207 115 869.30

续表

报告期	2020 年		2019 年		2018 年
项目	金额（元）	变动率	金额（元）	变动率	金额（元）
经营活动现金流出小计	192 901 508 993.09	0.42%	192 102 544 500.27	11.00%	173 064 333 388.10
经营活动产生的现金流量净额	17 599 111 715.51	16.68%	15 082 630 942.73	-21.21%	19 142 782 481.20
投资活动现金流入小计	9 635 599 961.53	247.12%	2 775 834 626.00	23.10%	2 255 024 935.28
投资活动现金流出小计	14 899 750 770.90	8.46%	13 737 417 767.21	38.70%	9 904 643 769.11
投资活动产生的现金流量净额	-5 264 150 809.37	-51.98%	-10 961 583 141.21	43.30%	-7 649 618 833.83
筹资活动现金流入小计	30 077 591 252.23	59.04%	18 912 280 182.48	1.07%	18 712 068 604.49
筹资活动现金流出小计	31 103 514 349.78	24.79%	24 925 243 408.89	-14.68%	29 214 046 575.95
筹资活动产生的现金流量净额	-1 025 923 097.55	-82.94%	-6 012 963 226.41	-42.74%	-10 501 977 971.46
现金及现金等价物净增加额	10 672 185 238.63	-767.86%	-1 597 978 355.25	-225.97%	1 268 582 462.57

（1）现金流入结构分析。

上表统计数据显示 2018—2020 年度内公司现金流量表现金流入各项目变动情况。

报告期内，公司现金总流入 2 502.14 亿元，较上年同期同比增长 9.32%。其中，经营活动产生的现金流入占总现金流入的比例为 84.13%，投资活动产生的现金流入占比为 3.85%，筹资活动产生的现金流入占比为 12.02%。

在公司现金总流入的各构成项目中，经营活动现金流入金额为 2 105.01 亿元，较上年同期同比增加 1.60%，其中占比最大为销售商品、提供劳务收到的现金项目带来的现金流入，金额为 2 079.34 亿元，由此反映出公司经营属于正常，公司现金来源中主要依靠自身经营活动积累；投资活动现金流入金额为 96.36 亿元，较上年同期同比增加 247.12%；筹资活动现金流入金额为 300.78 亿元，较上年同期同比增加 59.04%。

（2）现金流出结构分析。

上表统计数据显示 2018—2020 年度内公司现金流量表现金流出各项目变动情况。

报告期内，公司现金总流出 2 389.05 亿元，较上年现金总流出金额 2 307.65 亿元同比增长 3.53%。其中，经营活动产生的现金流出占总现金流出的比例为 80.74%，投资活动产生的现金流出占比为6.24%，筹资活动产生的现金流出占比为13.02%。

在公司现金总流出的各构成项目中，经营活动现金流出金额为1 929.02亿元，较上年同期同比增加0.42%；投资活动现金流出金额为148.00亿元，较上年同期同比增加8.46%；筹资活动现金流出金额为311.04亿元，较上年同期同比增加24.79%。

（3）现金流量净额变动分析。

报告期内，经营活动产生的现金流量净额为175.99亿元，较上年同比增加16.68%，其中四季度经营活动现金流量净额118.88亿元，同比增长79.9%；投资活动产生的现金流量净额为－52.64亿元，较同期变动比例为51.98%，主要是本期处置子公司、赎回理财产品产生现金流入及同期并购Candy支出所致；筹资活动产生的现金流量净额为－10.26亿元，较同期变动比例为82.94%，主要是本期新增借款及发行超短融所致。

（4）财务业绩总体评价。

通过以上对HE智家股份有限公司资产负债表、利润表以及现金流量表的分析，可以看出报告期内，面对疫情冲击和国际环境的复杂多变，公司业务经营情况基本稳定。聚焦于本土化研发、制造和营销能力的深入精准建设，保障公司业务能够持续向好运行。依托全球化供应链和研发平台的建设能够较大程度上发挥全球性资源布局和优势，克服外部环境带来的不利影响，保证公司财务业绩总体稳定向好。

首先，资产规模呈逐渐放大趋势。2019年，公司总资产规模1 874.54亿元，本报告期内，公司总资产规模2 034.59亿元，较上年增加160亿元，同比增长8.54%。近三年内，公司总资产规模以平均10%左右的速度稳步增长。其次，收入和利润协调性较好。报告期内公司实现营业利润135.98亿元，受疫情冲击和经济增速放缓影响，但公司最大程度致力于维持经济持续发展水平。最后，具备较强的现金获取能力。公司2020年现金总流入2 502.14亿元，较上年同期同比增长9.32%。经营活动产生的现金流量净额为175.99亿元，较上年同比增加16.68%，表明主营业务正常经营，经营现金流有充分的保证。

总的来说，本报告期内，公司当期分配利、偿还债务以及本金的额度大于权益和债务筹资额，公司经营处于相对稳定的发展时期，主要围绕经营活动展开。资金来源和使用均以经营活动为主，企业结构较为成熟。HE智家股份有限公司财务业绩总体情况优良，面对疫情冲击等外部挑战能够较好地保持财务业绩的持续稳定。

3.3 公司综合财务能力

3.3.1 偿债能力

企业的偿债能力是指企业用其资产偿还长短期债务的能力。企业有无支付现金的能力和偿还债务能力，是企业能否健康生存和发展的关键。偿债能力分析就是设计并计算出一系列能够反映企业偿债能力的财务指标即偿债能力指标进行分析。

偿债能力常用的财务指标有资产负债率、流动比率、速动比率、利息保障倍数等。

1. 资产负债率

资产负债率，是用以衡量企业利用债权人提供资金进行经营活动的能力，以及反映债权人发放贷款的安全程度的指标，通过将企业的负债总额与资产总额相比较得出，反映在企业全部资产中属于负债的比率。

资产负债率 $=\frac{\text{负债总额}}{\text{资产总额}}$，即负债总额与资产总额的比例关系。

一般情况下，资产负债率不应超过50%，但这一标准必须结合同行业平均水平来进行分析评价。HE 智家股份有限公司较为特殊，家电制造与营销是公司最主要的主营业务，故公司的资产负债率评价应该结合整体家电行业进行评估。由表 3-5 可知，2020 年、2019 年以及 2018 年，公司资产负债率分别为 66.52%、65.33%以及 66.93%，三年平均资产负债率在 66.26%。结合行业特征以及公司自身经营情况，HE 智家股份有限公司的资产负债率保持在较为合理的水平和范围内，但资产结构还有进一步优化的潜力。

表 3-5　2018—2020 年 HE 智家股份有限公司资产负债率变动情况

报告期	2020 年	2019 年	2018 年
资产负债率	66.52%	65.33%	66.93%

2. 流动比率

流动比率，是用来衡量企业流动资产在短期债务到期以前，可以变为现金用于偿还负债的能力。一般说来，比率越高，说明企业资产的变现能力越强，短期偿债能力亦越强；反之则弱。

流动比率 $=\frac{\text{流动资产}}{\text{流动负债}}$，即流动资产总额与流动负债总额的比例关系。

就总体而言，该项比率过高反映了企业的资金没有得到充分利用，过低则说明企业偿债的安全性较差。一般来说，该比率应保持在 2∶1 的比率。由表 3-6 可知，HE 智家股份有限公司 2018—2020 年的流动比率指标均低于 2∶1 的标准比率，表面看来偿债能力较弱，整体来看，公司流动比率较为稳定，三年内平均维持在 1.09%，但就公司实际情况来看，实际偿债能力要理想于指标情况。

表 3-6　2018—2020 年 HE 智家股份有限公司流动比率变动情况

报告期	2020 年	2019 年	2018 年
流动比率	1.04%	1.05%	1.18%

3. 速动比率

速动比率是指企业速动资产与流动负债的比率，衡量企业流动资产中可以立即变现用于偿还流动负债的能力。速动资产是企业的流动资产减去存货和预付费用后的余额，主要包括现金、短期投资、应收票据、应收账款等项目。

速动比率 = $\frac{速动资产}{流动负债}$，即速动资产总额与流动负债总额的比例关系。

在速动资产中减去了变现能力较差且不稳定的存货、待摊费用等项目，所以速动比率比流动比率更能反映流动负债偿还的安全性和稳定性。一般来说，该比率的下限为1。由表3-7可知，HE智家股份有限公司的速动比率相对流动比率更低，三年平均流动比率大致在0.9%，这与公司家电制造主营业务有很大关系。

表3-7　2018—2020年HE智家股份有限公司速动比率变动情况

报告期	2020年	2019年	2018年
速动比率	0.78%	0.76%	0.90%

4. 小结

综上所述，本报告期内HE智家股份有限公司的流动比率有所下降。近年来，公司的流动比率一直低于2，说明公司以流动资产抵偿流动负债的能力有所下降。该公司的速动比率近几年来都保持在标准值1以下，与同行业其他企业相比处于中等水平。同时，公司的现金流量比率呈上升趋势。2020年，公司的现金流量比率大约为42.47%，较2019年增加了4.63%，这也表明该公司偿还短期债务的能力在加强，短期债务的偿还有能力保障。2020年，公司的资产负债率为66.52%，相较于2019年提高了1.19%，产权比率也有所提高，说明公司的长期偿债能力在下降，公司过度运用财务杠杆，增加了财务风险。公司已经意识到这个问题，正采取措施降低带息负债率，降低财务杠杆水平，调整债务结构，降低短期借款占比，从而降低财务费用负担。

总的来看，HE智家股份有限公司的短期和长期偿债能力尚可，并保持一种良性态势：流动比率和速动比率比较合理，偿还到期债务的风险小；资产负债率处于相对合理范围内，资产结构有进一步优化的潜力。

3.3.2　营运能力

营运能力指的是企业资产的周转运行能力，通常可以用总资产周转率、流动资产周转率、存货周转率和应收账款周转率这四个财务比率来对企业的营运能力进行逐层分析。

1. 总资产周转率

总资产周转率，是衡量资产投资规模与销售水平之间配比情况的指标。运用总资产周转率分析评价资产使用效率时，通常要结合销售利润一起分析。总资产周转率越高，说明企业销售能力越强，资产投资的效益越好。

总资产周转率 = $\frac{销售收入净额}{平均资产总额}$，即销售收入净额与平均资产总额的比例关系。

由表3-8可知，2018—2020年HE智家股份有限公司总资产周转率分别为1.13次、1.13次以及1.07次，三年内总资产周转率平均为1.11次，公司利用全部资产进行经营的能力有待显著提高。

表3-8　2018—2020年HE智家股份有限公司总资产周转率变动情况

报告期	2020年	2019年	2018年
总资产周转率	1.07次	1.13次	1.13次

2. 流动资产周转率

流动资产周转率，是评价企业资产利用率的一个重要指标。通过对该指标的对比分析，可以促进企业加强内部管理，充分利用流动资产。

流动资产周转率 $=\frac{\text{主营业务收入净额}}{\text{平均流动资产总额}}$，即企业一定时期内主营业务收入净额同平均流动资产总额的比率。

由表3-9可知，近三年内HE智家股份有限公司流动资产周转率平均水平接近2次，2018—2020年情况较稳定，指标变化幅度不大。说明近年来公司利用流动资产的能力尚可，但仍有加强内部管理，充分运用流动资产的空间。

表3-9　2018—2020年HE智家股份有限公司流动资产周转率变动情况

报告期	2020年	2019年	2018年
流动资产周转率	1.95次	2.05次	1.98次

3. 存货周转率

存货周转率，反映企业销售能力的强弱、存货是否过量和资产流动性的一个指标，也是衡量企业生产经营各环节中存货运营效率的一个综合性指标。一般说来该项数值越高越好，但是不同行业之间差异较大。

（1）以成本为基础的存货周转率计算：

存货周转率 $=\frac{\text{销货成本}}{\text{存货平均余额}}$，即一定时期内企业销货成本与存货平均余额间的比率，它反映企业流动资产的流动性，主要用于流动性分析。

（2）以收入为基础的存货周转率计算：

存货周转率 $=\frac{\text{营业收入}}{\text{存货平均余额}}$，即一定时期内企业营业收入与存货平均余额间的比率，主要用于获利能力分析。

由表3-10可知，HE智家股份有限公司年存货周转率逐年小幅降低，由2018年的5.8次降至2019年的5.56次，本报告期内存货周转率为5.11次，但不能说是销售能力减弱。

表3-10　2018—2020年HE智家股份有限公司存货周转率变动情况

报告期	2020年	2019年	2018年
存货周转率	5.11次	5.56次	5.80次

4. 应收账款周转率

应收账款周转率，是企业在一定时期内赊销净收入与平均应收账款余额之比，它是衡量企业应收账款周转速度及管理效率的指标，反映了企业应收款变现速度的快慢和管理效率的高低，一般说来该数值越高越好。

$$应收账款周转率=\frac{赊销净收入}{平均应收账款余额}$$，即企业在一定时期内赊销净收入与平均应收账款余额之比。

由表 3-11 可知，本报告期内，HE 智家股份有限公司应收账款周转率较上年度有所下降，近三年来，平均应收账款周转率大致维持在 16.74 次。公司的应收账款如能及时收回，公司的资金使用效率便能大幅提高。

表 3-11　2018—2020 年 HE 智家股份有限公司应收账款周转率变动情况

报告期	2020 年	2019 年	2018 年
应收账款周转率	15.57 次	18.63 次	16.02 次

5. 小结

综上所述，本报告期内 HE 智家股份有限公司的存货周转率逐年下降，表明公司存货的制造和销售周期长，存货变现速度慢。公司 2020 年的应收账款周转率也有所下降，说明公司资金周转速度变慢，资金使用效率下降，对公司经营业绩产生影响。与此同时，公司的流动资产周转率在 2020 年回落至 1.95 次，说明公司利用企业流动资产进行经营的效率不高，造成资金浪费。2020 年固定资产周转率回落至 9.94 次，说明公司固定资产的利用效率下降，可能存在固定资产闲置现象。

总的来说，HE 智家股份有限公司总体营运能力较强，总资产和固定资产的利用效率都有所提高，存货的周转也较快，应收账款的现金回收也算不错。

3.3.3　盈利能力

盈利能力是指企业获取利润的能力，利润率越高，盈利能力就越强，是反映上市公司价值的一个重要方面。对于经营者来讲，通过对盈利能力的分析，可以发现经营管理环节出现的问题。通过盈利指标在行业内的对比，可以衡量经营者的工作业绩。

盈利能力分析常见的指标有：收益类指标，包括资产收益率、净利润率、毛利率等；成长类指标，包括收入增长率、净利润增长率、资产增长率和每股收益率等；现金流指标，包括净利润现金含金量和每股现金流。本部分就营业利润率、净利润率、毛利率以及总资产报酬率对 2018—2020 年 HE 智家股份有限公司的盈利能力进行分析。

1. 营业利润率

营业利润率是指经营所得的营业利润占销货净额的百分比，或占投入资本额的百分比。这种百分比能综合反映一个企业或一个行业的营业效率。营业利润率在各个行业以及同一行业的各个企业之间差异很大，并且不是所有的企业每年都能得到利润。

$$营业利润率=\frac{营业利润}{全部业务收入}$$，是指经营所得的营业利润占销货净额的百分比，或占投入资本额的百分比。

由表 3-12 可知，HE 智家股份有限公司近三年来营业利润率平均维持在 6.63%，

2018 年营业利润率为 6.21%，截止到 2019 年营业利润率增长至 7.20%，盈利能力有所提升。本报告期内营业利润率相较于上年有所降低，营业利润率为 6.48%，主要是受疫情冲击以及国际环境较为复杂导致的需求有所紧缩所致。

表 3-12　2018—2020 年 HE 智家股份有限公司营业利润率变动情况

报告期	2020 年	2019 年	2018 年
营业利润率	6.48%	7.20%	6.21%

2. 净利润率

净利润率，能综合反映一个企业或一个行业的经营效率。从利润水平的高低情况，可以预测经济的发展趋势，利润增长，就业人数和收入一般也会增加，而利润下降，就业人数和收入也会随之减少。虽然利润的绝对值可能每年达到新的水平，但利润率却不一定随之而不断提高。

净利润率 = $\frac{\text{净利润}}{\text{销售净收入}}$，是指经营所得的净利润占销货净额的百分比，或占投入资本额的百分比。

由表 3-13 可知，HE 智家股份有限公司近三年来平均净利润率大致在 4.13%，三年来呈现出稳步上升的局面。相对于 2018 年 4.06% 到 2019 年的 4.09%，本报告期内净利润率增长至 4.23%，增幅较 2019 年大。可以看出，公司近几年盈利能力较为可观，今后很长一段时间里持续增长能力较强，前景较好。

表 3-13　2018—2020 年 HE 智家股份有限公司净利润率变动情况

报告期	2020 年	2019 年	2018 年
净利润率	4.23%	4.09%	4.06%

3. 毛利率

毛利率反映的是一个商品经过生产转换内部系统以后增值的那一部分，在分析企业主营业务的盈利空间和变化趋势时，毛利率是一个重要指标。它可以对企业主要业务的盈利状况进行分析，这对于判断企业核心竞争力的变化趋势及其企业成长性极有帮助。

毛利率 = $\frac{\text{毛利}}{\text{销售收入}}$，即毛利与销售收入（或营业收入）的百分比。

由表 3-14 可知，HE 智家股份有限公司近三年来毛利率较稳定，变动幅度不大，年平均毛利率接近 30%。说明公司经营业绩较突出，市场竞争能力强，就家电制造行业来看，HE 智家股份有限公司处于行业领先水平。

表 3-14　2018—2020 年 HE 智家股份有限公司毛利率变动情况

报告期	2020 年	2019 年	2018 年
毛利率	29.68%	29.83%	29.00%

4. 总资产报酬率

总资产报酬率以投资报酬为基础来分析企业获利能力，表示企业包括净资产和负债在内的全部资产的总体获利能力，用以评价企业运用全部资产的总体获利能力，是评价企业资产运营效益的重要指标。

总资产报酬率 = $\frac{投资报酬}{投资总额}$，即企业投资报酬与投资总额之间的比率。

由表3-15可知，HE智家股份有限公司近三年来总资产报酬率平均水平在4.58%，三年来情况比较稳定，表示近年来公司运用全部资产的总体获利能力保持良好且稳定的水平，公司资产运营效益较为稳定。

表3-15 2018—2020年HE智家股份有限公司总资产报酬率变动情况

报告期	2020年	2019年	2018年
总资产报酬率	4.54%	4.62%	4.59%

5. 小结

综上所述，本报告期内HE智家股份有限公司毛利率一直处于较高水平，并呈现上升趋势，说明产品竞争力较强，中高端产品所占比重较大。近年来，公司净资产收益率正处于不断下降的趋势，相较于2019年下降了3.85%。净资产收益率越低，说明公司的经营状况越差，但该指标在衡量公司的经营情况时仍然存在缺陷。公司净资产收益率下降主要是由于公司净资产规模逐年呈现出扩大趋势，而公司净资产规模是评价企业财务情况的重要指标，公司净资产规模越多，说明公司的财务状况良好。公司的销售净利率、总固定资产报酬率在2020年有所下降，这主要是因为受到了2020年疫情的严重影响，公司2020年息税前利润有所减少。此外，公司的控制费用能力较弱，尤其是销售费用不断上涨。由于海尔集团在我国家电行业中的地位，其盈利能力指标仍然保持行业领先。

总的来说，从上述相关盈利能力财务指标分析中可以看出，HE智家股份有限公司目前的盈利状况受疫情冲击和能源结构转型升级等因素的影响，在经济低迷需求紧缩的大环境下，公司盈利状况未有大幅提升，但总体上较好地维持了基本的盈利能力。

3.3.4 发展能力

企业的成长能力反映了企业未来的发展前景，反映了企业通过自身的生产经营活动，不断扩大规模、增加收益的潜能。此外，企业的成长能力也受市场宏观环境的影响。本部分将从营业收入增长率、总资产增长率、营业利润增长率、净利润增长率和净资产增长率对HE智家股份有限公司发展能力进行分析。

1. 营业收入增长率

营业收入增长率，是本期的主营业务收入增加额与上期主营业务收入的比值，用于衡量公司产品的市场需求增长程度，该指标越高，表明公司产品的市场前景越好，公司的成长性越好。由表3-16可知，近三年来营业收入增长率平均在8.56%，2020年营业收入增长率较以前年份有较大幅度下降，究其原因，主要是疫情冲击等因素所致。

表 3-16　2018—2020 年 HE 智家股份有限公司营业收入增长率变动情况

报告期	2020 年	2019 年	2018 年
营业收入增长率	4.46%	9.04%	12.17%

2. 总资产增长率

总资产增长率是本年总资产增加额与上期总资产的比值。该比率越高，表明企业当期资产规模扩张得越快。由表 3-17 可知，HE 智家股份有限公司近三年总资产增长率平均在 8.71%，本报告期内总资产增长率为 8.54% 低于近三年内平均水平，且较上年 11.52% 有较大下降，究其原因，主要是受疫情等因素影响，导致需求低迷，总资产增长较上年有所下滑。

表 3-17　2018—2020 年 HE 智家股份有限公司总资产增长率变动情况

报告期	2020 年	2019 年	2018 年
总资产增长率	8.54%	11.52%	6.07%

3. 营业利润增长率

营业利润增长率又称销售利润增长率，其是企业本年营业利润增长额与上年营业利润总额的比率，它反映企业营业利润的增减变动情况。由表 3-18 可知，按照近三年 HE 智家股份有限公司营业利润增长率情况来看，2018 年为 13.05%，截至 2019 年底，营业利润增长率提高至 25.23%，增幅较大，说明公司经营状况较好，业务扩张能力维持较高水平。但 2020 年营业利润增长率为 -5.89%，较前两年有大幅下降，主要是疫情冲击叠加能源结构调整等因素导致。

表 3-18　2018—2020 年 HE 智家股份有限公司营业利润增长率变动情况

报告期	2020 年	2019 年	2018 年
营业利润增长率	-5.89%	25.23%	13.05%

4. 净利润增长率

净利润增长率，即本年净利润增长额与上期净利润的比值，净利润增幅越大，表明公司业绩越突出，其成长性越好。由表 3-19 可知，近三年内，HE 智家股份有限公司的净利润增长率大致维持在 8.51%，可以看出公司获利能力尚可，公司经营较为稳定可观。

表 3-19　2018—2020 年 HE 智家股份有限公司净利润增长率变动情况

报告期	2020 年	2019 年	2018 年
净利润增长率	8.17%	9.66%	7.71%

5. 净资产增长率

净资产增长率，又叫资本积累率，即本年所有者权益增加额与期初所有者权益的比值，比值越高，表明企业当年自身的资本积累能力越强，持续发展能力就越强。由表

3-20 可知，近三年内，HE 智家股份有限公司净资产增长率较净利润增长率来看，波动较大。2018 年净资产增长率为 18.33%，2019 年为 20.50%，本报告期内，公司净资产增长率接近 40%，增幅较大。表示近年来公司资产增长速度较快，公司发展前景看好。

表 3-20　2018—2020 年 HE 智家股份有限公司净资产增长率变动情况

报告期	2020 年	2019 年	2018 年
净资产增长率	39.53%	20.50%	18.33%

6. 小结

综上所述，本报告期内 HE 智家股份有限公司主营业务收入增长率、净利润增长率都大幅下降，尤其是海尔的主营业务收入增长率由 2019 年的 33.75% 下降至 4.46%，而其净利润增长率更是如此，由 2019 年的 26.24% 跌至 -8.2%，下滑幅度较大，其原因是受疫情的影响导致行业不景气。但这种情况只是暂时的，公司会尽快采取措施，提高企业的净利润。公司具有强大的产品创新能力，业绩增长势头强劲。此外，公司场景生态布局日渐进入收获期，未来具有良好的发展能力，是一个值得期待的企业。

总的来说，HE 智家股份有限公司近年来成长性较以前年份欠佳，主要受宏观经济增速放缓导致市场需求下降、行业竞争加剧导致的价格战以及原材料价格波动等外部影响。尤其营业利润增长率，本报告期相较于上年度 25.23% 下降幅度直逼 30%。但综合来看，企业成长仍有较大潜力和空间，持续发展能力较强，未来发展前景较好。

3.4　基于杜邦分析法的综合财务能力分析

杜邦分析法是一种比较综合、系统、完善的财务分析方法，通过财务数据和财务指标将公司盈利能力、偿债能力、营运能力评价紧密结合起来，剖析企业存在的问题以及背后的原因，以便管理者做出更好的决策。本部分将基于 HE 智家股份有限公司 2018—2020 年的财务数据，对股东权益报酬率、营业净利率、总资产报酬率、总资产周转率以及平均权益乘数进行计算，将海尔集团的盈利能力、营运能力、偿债能力等进行分析，重点从股东权益报酬率、总资产报酬率、资产周转率三个指标对公司现阶段的财务状况作出分析和评价。

3.4.1　股东权益报酬率分析

股东权益报酬率，是由总资产报酬率和平均权益乘数的乘积构成，是对企业股东投资回报能力的体现，是杜邦分析法中具有极强综合性的最重要指标。它在往下级分解的过程中，逐步将企业的各项财务指标涵盖在内，为企业的财务状况做出详细的评价。它反映了股东投入资金获得报酬的高低，应当引起企业股东和管理者的重点关注。

$$股东权益报酬率=\frac{净利润}{平均股东权益}=\frac{净利润}{平均资产总额}\times\frac{平均资产总额}{平均股东权益}$$
$$=总资产报酬率\times平均权益乘数$$

股东权益报酬率指标的高低可以将企业盈利水平的大小、资产周转效能的高低、筹资与投资能力的高低体现出来。它与企业的投资回报水平呈正相关的关系。若股东权益报酬率越高，则企业股东的投资回报水平就越高，获得的报酬就越高；反之，若股东权益报酬率越低，则企业股东的投资回报水平就越低，获得的报酬就越低。

根据HE智家股份有限公司2018—2020年度财务报表提取有用的财务信息，可以得出公司近三年的股东权益报酬率。

由表3-21可知，HE智家股份有限公司近年来股东权益报酬率经历了从升高到降低的过程。自2018年股东权益报酬率水平为19.43%，截至2019年底，公司股东权益报酬率提升至20.54%，代表股东权益回报水平有所提高，公司盈利能力有所增强。本报告期内，受疫情冲击叠加能源结构调整等诸多因素，导致2020年股东权益报酬率水平为17.01%，较上年度下降3.53个百分点。

表3-21　2018—2020年HE智家股份有限公司股东权益报酬率情况

报告期	2020年	2019年	2018年
股东权益报酬率	17.01%	20.54%	19.43%

3.4.2　总资产报酬率分析

总资产报酬率为影响股东权益报酬率的关键的指标之一，净利润金额与平均资产总金额的比值为总资产报酬率，是一个体现企业使用全部资产能够获得的回报水平的指标，在很大程度上是财务分析中不可或缺的一部分。投资者往往通过投资带来的回报来评价企业实现利润的能力，使用股东权益报酬率和每股收入等数据指标，但往往企业所有资产的收入比率更加准确地反映了企业的周转运营情况。

$$总资产报酬率=\frac{净利润}{平均资产总额}=\frac{净利润}{营业收入}\times\frac{营业收入}{平均资产总额}$$
$$=营业净利率\times总资产周转率$$

总资产报酬率向下可以分解为营业净利润和总资产周转率指标的乘积。因此总资产报酬率的高低受到企业经营活动的盈利能力与企业所拥有资产的周转能力影响。销售净利率体现出了企业经营活动的相关盈利水平，而总资产周转率则体现出了总资产的周转运营能力。实际分析中对总资产报酬率通常进行横向比较和纵向比较，总资产报酬率越高则说明企业运用所有资产获得回报的能力越高，反之则说明企业所有资产获得回报的能力越低。通过企业一定年限内总资产报酬率的纵向比较，可以看出企业资产的投资报酬能力是否优秀，是否产生波动，如果企业某一时期的总资产报酬率下跌严重，应该进一步找到原因，分析是由于资产闲置还是盈利能力下降引起的。而通过与同行业平均水平的横向比较，可以有效定位企业在行业中处于的地位，洞悉与竞争对手的强弱之分后制定适合企业发展的战略计划。

根据HE智家股份有限公司2018—2020年度财务报表提取有用的财务信息，可以得出公司近三年的总资产报酬率。

由表3-22可知，HE智家股份有限公司的总资产报酬率在2018—2020年呈现先上升后下降的趋势，但结合数据总体来看，近三年总资产报酬率水平较为稳定，三年内公司总资产报酬率平均为4.58%，变动幅度不大。

表3-22　2018—2020年HE智家股份有限公司总资产报酬率情况

报告期	2020年	2019年	2018年
总资产报酬率	4.53%	4.62%	4.59%

3.4.3　营业净利率分析

营业净利率即销售净利率，是企业净利润与营业收入的比率，在杜邦分析法中是由总资产报酬率向下分解产生的指标，它反映了企业的整体盈利能力水平。营业净利率指标直接决定着企业的净利润高低，与其呈正相关关系。企业的营业净利率指标越高，则代表企业的净利润越高。反之，企业的营业净利率越低，则企业的净利润越低。在对营业净利率进行分析时，应该多重考虑各项成本费用指标，全面对企业的盈利能力水平作出评价。

$$营业净利率 = \frac{净利润}{营业收入}$$

根据HE智家股份有限公司2018—2020年度财务报表提取有用的财务信息，可以得出公司近三年的营业净利率。

由表3-23可知，HE智家股份有限公司近三年来营业净利率整体上处于稳定状态，大致为4.13%左右，处于家电行业中游水平。同时，2018—2020年以来，公司营业利润率呈逐年小幅度上升的趋势，总的来说，公司盈利能力水平尚可。

表3-23　2018—2020年HE智家股份有限公司营业净利率情况

报告期	2020年	2019年	2018年
营业净利率	4.23%	4.09%	4.06%

3.4.4　总资产周转率分析

总资产周转率在杜邦分析法中是评价企业资产使用效率的指标，它是企业营业收入与平均资产总额的比率，绝大程度上决定着企业的营运能力。总资产周转率指标越高，资产的利用效率越高，为企业转化的利润越高，企业整体资产的营运能力越强。反之则资产利用效率越低，能够为企业转化的利润越低，企业整体资本运营能力越差。对总资产周转率的分析应当结合对流动资产周转率、固定资产周转率、无形资产周转率、存货周转率、应收账款周转率等的分析。

$$总资产周转率 = \frac{营业收入}{平均资产总额}$$

根据 HE 智家股份有限公司 2018—2020 年度财务报表提取的财务信息，可以得出公司近三年的总资产周转率。

由表 3-24 可知，2018—2020 年 HE 智家股份有限公司总资产周转率分别为 1.13 次、1.13 次以及 1.07 次，三年内总资产周转率平均为 1.11 次，公司利用全部资产进行经营的能力有待提高。

表 3-24　2018—2020 年 HE 智家股份有限公司总资产周转率情况

报告期	2020 年	2019 年	2018 年
总资产周转率	1.07 次	1.13 次	1.13 次

3.4.5　平均权益乘数分析

平均权益乘数，是平均资产总额除以平均股东权益得到的结果。对平均权益乘数的分析是杜邦分析法中一个非常重要的部分，企业的财务杠杆使用程度、偿债能力以及资本结构都能够通过对它的分析展现出来。平均权益乘数的变动方向与资产负债率的变动方向相同。平均权益乘数越高则表示负债在资本结构中的占比越高，股东拥有的企业资本在全部资产中的占比越低，财务杠杆的使用程度越高，企业的偿债能力越弱。反之平均权益乘数越低则表示负债在资本结构中的占比越低，股东持有的企业资本在企业全部资产中占比越高，财务杠杆使用程度越低，企业偿债能力越强。因此，企业将平均权益乘数保持在适当的数值，是对债务安全的一种保护，也是平衡企业风险与收益的重要保障。

$$平均权益乘数 = \frac{平均资产总额}{平均股东权益}$$

根据 HE 智家股份有限公司 2018—2020 年度财务报表提取有用的财务信息，可以得出公司近三年的平均权益乘数。

由表 3-25 可知，HE 智家股份有限公司 2018—2020 年平均权益乘数同样呈现先上升后下降的趋势，但总体来说变动幅度较小，从数据指标整体上看较为稳定，三年间平均权益乘数大致在 4.15 左右。结合公司资产负债率水平来考虑，三年来公司资产负债率水平大致为 66.26%，即公司近 2/3 的资产是通过发债筹集，近 1/3 的资产是由股权资本提供的资金，偿债能力尚可。总的来说，公司的融资能力比较稳定，偿债能力良好，债权人的利益可以得到一定的保障。

表 3-25　2018—2020 年 HE 智家股份有限公司平均权益乘数情况

报告期	2020 年	2019 年	2018 年
平均权益乘数	3.76	4.45	4.23

3.4.6　小结

综上所述，通过 HE 智家股份有限公司在 2018—2020 年的各项财务指标的纵向对比，得出公司在盈利能力、营运能力、偿债能力等方面均存在不同程度的问题。首先公司的持续盈利能力尚可但有待增强，成本费用不断升高，企业营业利润率增长幅度较小，究其原因，可以归结为特殊时代环境导致的经济低迷和需求紧缩等问题，营业净利率并不非常可观。其次营运能力方面，公司的应收账款周转率指标良好，但存货周转能力较为不足，导致企业资产变现能力有待加强。最后公司资本结构不合理，财务杠杆没有产生足够的效能。总的来说公司在现阶段财务状况存在优势之处，同时也存在不足之处。

3.5 结论分析与优化建议

3.5.1 基于财务报表进行的结论分析

1. 发展前景分析

近年来，国家明确要求扩展国内需求来刺激经济发展，提出了要进一步建立扩大内需的有效体系，加强需求侧的完善和管理，扩大国内居民消费，提高消费水平，有助于刺激家电需求。HE 智家要把握住这次契机，加快发展进程，成为行业领军企业之一。

受疫情冲击、复杂多变的国际环境等诸多因素影响，中国经济发展增速明显下滑，家电市场需求萎缩。在这样的时代背景下，2019 年已经成功在全球的“A + D + H”三地上市的 HE 智家，在国内业务和海外业务上都实现了逆势上扬。根据 HE 智家发布的 2020 年报数据显示，公司全年在营业收入方面实现 2 097. 26 亿元，同比增长 4. 46%；归属于上市公司主要股东的净利润 88. 77 亿元，同比 2019 年增长 8. 17%。同时，在 2020 年“全球智慧家庭发明专利排行榜”中，HE 智家以 2034 件排名榜首，连续四次排名全球第一；在第 21 届中国专利金奖评奖中，HE 智家再拿 2 金，行业第一；累计获得 9 项国家专利金奖，占行业一半。作为家电领域国际标准引领者，HE 智家正加速驱动中国标准“走出去”。中国家电行业 80% 的国际标准均来自 HE 智家。随着 HE 智家完成资源配置、业务架构、财务优化等多方面的布局，公司将成为一个更具竞争力的全品类大白电平台，创收及盈利能力将提升，股东回报预期上升，投资价值凸显。

2. 发展战略分析

2020 年，HE 智家的收入、业绩长期保持稳定增长，在整个产品行业中发挥强势的市场竞争力。同时，借助公司拥有的出色并购整合业绩：于 2015 年收购 HE 集团的海外白色家电业务；于 2016 年收购 GE Appliances；于 2018 年收购新西兰 Fisher&Paykel 公司；于 2019 年收购意大利公司 Candy 等，能够助力公司全面而更加深入地提升全球协同能力。未来公司应着力优化经营流程，加强降低企业成本，提高公司业务运营效率；积极拓展中国高端企业品牌市场份额继续深化数字化转型和变革，促使公司业务实现快速成长；充分利用普通仓库的配置和易于管理的信息工具，优化库存，提高渠道效率。

2020 年，公司全年实现毛利率 29. 68%，同比下降 0. 15 百分点，主要是上半年毛利率受疫情影响造成的下降 1.03 个百分点；随着下半年收入规模持续快速增长、卡萨帝收入占比持续提升以及海外市场结构优化等因素，下半年毛利率提升 0.46 个百分点。销售及管理费用率合计下降 0.98 个百分点，其中下半年下降 2.8 个百分点；根据浙商证券测算，目前我国高端技术产品在国内家电行业市场中经济渗透率仅为 2%，对比海外发达国家家电行业市场 10% 以上高端品牌经济文化渗透率，未来中国国内高端家电行业市场还是会有很大的增长空间，作为国内高端家电行业市场的引领者和龙头品牌，未来卡萨帝品牌的发展应用前景值得期待，有望拉动 HE 智家国内各项主营业务规模实现快速成长，其较强的盈利能力也会在近几年内持续地提升自己的市场份额，从而改善 HE 智家的收入和利润结构。

HE 智家应该在物联网的场景营销与生态创新上下功夫，继续加大对 AI、5G、IOT 等技术的研发投入，取得更多的研究成果。公司应该紧紧聚焦高端品牌、智慧家庭品牌、生态品牌的建设，持续发挥在成套引领产品、全球经济协同、智家体验云平台管理等方面的优势，推进智慧家庭全流程数字化变革，不断开拓智慧家庭生活场景的解决方案，从而不断保持良好的发展态势。

3.5.2　HE 智家股份有限公司财务战略层面优化建议

1. 多措并举优化公司投资战略

（1）更加注重产业多元化协同发展。

目前，HE 智家已经大踏步走向国际市场。今后，公司应当充分利用全球协同平台及研发、产品开发、采购、供应链、营销及品牌推广等综合功能，并能够将已有的成功市场经验共享拓展至全球各个市场。公司通过不断深化全球业务间的协同效应，为公司未来的发展注入强大的推动力。在中国，美的、格力等家电厂商近年来发展迅速，近年来，市场占有率也有所提高。更重要的是，一些产品的销量已经逐渐高于 HE 智家，这对 HE 智家的发展产生了很大的影响。HE 智家应采取与企业最合适的融资方式和方法，保证企业的资金充裕，降低企业的经营风险，要最大限度地发挥财务杠杆的积极作用。从前文的分析来看，HE 智家要想做得越来越好、越来越强，就需要足够的资金支持，就要实行多元化投资战略。首先，HE 智家可以通过在国内市场发行股票来完成内生融资。同时，也不能忽视国外市场。HE 智家海外上市也是必要的，这也能让 HE 智家在世界上享有很高的声誉。

（2）致力于开辟多领域投资途径。

综合前文分析，HE 智家的投资重点和热点主要是长期股权和固定资产投资。在家电市场竞争日益激烈的现状下，HE 仍需实施多元化投资，尤其是在人才领域，注重海尔人力资本的挖掘。坚定“人单合一双赢”的利益观是 HE 永续经营的保障，是公司自我激励及赋能企业文化的驱动力。“人”指具有企业家及创新精神的员工，“单”指创造用户价值，人单合一管理模式鼓励员工以企业家的心态为用户创造价值，并实现与本公司价值和股东价值相一致的自我价值。人单合一管理模式有效地打破“部门墙”、促进创新并提高企业效率，目前该模式已被多家公司及研究机构作为研究对象。近年来，中国政府极力倡导中国企业助力“碳达峰、碳中和”的减碳目标，加之人们对环保的重视程度日益提高，设计节能环保、绿色低碳的家电产品更好地占领市场先机。2021年3月，HE智家设立了专门ESG委员会，体现出了我们对环境、社会责任和公司管制的高度重视和长远规划，董事会将驱动管理层，动员利益相关方共同关注提升ESG标准的长期目标，以及具体项目设立的短期落地，包括绿色产品开发、供应商准入标准、推动废旧家电回收、提升工厂能效提升等。此外，企业民营化还优化了HE智家的组织管理结构、股权结构和财务绩效等，发挥很大的协同效应，增强企业市场竞争力。

2. 多管齐下优化公司筹资战略

（1）进行科学负债管理，优化负债结构。

负债管理是公司增加营运资金的重要手段。然而，它往往带来很大的风险。所以很多公司选择杠杆来提高公司的利润率，但是财务杠杆的风险很高。只有科学合理的债务结构才能提高企业的效率。债务结构管理的关键是加强资金来源管理。随着我国现阶段市场的发展，举债方式已经突破了银行举债的限制，呈现出多元化的发展模式。适当的负债有助于提高公司的负债管理水平。公司应根据行业发展特点确定贷款金额，并根据自身工作条件确定使用时间和成本，进而确定负债模式。在选择债务模型时，外部环境也是一个重要的考虑因素。

同时，合理利用现有的融资手段可以为企业规避一定的财务风险、确保公司未来健康的发展，公司应该优化融资结构。除了使用长期贷款融资以外，HE智家还需要将股权融资与债务融资相结合，合理配置融资成本，降低融资成本。HE智家还可以通过引入战略投资者的方式、并购“摇钱树”企业等方式优化企业内部的融资结构。战略投资者在扩大经营规模、完善股权的结构等方面可以发挥积极有利的作用。

（2）改善经营管理和提高可持续增长能力。

HE智家目前仍存在增值现金短缺。对未来的预期是销售额的年增长率将继续上升。此时，除了引入股权资本外，还可以提高可持续增长率，从根本上提高企业的经营效率和内生融资能力，降低资本需求。通过具体的财务行为，可以影响销售利润率、资产周转率、利润留存率等数据，从而导致可持续增长率的变化。

同时，海尔智能家居可以打造线上线下一体化，通过建立高效的零售平台，为消费者提供最佳的用户体验；另一方面，通过建立数字综合商店，让企业盈利。此外，还建立了现场体验平台，为企业提供高效的业务解决方案。还可以以品牌本土化实现全球引领，以提高HE智家的可持续发展能力。

3. 多路并进优化公司收益分配战略

（1）利润分配方式多元化，减少现金股利分配。

综合上述分析可知，目前HE智家对于营运资金的需求量仍然非常庞大。建议更加多地通过资本转增、红股转让等方式分配利润，并将资金留在企业，为未来企业多元化投资做好准备。公司在制定股利政策时，应当首先确定合理的股利支付比例，选择适合自身的股利支付方式；另外在现金分红政策层面，较高的现金分红比例能够在一定程度上吸引更加多的投资者，但同时应当注意到会使公司资金外流；最后，公司在确定股利支付率时，应当着重分析当期现金流量是否足以支持当期的股利分配，并有效保证公司在分配相应股利后的再次发展资金的充足。在此基础上，如若公司今后再发展所需投资资金相对较少，且公司本期有相当足够的股利支付资金，在该种情况下，公司可以适当提高股利支付比率，以向市场传递更加有利的信息。反之，如若公司财务状况较差，可选择适当降低分红比例或者选择股票分红的方式进行分红，这一做法可以有效缓解公司面临的资金负担，进而增强股票的流动性。总的来说，公司在制定股利分配方式和政策时应当结合自身情况，尤其是自身财务状况，以公司的自有现金流量和盈利能力为基础，选择最佳的股利政策。

（2）增强内部留存比重，采取低正常股利加额外股利方式。

公司在选择合适的收益分配政策时，可以考虑采取低正常股利加额外股利政策，让内部留存可以留在企业内部。这不仅给公司未来的发展提供了较为充足的资金，综合成本较低，更有利于公司的长远可持续发展。在此种情况下，公司可以考虑选择采用低正常股利加额外股利分配政策，也就是说，公司可以采用较为低的经常性股利分配额，使对股利有急需的股东有比较稳定的经济来源。只有在公司经营业绩比较好，盈余比较多的时候，增加股利的发放额度从而吸引相关股东。一方面，HE 智家的经营分配有更大灵活度，能够为公司多元化发展提供更多的资金支持。另一方面，向公司其他股东输送良好发展态势的信号，激励股东们创造更大利润和价值。从这一层面上，采取低正常股利加额外股利方式能够有效增强内部留存比重。

第4章 “玉陨夕沉”——“翡翠帝国”暴雷始末的财务解读

在财务舞弊的众多手段中，最常见的就是收入舞弊。通过虚构交易、隐瞒重要交易和事项、提前或延后确认收入、随意变更会计估计和会计政策等多种方式来实现收入的虚增或虚减，以达到美化公司财务报表，进行盈余操纵的效果。本章以号称“翡翠第一股”的某企业为研究对象，对其自2016年开始的一系列财务舞弊活动进行剖析，抽丝剥茧，揭开这场隐藏在“珠光宝气”之下的沟壑暗渠。

4.1 公司概况

该公司是国内翡翠行业第一家上市公司，主要从事珠宝首饰产品的设计、采购和销售，经营产品包括翡翠成品、黄金金条、黄金（镶嵌）饰品等。

该企业于1993年4月经湖北省体改委“鄂改［1993］39号”文件批准，以鄂州市服装总厂为主要发起人，通过定向募集方式成立湖北多佳股份有限公司（简称多佳股份）。2005年云南兴龙实业通过借壳多佳股份成功上市，2006年，多佳股份正式改名。公司主要从事珠宝首饰产品的设计、采购和销售，实现了从翡翠原材料采购到研发设计、批发零售、特许经营、产业金融服务等一体化经营，逐步发展成为集珠宝翡翠、网络金融、小额贷款、典当融资、资本管理为一体的珠宝翡翠全产业链服务商。

如图4-1所示截至2019年，该公司的第一大股东为兴龙实业，持股占比31.42%；第二大股东为瑞丽金泽投资管理有限公司，持股占比21.72%。兴龙实业于2003年5月8日登记成立，赵某持股98%，其妻王某琰持有其余2%股份；瑞丽金泽于2014年5月13日在瑞丽市市场监督管理局登记成立，法定代表人为赵某的父亲赵某龙，赵氏家族共持股51%。

2016—2018年，赵某通过直接或间接持有云南兴龙实业有限公司和瑞丽金泽投资管理有限公司的股票实现对该股份有限公司共计717 287 926股股票的控制，占总股本的53%左右，为该股份有限公司的实际控制人。其余47%的股份分布较为分散，无法形成对公司的控制。

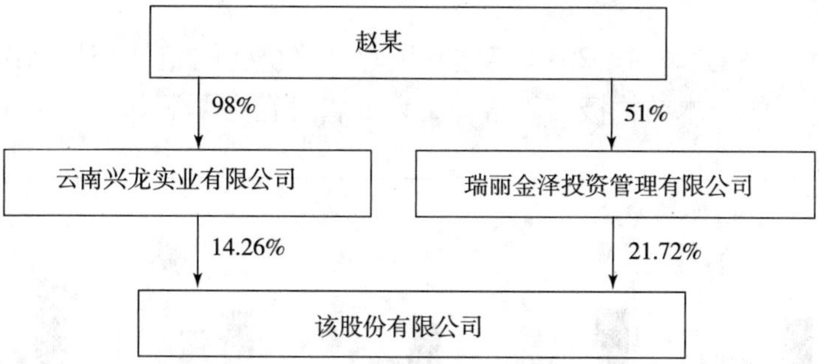

图 4-1 该企业股权架构

4.2 财务分析

4.2.1 总体分析

1. 资产负债表分析

初步判断一家公司的财务状况是否良好，其资产负债表是一个最直观的工具。公司所拥有的各项资产负债的质量好坏直接影响着公司的经营状况。

（1）资产情况。

该企业近几年来资产规模不断增长，这与其长期以来存货增长和高占比有着密切联系。有公司年报披露的数据可知，2014—2018 年其的资产总额呈现一个逐步上升的趋势。据了解，其从 2016 年开始加大囤积翡翠原石，甚至在现金流不足的情况通过质押原石等方式融资购买原石。据其 2017 年公告披露的信息显示，2016、2017 年公司两年之间采购原始数量 423 块，远远超过了在此前 10 年的总和。

值得关注的是，2015 年总资产较快增长主要与其当年的资本运作有关。该年度公司进行了股本的增发及转增，如图 4-2 所示，而存货数量变化不大，系公司为美化业绩进行了部分翡翠原石的出售。

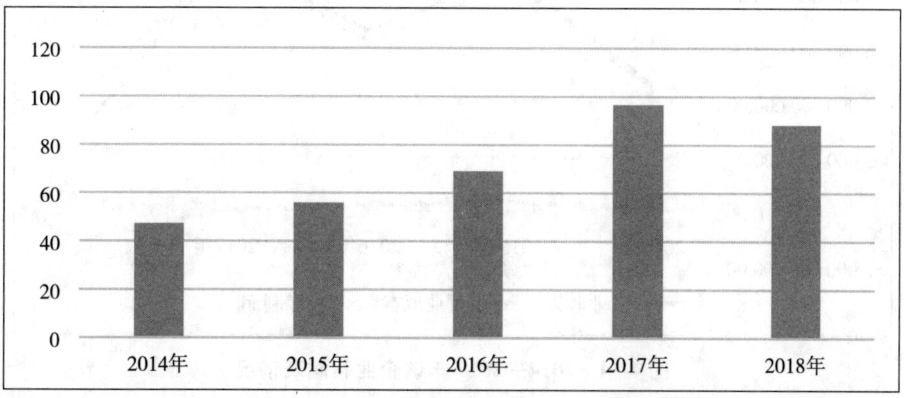

图 4-2 2014—2018 年该企业存货情况

（2）负债情况。

如图 4-3 所示，在 2014—2018 年这五年间，该企业的负债规模持续扩大，且以短期负债居多。公司的资本结构极其不合理，负债管理存在漏洞。

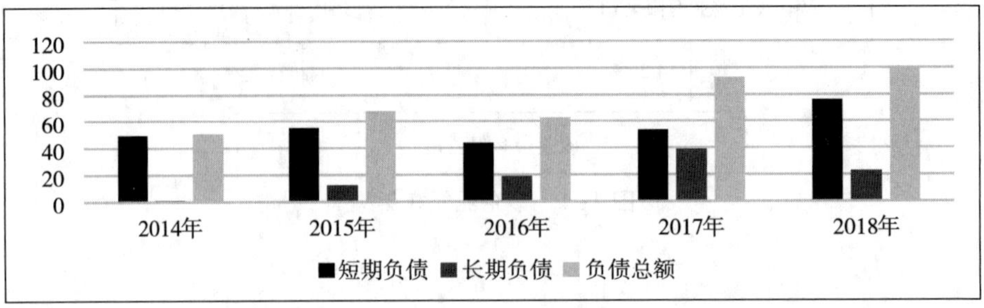

图 4-3 2014—2018 年该企业负债情况

由于业绩连年下滑，股价暴跌，其从 2016 年起又开始加大囤积翡翠原石，甚至在现金流不足的情况通过质押原石等方式融资购买原石。据其 2017 年公告披露的信息显示，2016、2017 年公司两年之间采购原始数量 423 块，这个数量超过此前 10 年之和。“举债囤石”的方式使得公司债务高企，债务规模逐步扩大。

2. 利润表分析

如图 4-4 所示 2018 年该企业的营业收入和营业成本呈现同步变动的趋势，二者均有较为明显的波动情况。说明在此期间其营业收入的持久性不足，对于成本费用的管理水平有待提高。黄金和翡翠是东方 JY 的最主要的收入来源，比重占了整个公司收入的 99% 以上。通过分析东方 JY 的分产品收入情况可发现，2016 年其营业收入的下降源自翡翠原石、黄金金条及饰品这两项产品收入出现大幅下降。2014—2018 年公司的净利润则总体呈现下降趋势，且一直处于低位，至 2018 年直接跌落至负值，这反映出公司利润的波动性较大，盈利质量稳定性差。

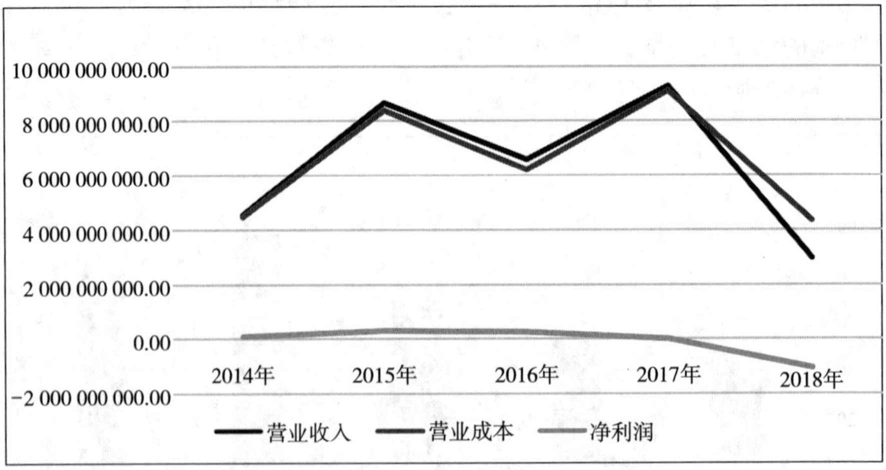

图 4-4 2014—2018 年该企业利润表情况

3. 现金流量表分析

如图4-5所示2014—2018年该企业的现金流量波动很大，经营活动产生的现金流量和筹资活动产生的现金流量呈现一个完全相反的走势。可以看出，该企业在此期间内的经营活动现金流量一直为负值，说明其经营状况出现了危机，无法单纯依靠正常的经营业务产生资金流。经调查，该企业由于大量囤积的存货，导致公司大量资金被用于翡翠原石等采购、而原石和黄金销售收入的下滑导致资金回收不力，最终导致2015至2017年间每年十多亿的经营活动现金净流出。而与此同时，筹资活动的现金流量表现则充分显示出公司此阶段的策略布局，即通过短期筹资来维持现金流的正常供给，以支持公司的正常生产经营情况。投资活动产生的现金流量则变动不大，表现平平。

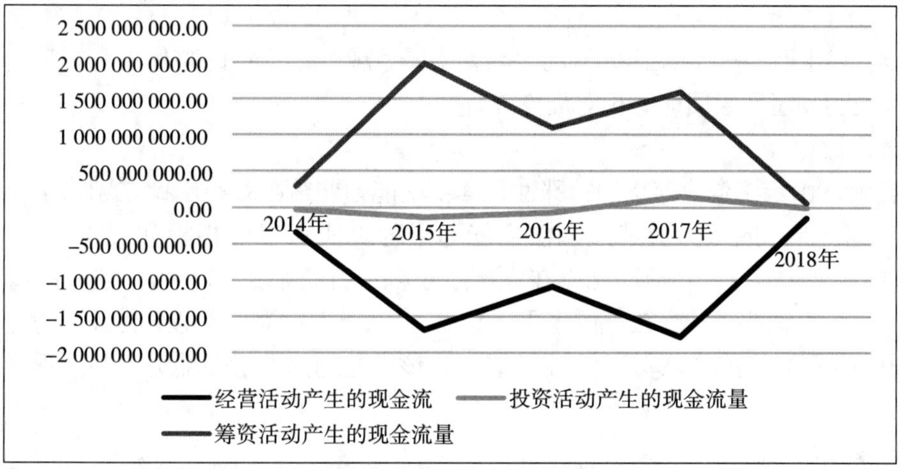

图4-5　2014—2018年该企业现金流量情况

4.2.2　财务比率分析

判断一家公司的经营状况是否良好，财务指标是一项重要的衡量标准。通常情况下，我们从偿债能力、盈利能力、营运能力和发展能力几个角度进行分析，通过选取同行业代表性较高的公司作为标准或行业公认标准值进行横向对比，进一步分析偏离原因，找出存在的问题，并提出相应的改进措施。本节我们拟就该企业财务舞弊涉案期间（2016—2018年）的各项指标进行计算分析，同时选取同为珠宝行业具有代表性的老凤祥作为参考标的进行横向对比，以发现其中存在的问题并提出改进建议。

1. 偿债能力分析

衡量一家公司的偿债能力，我们一般从短期偿债能力和长期偿债能力两个角度入手。

（1）短期偿债能力指标。

①流动比率。

如图4-6所示，2014—2018年这五年期间，该企业的流动比率呈现一个波动趋势，尽管一直维持在1以上的临界值，但稳定性较差，特别是在2018年由之前的稳步增长趋势骤然回落，显然不利于公司对于自身债务的补偿质量的维持和提升。

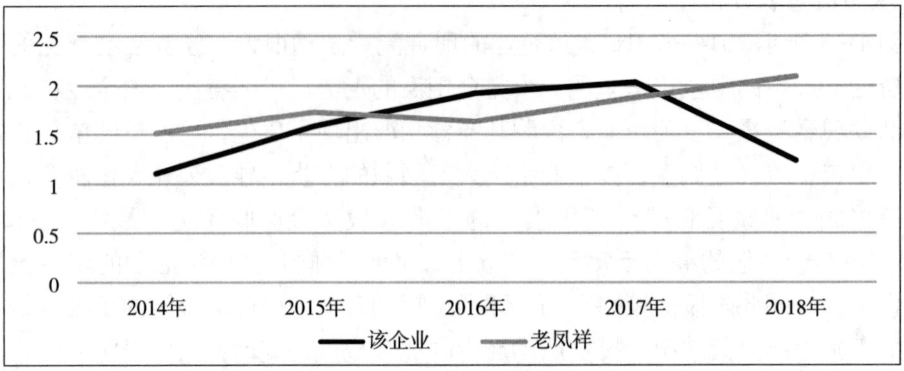

图 4-6 2014—2018 年该企业流动比率情况

与老凤祥相比——老凤祥的流动比率就明显呈现一个稳定的整体上升态势，且均高于1.5，说明其短期偿债能力相对而言较好。

②速动比率。

事实上，由于该企业存货的特殊性，其变现能力非常困难，因此在剔除了存货的影响之后，速动比率成为衡量其短期偿债能力最为真实可靠的指标如图 4-7 所示。在2014—2018 年五年间，其速动比率在经历了小幅上升之后迅速回落，且最高值也尚未突破0.6，始终维持在一个较低的水平。相比之下，老凤祥尽管也未突破 1 的上限，但总体在0.8 左右，波动幅度不大。由此看来，该企业的短期偿债能力不甚乐观，极易出现债务危机。

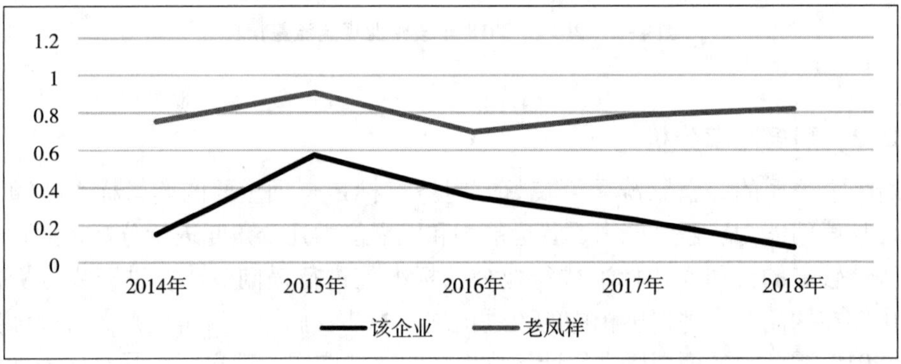

图 4-7 2014—2018 年该企业速动比率情况

一般来说，流动比率在 2 左右，速动比率在 1 左右是比较理想的状态。总的来说，该企业的这两个指标都未达到一个相对标准的水平线，说明其偿债能力并不理想。

（2）长期偿债能力指标。

衡量企业长期偿债能力的财务指标主要有资产负债率和股东权益比率。由该企业公布的财报数据显示如图 4-8 所示，2014—2018 年公司的资产负债率呈现一个山坡型走势。一般而言，公司的资产负债率在 50% 左右是正常的，一旦超过这个临界值就意味着公司的债务负担过重，所拥有的资产对于负债的补偿能力有限，加大了公司出现债务危机的可能性。显然，该企业的资产负债率均超过了安全线，并且波动很大，说明公司的资产结构中的债务比例超标，债务人的风险加剧。股东权益比率同理。总体而言，公司举债过重，导致其抵御外部风险的能力被大大削弱。

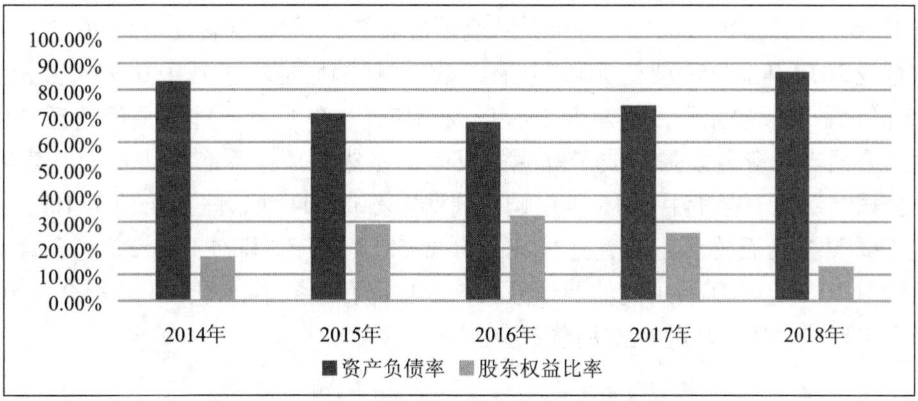

图 4-8　2014—2018 年该企业长期偿债能力指标

2. 营运能力分析

对该企业的营运能力进行分析，我们借助的财务指标主要有存货周转率和净资产周转率两种。

（1）存货周转率。

存货周转率代表着公司对于资产的利用效率。该指标越高说明公司的资产利用效率越好。一般而言，存货周转率的正常参考值为 3 左右。由公司年报数据可知如图 4-9 所示，2014—2018 年该企业的存货周转率均在 1 左右的低点徘徊，2018 年更是直接跌至 0.38，对比公司此时期的存货情况，我们发现该企业在这段时间内积压了大量存货，存货数量的迅速增长与应收账款的变化未达到同步增长。

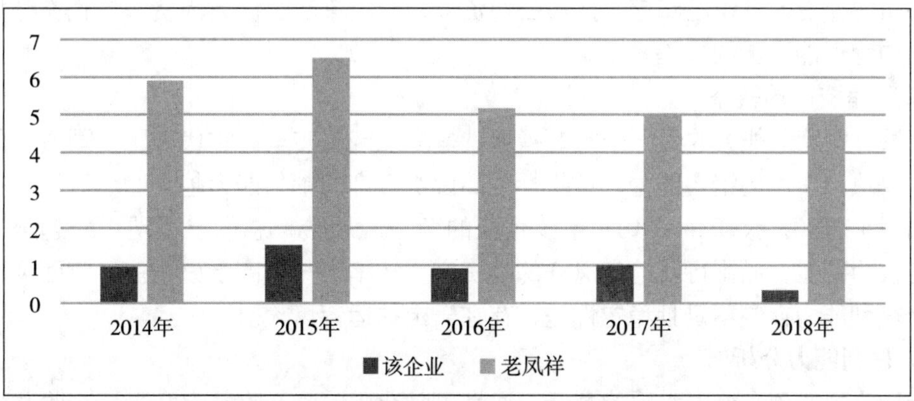

图 4-9　2014—2018 年该企业存货周转率同业对比

在此期间，公司大量囤积翡翠原石和黄金，由于翡翠的毛利率将近 70%，远超黄金，公司便大手笔买进翡翠，仅 2017 年就采购翡翠原石 338 块，耗资 25.94 亿元，公司存货从 2016 年底的 69.15 亿元增长至 2017 年底的 96.54 亿元。截至 2019 年 6 月 30

日，公司存货价值虽有降低，但是仍有 89. 04 亿元，占总资产比例高达 79. 91%。然而与此对应的营业收入却没有较大程度的增长，结转的营业成本寥寥无几如图 4 - 10 所示，以 2017 年为例。2017 年公司就采购了翡翠原石 338 块，采购金额 2 594 251 749. 11 元，采购力度之大史无前例。但当年却只出售了 58 块，总销售金额只有 5. 86 亿元，成本金额只有 1. 95 亿元，其中 2017 年当年采购当年即销售的成本金额仅为 0. 96 亿元。也就是说该企业 2017 年花 25. 94 亿元购买翡翠原石，只销售结转了其中 0. 96 亿元的存货，有近 25 亿元是被翡翠原石占用从而没有形成销售，当然也就不能形成经营活动现金流入。这与公司当时资金紧张形成了鲜明的反差。显然这是违反商业逻辑的。截至 2017 年末，公司翡翠原石存货中 2016 年采购的翡翠原石有 104 块，账面价值 7. 10 亿元，而 2016 年公司珠宝玉石饰品主业营业成本总共才 5. 50 亿元。即使这 5. 50 亿元营业成本全部结转自 2016 年当年所采购的翡翠原石，那也仍有一多半，即 104 块折合 7. 10 亿元翡翠原石未形成销售，单纯在占用着资金。

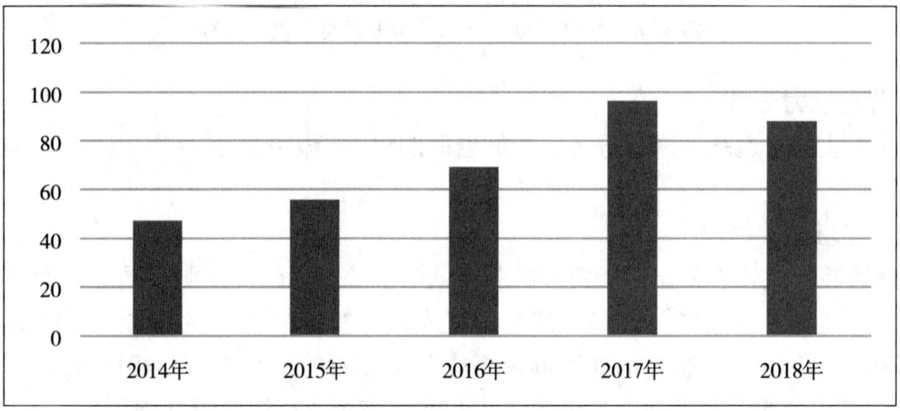

图 4 - 10　2014—2018 年该企业存货变化情况

公司的存货大量积压库存，挤占公司资金，造成资产的极大浪费，这也充分反映出该企业的营运能力上的缺陷。

（2）净资产周转率。

衡量公司营运能力的另一个重要指标就是净资产周转率。它代表了公司资产的周转速度，反映出资产的销售能力。该指标越高说明资产的销售能力越强。

如图 4 - 11 所示 2014—2018 年该企业的净资产周转率总体上呈现下降趋势，且变化幅度较为明显，而同行业的老凤祥的净资产周转率则一直高于该企业，侧面反映出后者资产获利能力存在不足且稳定性差，存在一定的运营风险。

3. 盈利能力分析

衡量公司的盈利能力水平的高低，通常可以选择总资产收益率和净资产收益率两个指标如图 4 - 12 所示。观察 2014—2018 年该企业的这两项指标，我们可以看到这两项指标都呈现一个下降的趋势，特别是 2018 年一度跌至负值。相比之下，老凤祥的这两项指标都在一个相对正常的范围内，且波动幅度不大，相对来说比较稳定。总体来看，该企业的盈利能力在逐步恶化。

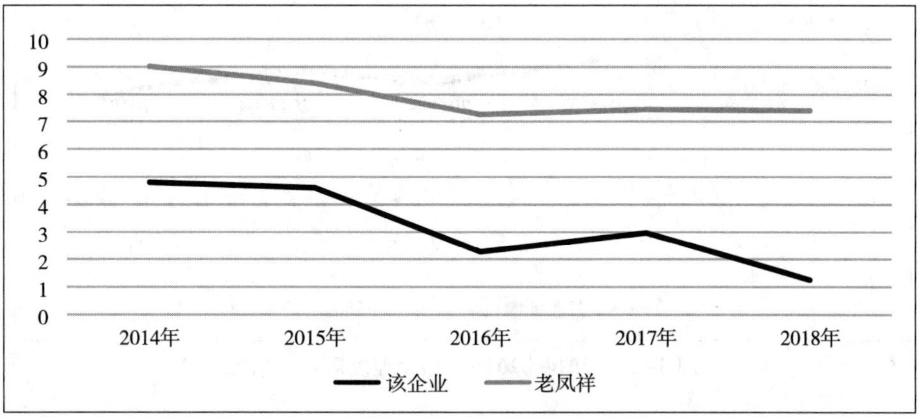

图4-11 2014—2018年该企业净资产周转率同业对比

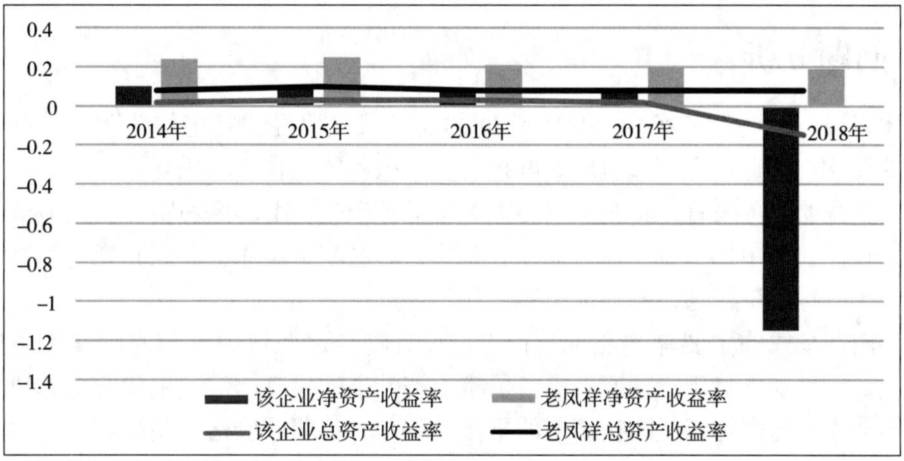

图4-12 2014—2018年该企业盈利指标同业对比

4. 发展能力分析

判断一家公司的经营好坏，不仅局限于过去已发生的财务成果和业绩情况，未来的发展能力也是至关重要的一部分。衡量一家公司的成长能力，主要可以通过主营业务增长率和净利润增长率几个指标进行判断。

如图4-13所示2014—2018年该企业的主营业务增长率呈现一个不断波动的状态，业绩表现极其不稳定。该指标越高，表明公司产品的市场需求大，业务扩张能力强。一般而言，如果一家公司能连续几年保持30%以上的主营业务增长率，基本上可以认为这家公司具备成长性。显然，该企业的主营业务增长率起伏明显，发展能力存在一定的限制。而2014—2018年该公司的净利润增长率也存在相同的情况。一般而言，净利润增长率越高，表明公司经营业绩突出，市场竞争能力强，公司的发展前景好。综合公司在该时期的经营战略和资产负债情况，我们很容易发现这是由于该企业大量囤积存货，而相对应的销售情况一直没有明显改善，业绩表现不佳导致公司的发展滞缓，不利于公司的长期经营。

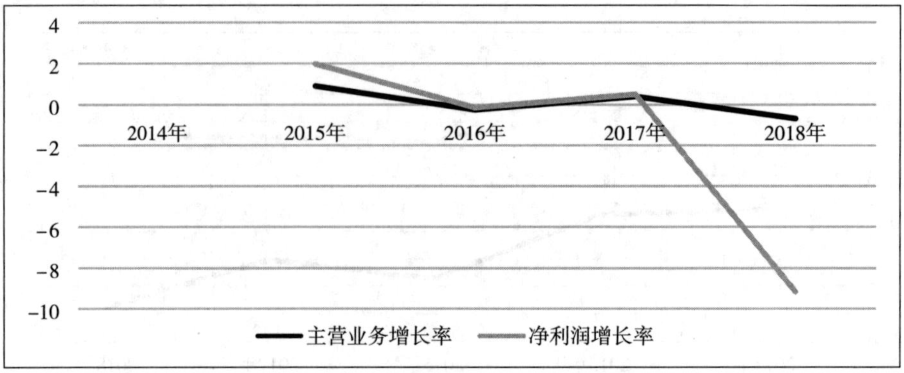

图 4-13　2014—2018 年该企业发展能力指标

4.3　问题分析

总体来说，该企业在 2014—2018 年间的财务状况已经显露出较为明显的漏洞。偿债能力的恶化与营运能力下降呈现高度相关性，盈利能力也不容乐观。

从该企业的业务来看，其业务主要集中在玉器产业链上游原石贸易，业务链条为原石采购、存储、简单加工或少量深加工、销售；其盈利主要靠玉石原石增值后销售，模式更接近于一种投资行为，而非加工和零售。

这种商业模式的主要弊端在于：首先，没有参与产业链中下游的价值增值创造活动，因而盈利主要依赖于翡翠原石本身价格上涨带来的投资增值，主营业务本质是投资存货，不能享有玉器加工及零售环节的更高利润，一旦翡翠价格下跌盈利能力将大幅下降。因此该企业的盈利能力指标不甚理想。

其次，依赖翡翠价格上涨的投资活动一方面必然导致存货的大量囤积和资金占用，进而导致资产周转率的下降和资产负债率偏高；另一方面存货的占比过高也成为公司的长期经营的一个极大隐患。一旦翡翠行业遇冷，必然导致存货大幅度跌价，业绩暴雷亦是情理之中。

此外，该企业的营运能力指标也比较低。资产周转率不能有效提升的原因在于存货本身的特殊性。由于其存货主要为翡翠原石及黄金等，此种产品的需求价格弹性较低，再加上该企业投资存货的业务模式决定了存货较长时间的存储期，在供求市场上较为被动，盈利受翡翠行情影响较大，故企业提升存货周转率的主观能动性较弱。

受此影响，该企业的发展能力严重受限。导致该企业销售净利率不能有效提升的根本问题在于其主要收入来源，也就是翡翠业务的商业模式问题。由于该企业没有参与产业链中下游的价值增值创造活动，因而不能享受翡翠加工为成品带来的更多的增值收益。在翡翠行业产业链中，从翡翠毛料到最终零售端销售大约实现 20 倍的增值，终端零售已经成为目前整个珠宝首饰产业链中增值最大的环节。盈利的持续性不足，将很难支撑公司的长期稳定发展。

4.4 财务舞弊事件回顾

2019 年 1 月 16 日，该企业因涉嫌信息披露违反法律法规，遭受中国证券监督管理委员会立案调查。2019 年 1 月 22 日发布了业绩预亏公告，公司存在巨额的债款和玉石存货。2021 年 1 月 13 日，上交所正式对该企业作出终止上市决定。

回顾涉案前后期间，在 2014—2015 年，该企业受徐翔造假一案的涉及，股价逐步走低。自 2018 年开始，该企业开始出现未能到期清偿的债务。2018 年 7 月 25 日，该企业发布公告，称公司及子公司期末到期未清偿的债务共计 9.16 亿元。2019 年 1 月 16 日，该企业因涉嫌信息披露违反法律法规，遭证监会立案调查。经查明，该企业在 2016—2018 年连续三年通过虚构其所控制的 A 珠宝有限公司销售采购交易实现数亿元资金流造假。

“以全资二级以下控股子公司为平台，虚构翡翠原石购销业务，通过造假方式实现业绩目标”“主观恶意明显”。2020 年 4 月 24 日，监管部门措辞严厉，点名上市公司该企业财务造假，公司股票随后连续两个交易日应声跌停。相比 2015 年市值高点，暴跌超 90%。

2021 年 3 月 11 日，市值曾经逼近 300 亿元的该企业，迎来在 A 股市场的最后一个交易日。随着退市整理期结束，该企业于 3 月 17 日正式被摘牌。

4.4.1 舞弊手段探析

该企业通过操纵所属子公司——A 珠宝有限公司（简称“A 公司”）进行资金闭环的操作。利用控制的 19 个银行账户，伪造交易合同、虚增利润上亿元、虚构利润金额占当期利润比高达 211%。具体来看如图 4-14 所示，该企业虚构采购合同以及销售合同，将资金从账户中转移到该企业的名义客户、中转商或者名义供货商的手中，上述商户收到资金后再对该企业的翡翠原石进行回购，由此巧妙地运用该企业自身的资金形成了自有资金闭环。

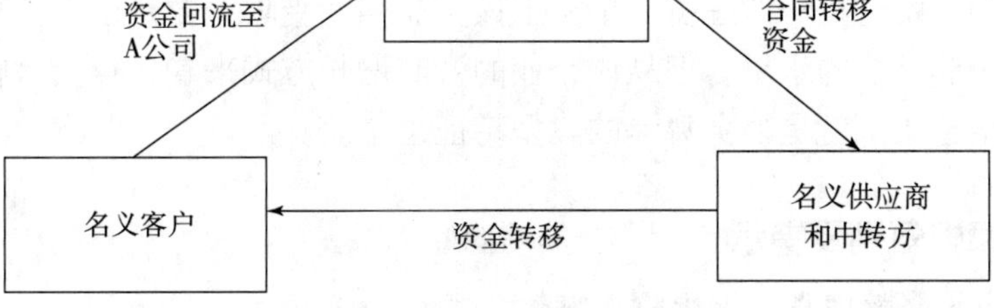

图 4-14 该企业舞弊流程图

1. 虚构销售交易

通过A公司控制19个银行账户，虚构销售和采购交易资金流，该19个银行账户分为3组：第一组为普某腊、保某、李某青、凤某、自某堵、张某梅等六名名义客户的银行账户；第二组为董某成、邵某丽、木某1、木某2、余某光、方某华、双某石等7名自然人中转方的银行账户；第三组为李某退、蒋某东、宝某明、吴某龙、杨某荣、董某先等六名名义供应商的银行账户。

在涉案期间，该公司将来源于或流经其内部的资金47 930.19万元，通过上述中转方和名义供应商账户转入上述6名名义客户账户，再控制上述名义客户账户通过虚假的翡翠原石销售合同支付销售交易款项，资金最终回流至A公司，上述资金流转构成资金闭环。

A公司通过上述虚构销售合同及现金流等手段，虚构与保某、李某青、自某堵、普某腊、凤某、张某梅等人之间的销售交易，合计14 169.09万元，该涉案交易不具有商业实质和真实性，依据《企业会计准则第14号——收入》规定，上述涉案交易中的收入不符合收入确认条件，不应予以确认。但是该企业均进行了收入的确认，由此实现2016年营业收入虚增1.42亿元、营业成本虚增0.47亿元以及利润总额虚增0.95亿元，占当年合并利润表利润总额的29.60%。2017年营业收入虚增2.95亿元、营业成本虚增1.10亿元以及利润虚增1.84亿元，占当年合并利润表利润总额的59.70%。

2. 虚构采购交易

为了使从名义客户处取得的资金通过合理途径顺利回流至该企业，A公司在2016年至2017年通过伪造与李某先等6名名义供应商之间的采购合同，虚构采购交易，实现该企业与下游之间的资金流输送。A公司向上述李某等六名名义供应商支付81 818.12万元采购款，其中39 789.59万元通过中转方账户转入名义客户账户。

A公司控制上述19个银行账户，伪造销售和采购交易现金流水，相关资金来源于该企业及其控制的公司或银行账户，最终作为普某等六人支付的销售款项流入姐告宏宁，构成资金闭环。

同时，A公司通过上述伪造采购合同等方式，虚构与宝某明、董某先、蒋某东之间的采购交易，合计20 104.02万元；虚构与李某退、吴某龙、宝某明、董某先、蒋某东、杨某荣之间的采购交易，合计61 714.1万元。

在资本运作方面，由于公司所属行业的特殊性，翡翠原石及其制成品的交易价格主观性较强，被操纵可能性极高。证监会在审核非公开发行方案时要求该企业提供各项详细资料，包括公司客户、供应商等相关材料。由于种种原因，该企业无法提供这些材料，所以公司的增发过程一波三折。事实上该企业增发受限主要是由于其总资产增长速度没有达到一个非常快的水平。但从该企业的资产增长方式来看，存货大幅度增长和资本适时扩张的结合实则就是财务舞弊的典型特征之一。

4.4.2 舞弊甄别及警示

1. 存货/应收账款虚高，警惕收入舞弊

从2016—2018年的年报中可以看到，该企业营业成本与营业收入的变动相近，均呈波动情况。但是存货则持续上升，且基本高于营业成本增长率。通过行业对比可知，其存货周转率也远低于同行业平均水平。而从该企业的现金流情况中，则可以发现货币资金持续大幅减少，主要原因是购买商品、接受劳务支付现金的绝对额和增长率基本都高于销售商品、提供劳务收到的现金。由此可以推断，该企业实现的收入和现金流很大程度上可能被存货“吸收”了。

2. 应收/付账款周转率虚高，警惕资金闭环

如图 4-15 所示应收/付账款周转率异常增高，警惕存在资金闭环现象的可能性。在资金闭环中，经营活动现金流从客户流入该企业又等额流向上游向供应商，该企业在销售业务中没有得到一分现金入账，与此同时物流从供应商流入该企业变为存货又作为成本全部流向客户，没结转为成本的存货全部成为虚增存货资产，相应虚增了利润。若现金体外循环虚增的利润过大，应收账款周转率就会虚高。

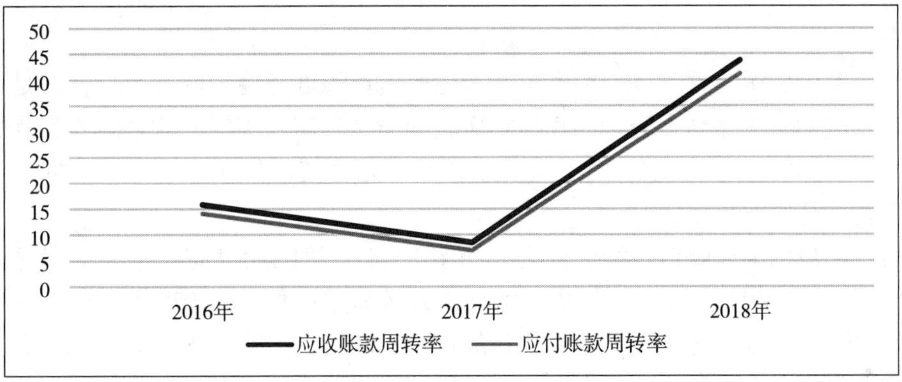

图 4-15　2014—2018 年该企业应收/付账款周转率

3. 客户与供应商信息异常，警惕隐性关联关系

该企业早期以客户和供应商信息为商业机密为由，未披露前五大客户和供应商的具体信息，仅披露购销金额总数和其中的关联方比例。直至上交所 2017 年年报问询函提出明确要求后才披露相关信息，并回复公司与客户、供应商不存在关联关系，如表 4-1 所示，为 2017—2018 年前五大客户及供应商情况但仔细分析就可以从中发现一些可疑之处。

表 4-1　该企业翡翠原石 2017—2018 年前五大客户及供应商情况

2017 年前五大销售客户	销售金额	2017 年前五大采购供应商	采购金额
上海张铁军翡翠股份有限公司	19 894.36	李某/(略)	22 860.00
普日腊	15 982.10	上海大师玉雕有限公司	21 444.00
保生	8 010.00	吴海龙	19 206.00
凤咩	5 040.00	腾冲叠翠丹霞珠宝有限公司	18 000.00
武汉丹琦集团有限公司	2 615.38	瑞丽市尚伊珠宝有限公司	17 500.00
上海张铁军翡翠股份有限公司	13 680.22	深圳市星月珠宝首饰有限公司	12 415.90

续表

2017 年前五大销售客户	销售金额	2017 年前五大采购供应商	采购金额
上海昶昱黄金制品股份有限公司	7 801. 72	张某	4 500. 00
深圳市金玉世家珠宝有限公司	7 743. 59	许某	4 000. 00
深圳市华珠珠宝首饰有限公司	7 333. 33	陈某	3 200. 00
普日腊	6 900. 00	吴某	2 500. 00

首先，重要客户与供应商之间存在隐性关联关系。2017 年度第二大供应商上海大师玉雕有限公司的实际控制人与客户上海张某翡翠股份有限公司共同控股一家融资担保公司。而 2018 年的前十大客户供应商中，东莞嘉言金品珠宝科技有限公司、深圳嘉言金品珠宝销售有限公司与深圳粤通国际珠宝股份有限公司存在相同的董事、监事及高级管理人员；2018 年度新增客户和供应商中有较多自然人客户，经调查走访，这些客户均不存在。

其次，上市公司与重要客户和供应商的注册信息隐含隐性关联关系，特别是该企业与重要客户瑞丽市莱盛珠宝店、浩宾珠宝店、渊浩珠宝店有相同的联系方式，且成立时间相同，而在 2019 年，该企业由于采购翡翠原石无力支付货款，后用黄金抵付货款的采购对象就是这三家珠宝店。

最后，客户和供应商自身特征异常。如 2017 年度第四大供应商腾冲叠翠丹霞珠宝有限公司于 2018 年 12 月注销，历史缴纳社保人数为零；同时，2017 年度第五大供应商瑞丽市尚伊珠宝有限公司还是某小贷的贷款用户，2018 年半年报显示其 2 500 万元贷款已全部逾期。

4. 管理层人员变动，警惕内控缺陷制造舞弊机会

该企业在公司原董事长辞职后，由新任董事长兼任总经理一职，因此对该企业拥有绝对的控制权。董事长由董事会推选产生，是股东权益的维护者和公司的最高领导者。管理层作为企业的运营者，在执行董事会决策的同时接受其监督，因此董事长和总经理两职分离是由其职位的性质决定的。一人同时担任董事长和总经理的职务，该种管理模式下，董事会的独立监督能力会大大削弱。由此可见，该企业的控制权和决策权全都集中在一人之手，在很大程度上增加了其滥用职权操控该企业的可能性。

同时，通过该企业的年报披露的信息，新任董事长兼总经理通过公司第一大股东云南兴龙实业和第二大股东瑞丽金泽投资管理有限公司间接持有公司 53. 13% 的股权，存在“一股独大”的情况。在这种情况下，很可能存在管理层凌驾于内控之上的问题。企业的内部控制如果存在缺陷，就很可能给舞弊制造了机会。

4.5 小结

总体来说，借助公司的财务报表各项数据以及对各类财务指标的计算整理，我们通过横纵向对比发现该企业在 2014—2018 年的经营状况已经开始走下坡路。公司在偿债能力、营运能力、盈利能力、发展能力各方面都呈现不同程度的颓势。在经历了 2019 年的暴雷后，该企业长达三年的财务舞弊被揭露，直至 2021 年被强制退市之前，我们从涉案期间其该企业经营过程中的各种“非常”规迹象中可以识别出该企业可能采取的舞弊手段和途径，借以规范上市公司财务行为，稳定国内资本市场正常秩序起到指导作用。

第5章 掘金新零售
——基于杜邦分析体系的YH超市财务分析

2013年以来，国内超市行业纷纷迎来渠道变革。在此进程中，线上零售逐步崛起对行业造成持续冲击。随着“新零售”变革的持续，超市也必将以攻代守，主动拥抱线上线下一体化。在供应链管控逐渐成为超市行业竞争的核心要素的关键时刻，具备供应链端极大先发优势的YH超市前景光明。本章将基于杜邦分析体系，对国内商超龙头企业YH超市进行财务分析，挖掘其营收增长背后的深层原因。

5.1 公司概况

YH超市股份有限公司（简称“YH超市”），成立于2001年，于2010年在上海证券交易所挂牌上市，总部位于福州市，是中国企业500强之一，是国家级“流通”及“农业产业化”双龙头企业。YH超市主营生鲜产品、食品用品和服装类产品，享有“民生超市、百姓永辉”的美誉。

YH超市已发展成以零售业为龙头，以现代物流为支撑，以现代农业和食品工业为两翼，以实业开发为基础的大型集团企业。YH超市坚持以“融合共享”“成于至善”的理念书写蓝图，与境内外零售企业共同繁荣中国零售市场，目前YH超市已在全国发展超千家连锁超市，业务覆盖高达29个省份，585个城市，经营面积超过800万平方米，是行业内为数不多能够连续多年保持快速扩张并实现营业收入增速维持在14%以上的企业。2017年，YH超市实现营业总收入585.91亿元，同比增长19.01%。公司业务分云超、云创、云商、云金四个板块。“云超”板块主要涉及红标店、绿标店，业务区域覆盖重庆、四川等21个省市，主要工作是推进门店设计改造，引进新物种，进行业态升级。“云创”包含永辉生活店、超级物种、永辉生活app等业务，重点工作是及时响应消费者需求，创立新业态，如“超级物种”，提升消费体验。“云商”重组原有总部职能部门及各个事业部，提升企业管理效率。“云金”包括永辉金融业务。

YH超市积极承担企业社会责任，始终在农超对接、稳价保供、应急救灾、助农扶贫、解决“卖难买贵”等行动中努力发挥带头、骨干的示范作用，热心致力于慈善超市、助学支教、扶贫济困、助残助孤、赈灾救难等公益事业，向社会捐赠资金及物资累计逾数亿元。

YH超市将继续坚守主业、坚守定位、坚守文化，以满足用户多场景消费需求为导向，发力品牌年轻化，营造好逛、好玩的新型门店，并坚持以科技赋能供应链，以数字驱动增长，建立起质量更高、效率更高的全渠道运营体系，成为"以生鲜为基础，以客户为中心的"科技零售企业。

5.2　公司财务业绩总体评价

5.2.1　资产负债表的状况和变化

1. 资产状况及变化

YH超市2018—2020年资产的状况与变化，如表5-1所示。

表5-1　YH超市2018—2020年资产项目情况

报告期	2020年		2019年		2018年
项目	金额（亿元）	增长率	金额（亿元）	增长率	金额（亿元）
货币资金	120.05	68.41%	71.29	50.63%	47.33
发放给贷款及垫款（短期）	13.94	-22.34%	17.95	241.70%	5.25
交易性金融资产	2.41	-76.42%	10.24		
以公允价值计量且其变动计入当期损益的金融资产					31.57
应收保理款	27.10	7.47%	25.22		
应收账款及应收票据	4.47	-54.96%	9.93	-52.36%	20.85
预付款项	24.68	2.91%	23.98	13.92%	21.05
其他应收款	9.38	-1.46%	9.52	14.09%	8.35
存货	108.82	-11.77%	123.33	51.91%	81.19
其他流动资产	20.93	8.97%	19.20	-19.81%	23.95
流动资产合计	331.78	6.80%	310.66	29.70%	239.53
发放贷款和垫款	2.02	134.95%	0.86	193.17%	0.29
可供出售金融资产					6.57
债权投资	0.38				
长期股权投资	54.10	-8.09%	58.86	3.25%	57.01

续表

报告期	2020 年		2019 年		2018 年
项目	金额（亿元）	增长率	金额（亿元）	增长率	金额（亿元）
其他非流动金融资产	56.18	29.01%	43.55		
投资性房地产	3.33	-3.07%	3.43	-0.88%	3.46
固定资产	53.10	3.55%	51.28	13.68%	45.12
在建工程	1.94	11.38%	1.74	-40.22%	2.92
无形资产	16.17	99.04%	8.12	29.96%	6.25
商誉	1.21	-60.75%	3.09	8 342.67%	0.04
长期待摊费用	37.01	-0.85%	37.33	12.93%	33.06
递延所得税资产	4.73	12.34%	4.21	107.55%	2.03
非流动资产合计	229.79	7.95%	212.87	35.81%	156.74
资产总计	561.58	7.27%	523.53	32.11%	396.27

表 5-1 统计数据表明，从公司资产总规模来看，2018 年 12 月 31 日，公司资产总值 396.27 亿元；2019 年 12 月 31 日的资产总值是 523.53 亿元，比上年增加了 127.26 亿元，增长 32.11%；2020 年 12 月 31 日，公司资产总值 561.58 亿元，比上年增加了 38.05 亿元，增长 7.27%。2018—2020 年，公司的资产规模以年均 19.5% 的速度稳步增长。

2018—2020 年，YH 超市资产的变化中非流动资产增幅较高，尤其是 2019 年，增幅高达 35.81%。其中虽然其他非流动金融资产的比重最大，2020 年其在非流动资产中占比为 24.45%，其增长还是来源于两年内商誉的大幅增长。商誉的大幅增长主要原因在于 2020 年合并多家子（孙）公司。截至 2020 年 12 月 31 日，公司拥有 123 家下属公司，合并范围数量较上年增加 43 家。2020 年流动资产的增长幅度为 6.80%，其中增长率最大的为货币资金，为 68.41%，而交易性金融资产与应收账款及应收票据的负向增长是流动资产增长率仅为 6.80% 的重要原因。

2. 负债及所有者权益状况及变化

YH 超市 2018—2020 年负债及所有者权益的状况及变化如表 5-2 所示。

表 5-2　2018—2020 年 YH 超市负债及所有者权益项目情况

报告期	2020 年		2019 年		2018 年
项目	金额（亿元）	增长率	金额（亿元）	增长率	金额（亿元）
流动负债：					
短期借款	138.90	28.45%	108.13	193.05%	36.90
应付票据及应付账款	125.14	-3.62%	129.83	33.63%	97.16

续表

报告期	2020年		2019年		2018年
项目	金额（亿元）	增长率	金额（亿元）	增长率	金额（亿元）
预收款项	1.97	-93.85%	32.06	35.50%	23.66
合同负债	34.72				
应付职工薪酬	7.22	13.15%	6.38	31.16%	4.86
应交税费	2.66	-32.74%	3.96	18.33%	3.35
其他应付款	35.10	1.73%	34.51	2.77%	33.58
其中：应付利息				-100.00%	0.05
应付股利	0.12	-3.56%	0.12		
其他流动负债	3.22				
流动负债合计	348.93	10.82%	314.87	57.83%	199.51
非流动负债：					
预计负债	1.24	1 718.55%	0.07	6.94%	0.06
递延收益	1.31	6.43%	1.23	11.11%	1.11
递延所得税负债	6.17	118.96%	2.82	121.67%	1.27
非流动负债合计	8.71	111.75%	4.12	68.54%	2.44
负债合计	357.65	12.12%	318.99	57.96%	201.95
所有者权益（或股东权益）：					
实收资本（或股本）	95.16	-0.57%	95.70	0.00%	95.70
资本公积	69.27	-3.50%	71.78	-5.02%	75.57
减：库存股	20.09	101.27%	9.98	-38.72%	16.29
其他综合收益	-0.01	-138.89%	0.02	9.97%	0.01
盈余公积	10.31	25.42%	8.22	28.76%	6.38
未分配利润	38.87	10.03%	35.32	9.82%	32.16
归属于母公司所有者权益（或股东权益）合计	193.51	-3.75%	201.06	3.88%	193.55
少数股东权益	10.42	199.05%	3.48	350.70%	0.77
所有者权益（或股东权益）合计	203.93	-0.30%	204.54	5.26%	194.32
负债和所有者权益（或股东权益）总计	561.58	7.27%	523.53	32.11%	396.27

如表5-2所示，YH超市在2018—2020年，负债总额持续增长，2020年以来开始放缓，非流动负债虽然增长较快但是总体数额较小，流动负债依旧是负债中的主要部

分。从表中数据我们可以看出，2020 年流动负债占负债总额的比例高达 97.56%，且呈现出逐年攀升的趋势，流动负债占资本总额的 62.13%，非流动负债仅占资本总额的 1.55%，所有者权益占资产总额的 36.31%，且近几年来维持在较为稳定的状态，波动幅度较小。在数额较为庞大的流动负债中，主要部分是短期借款与应付账款及应收票据，占比分别为 39.80% 和 35.86%，说明 YH 超市面临较重的债务负担。由此我们可以看出，公司的债务资本比例为 63.69%，权益资本比例为 36.31%，公司权益资本较低，负债资本较高，虽然发生债务危机的机率较高，但是可以有效降低企业资本成本，充分发挥债务资本的财务杠杆效益。

3. 利润表分析

根据表 5-3 以及表 5-4 统计数据显示，YH 超市 2019 年实现净利润 14.53 亿元，较 2018 年增长了 4.56 亿元，增长率为 45.66%，2020 年净利润在 2019 年的基础上又一次实现净增长，增长率为 13.79%。站在水平角度分析，YH 超市净利润增长的主要来源还是营业收入的连续增长，其次财务费用、管理费用的下降也抵消了投资收益下降带来的影响。

表 5-3　2018—2020 年 YH 超市利润总额及相关项目情况

报告期	2020 年		2019 年		2018 年
项目	金额（亿元）	增长率	金额（亿元）	增长率	金额（亿元）
营业总收入	931.99	9.80%	848.77	20.36%	705.17
营业收入	931.99	9.80%	848.77	20.36%	705.17
营业总成本	914.55	10.23%	829.67	18.66%	699.21
营业成本	732.81	10.07%	665.74	21.26%	549.00
税金及附加	2.20	-11.11%	2.47	4.10%	2.37
销售费用	154.39	12.02%	137.82	19.22%	115.60
管理费用	22.93	13.89%	20.13	-33.05%	30.07
财务费用	2.23	-36.36%	3.51	138.01%	1.48
其中：利息费用	3.14	7.81%	2.92	309.14%	0.71
利息收入	2.52	201.76%	0.83	-344.20%	-0.34
资产减值损失					0.69
加：其他收益	3.16	108.67%	1.52	26.51%	1.20
投资收益（损失以“-”号填列）	-1.43	108.13%	-0.69	-112.53%	5.48
其中：对联营企业和合营企业的投资收益	-2.73	-35.25%	-4.22	-424.00%	1.30
公允价值变动损益（损失以“-”号填列）	11.52	1274.62%	0.84	152.74%	0.33

续表

报告期	2020 年		2019 年		2018 年
项目	金额（亿元）	增长率	金额（亿元）	增长率	金额（亿元）
资产减值损失（损失以“-”号填列）	-6.92	112.68%	-3.26		
资产处置收益（损失以“-”号填列）	-0.08	-82.18%	-0.46	40.57%	-0.33
营业利润	22.85	39.31%	16.40	29.70%	12.64
加：营业外收入	2.90	30.51%	2.23	-4.41%	2.33
减：营业外支出	4.01	369.45%	0.85	77.12%	0.48
利润总额（亏损总额以“-”号填列）	21.74	22.34%	17.77	22.64%	14.49
减：所得税费用	5.21	60.67%	3.24	-28.20%	4.52
净利润（净亏损以“-”号填列）	16.53	13.79%	14.53	45.66%	9.97
其他综合收益的税后净额	-0.02	-1631.30%	0.0014	-86.32%	0.01
综合收益总额	16.51	13.64%	14.53	45.53%	9.98
归属于母公司所有者的综合收益总额	17.92	14.61%	15.64	5.57%	14.81
归属于少数股东的综合收益总额	-1.41	27.41%	-1.11	-77.04%	-4.83

表 5-4　2018—2020 年 YH 超市每股收益及其增长率

报告期	2020 年		2019 年		2018 年
项目	金额（元）	增长率	金额（元）	增长率	金额
每股收益	0.19	18.75%	0.16	6.67%	0.15

从上表还可以看出 YH 超市 2018—2020 年度各项财务成果的构成情况。其中，2020 年度营业利润占营业收入的比重为 2.45%，与上年度相比增长了 0.52%；本年度利润总额的构成为 22.34%，比上年度的 22.64% 减少了 0.3%；本年度净利润的构成为 13.79%，比上年的 45.66% 减少了 31.87%

4. 成本费用分析

从表 5-5 与图 5-1 中数据可以看出，YH 超市 2016—2020 年度期间费用虽然呈现逐年增长的态势，但是其在营业收入中所占比重连续五年波动幅度较小，基本持平。这说明 2016—2020 年期间营业收入也呈现出逐年增长的趋势。在销售费用、管理费用以及财务费用中，销售费用占比最高，2020 年占比高达 17%，销售费用常年居高不下与 YH 超市的“新零售模式”密不可分。相对于销售费用来说，财务费用的主要部分来源于利息费用，这与表 5-2YH 超市负债与所有者权益项目情况中高负债资本、低权益资本的特点相吻合，管理费用、财务费用涉及金额较小，不会对 YH 超市的经营管理产生重要影响。

表 5-5　2016—2020 年 YH 超市期间费用

报告期	2020	2019	2018	2017	2016
项目	金额（亿元）	金额（亿元）	金额（亿元）	金额（亿元）	金额（亿元）
销售费用	154. 39	137. 82	115. 60	84. 52	71. 65
管理费用	22. 93	20. 13	30. 07	17. 81	12. 89
财务费用	2. 23	3. 51	1. 48	-0. 83	-0. 74
其中：利息费用	3. 14	2. 92	0. 71		
利息收入	2. 52	0. 83	-0. 34		

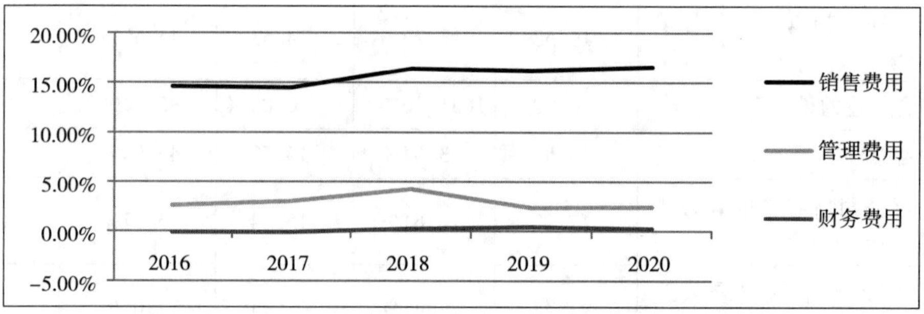

图 5-1　2016—2020 年 YH 超市营业收入中期间费用占比

5. 现金流量表分析

表 5-6　YH 超市 2018—2020 年度现金流量表

报告期	2020 年		2019 年		2018 年
项目	金额（亿元）	增长率	金额（亿元）	增长率	金额（亿元）
一、经营活动产生的现金流量：					
销售商品、提供劳务收到的现金	1 079. 22	8. 93%	990. 71	17. 59%	842. 48
收到的税费返还					0. 29
收到其他与经营活动有关的现金	8. 80	58. 94%	5. 54	18. 81%	4. 66
经营活动现金流入小计	1 088. 03	9. 21%	996. 25	17. 56%	847. 44
购入商品、接受劳务支付的现金	848. 07	4. 95%	808. 09	18. 68%	680. 89

续表

报告期	2020 年		2019 年		2018 年
项目	金额（亿元）	增长率	金额（亿元）	增长率	金额（亿元）
支付给职工及为职工支付的现金	74.84	12.92%	66.27	9.04%	60.78
支付的各项税费	16.16	-5.30%	17.06	-8.98%	18.75
支付其他与经营活动有关的现金	87.57	-13.01%	100.66	45.02%	69.41
经营活动现金流出小计	1 026.63	3.48%	992.08	19.55%	829.83
经营活动产生的现金流量净额	61.40	1 374.73%	4.16	-76.36%	17.61
二、投资活动产生的现金流量：					
收回投资收到的现金	1.22	1 183.14%	0.09		—
取得投资收到的现金	0.93	221.49%	0.29	5.95%	0.27
处置固定资产、无形资产和其他长期资产收回的现金净额	0.06	-38.56%	0.10	95.52%	0.05
处置子公司及其他营业单位收到的现金净额					1.04
收到其他与投资活动有关的现金	58.27	24.76%	46.70	-12.23%	53.21
投资活动现金流入小计	60.47	28.16%	47.19	-13.54%	54.58
购建固定资产、无形资产和其他长期资产支付的现金	20.87	-32.89%	31.09	2.63%	30.29
投资支付的现金	7.45	-83.57%	45.35	179.84%	16.20
支付其他与投资活动有关的现金	53.87	241.88%	15.76	-64.80%	44.77
投资活动现金流出小计	82.19	-10.85%	92.19	1.02%	91.26
投资活动产生的现金流量净额	-21.71	51.75%	-45.01	-22.68%	-36.69
三、筹资活动产生的现金流量：					
吸收投资收到的现金	3.54	121.23%	1.60	-83.60%	9.76
其中：子公司吸收少数股东投资收到的现金	3.54	121.23%	1.60	-83.60%	9.76
取得借款收到的现金	156.31	30.29%	119.97	216.53%	37.90
收到其他与筹资活动有关的现金					7.61
筹资活动现金流入小计	159.85	31.49%	121.57	119.96%	55.27

续表

报告期	2020 年		2019 年		2018 年
项目	金额（亿元）	增长率	金额（亿元）	增长率	金额（亿元）
偿还债务支付的现金	125.47	156.58%	48.90	4 790.00%	1.00
分配股利、利润或偿付利息支付的现金	15.62	16.76%	13.38	-9.80%	14.83
其中：子公司支付给少数股东的股利、利润	0.12	-30.93%	0.17	179.38%	0.06
支付其他与筹资活动有关的现金	17.70	6 056.26%	0.29	-98.25%	16.39
筹资活动现金流出小计	158.79	153.79%	62.57	94.18%	32.22
筹资活动产生的现金流量净额	1.06	-98.20%	59.00	156.00%	23.05
四、汇率变动对现金及现金等价物的影响	-0.01	-141.60%	0.03	-70.29%	0.09
五、现金及现金等价物净增加额	40.73	124.05%	18.18	348.19%	4.06
加：期初现金及现金等价物余额	65.15	38.71%	46.97	9.45%	42.91
六、期末现金及现金等价物余额	105.88	62.53%	65.15	38.71%	46.97

（1）现金流入结构分析。

如表 5-6 所示，YH 超市 2019 年现金等价物增加额为 18.18 亿元，较 2018 年增加 348.19%。其中，经营活动产生的现金流量净额为 4.16 亿元，较 2018 年下降了 76.36%；投资活动产生的现金流量净额下降为 -45.01 亿元，较 2018 年下降了 22.68%；筹资活动产生的现金流量净额下降为 59 亿元，较 2018 年上涨了 156%。2020 年与 2019 年相比，在经营活动产生的现金流量净额和投资活动产生的现金流量净额方面均有较大程度的增长，增长比例分别为 1 374.73% 和 51.75%，而在筹资活动产生的现金流量净额方面与 2019 年相比则下降了 98.20%。可见 YH 超市经营活动创造现金的能力持续增加，在一定程度上弥补了筹资活动所减少的现金流量。

2020 年现金流量流入流出比显示，经营活动现金流量流入流出比 1.06，高于 2019 年的 1.004 2，表明公司经营活动现金流量净额还为现金净增加额贡献了一小部分现金；另一方面，也说明公司经营活动创造现金的能力又减弱了。投资活动现金流量流入流出比，2020 年为 0.735 8，2019 年为 0.511 8，原因是由于企业投资活动中收到其他与投资活动有关的现金增多以及投资支付现金的减少，因此增加了现金净增加额。筹资活动现金流量流入流出比 2020 年为 0.790 15，2019 年为 1.942 98，表明 2020 年度公司筹资活动还是又贡献了一部分现金，说明公司的借款能力及商业信用在 2020 年较 2019 年有所好转；但公司将来偿债压力相对大，会面临着一定的短期偿债风险。

在 YH 超市 2020 年度经营活动现金流入中，销售商品提供劳务收到的现金上涨了 8.93%，收到其他与经营活动有关的现金较去年增长了 58.94%，总体上经营活动现金流入上涨 9.21%。投资活动产生的现金流入在 2020 年度整体均有所上升，但是大多金额较小，“收到其他与投资活动有关的现金”在投资活动产生的现金流入中占比高达 96.36%。筹资活动产生的现金流入较之 2019 年增长了 31.49%，其中吸收投资收到的现金占比仅为 2.21%，而取得借款收到的现金在其中占比高达 97.79%。取得借款收到的现金增长了 30.29%，结合资产负债表分析，虽然短期借款较 2019 年增长了 28.45%，但是股东权益中少数股东权益上升了 199.05%，表明公司信用较好、筹资能力强，因此加大了融资力度。2018—2020 年，经营活动、投资活动以及筹资活动产生的现金流入整体呈现增长的趋势。此外，期末现金及现金等价物余额也呈现逐年递增的趋势。

（2）现金流出结构分析。

2020 年度，经营活动产生的现金流出中支付给职工及为职工支付的现金为 74.92 亿元，占比为 12.92%，较 2019 年相比有所下降，支付的各项税费以及支付其他与经营活动有关的现金为 16.16 亿元和 87.57 亿元，占比分别为 1.57% 和 8.53%，而购入商品、接受劳务支付的现金占比则高达 82.61%，在 2018—2020 年期间，购入商品、接受劳务支付的现金始终在经营活动产生的现金流出中占最高比重，且呈现逐年递增的趋势。投资活动产生的现金流出中，购建固定资产、无形资产和其他方面的支出虽然 2020 年度下降了 32.89%，但是总体较为稳定。另外，投资支付的现金以及支付其他与投资活动有关的现金三年内波动幅度较大，但是投资活动产生的现金流出总体波动幅度较小，较为稳定。2020 年度筹资活动产生的现金流量净额大幅下降，与 2019 年相比下降 98.20%，且金额为 1.06 亿元，是筹资活动中偿还债务支付的现金以及支付其他与筹资活动有关的现金大幅增长导致的，这与 2020 年筹资活动现金流出总量的大幅攀升存在密切联系，增长率分别为 153.79% 和 6 056.26%。2018—2020 年期间，股利分配较为稳定，虽然子公司支付给少数股东的股利波动较大，但是由于其基数较小，因此不会对母公司及其生产经营产生影响。支付其他与筹资活动有关的现金近三年来波动幅度较大，与投资活动中支付其他与投资活动有关的现金趋势类似。总体来说，筹资活动产生的现金流出总额逐年递增，2019 年较 2018 年增加 94.18%，2020 年在 2019 年的基础上再次增加 153.79%，最终从 32.22 亿元增长至 158.79 亿元。

综上分析，可以看出公司经营活动现金流量基本充裕，公司应该调整其投资与筹资行为，只有不断提高公司经营活动的现金流入，才能弥补公司正常运营，增加企业的偿还债务能力；这与资产负债表的分析基本一致。总的来说，经营状况总体良好，经营活动产生现金能力较强的情况下，通过筹资活动来偿还旧债务，其经营活动产生的现金净额不能抵偿债务。结合 YH 超市的整体情况，公司今后工作的重点，是必须持续稳定地提高公司获取经营活动现金的能力，其要调整内部结构，调整对外投资方向，避免公司财务状况会在将来出现不良的状况。

5.2.2　财务业绩总体评价

YH 超市以生鲜、食品作为核心优势，每家门店生鲜经营面积占比可达 40% 以上。

由表5-7可见，YH超市的生鲜、食品类销售占全部营业收入的90%以上。尽管服装类业务的毛利率较生鲜及食品加工的毛利率更高，但可见YH超市仍然坚持以生鲜食品作为主打产品。相比其他零售企业，YH超市的不同之处正是在于其形成了以“生鲜”为特色的经营模式，生鲜采用“直采+基地专供”的形式，直采比例可达77%。这一经营模式不仅具有价格优势，且形成了技术壁垒，构成了YH超市独特的竞争优势。

表5-7　YH超市营业收入构成情况

项目	2018年	2019年	2020年
生鲜及加工	47.34%	46.50%	44.51%
食品用品	50.66%	51.39%	48.61%
其他	2.00%	1.56%	6.88%

YH超市将全国门店布局划分为七大战区，根据各区域2020年营业收入状况（表5-8）、（图5-2）可知，YH超市的市场强势区域主要集中于南方沿海经济强省。YH超市开始新零售转型后，已开始积极布局下沉市场，中西部省份的门店营收也在稳步增长，尤其是川渝地区，营业收入占比已达到全区的35%。

表5-8　YH超市2020年各区营收情况

区域	营收
一区（闽、赣）	145.63亿
二区（京、津、黑、吉、辽、蒙）	92.56亿
三区（江、浙、沪、徽）	192.70亿
四区（渝、鄂、湘、黔、滇）	190.71亿
五区（川、陕、甘、宁、藏、青）	129.11亿
六区（粤、桂）	47.82亿
七区（豫、晋、冀、鲁）	69.30亿

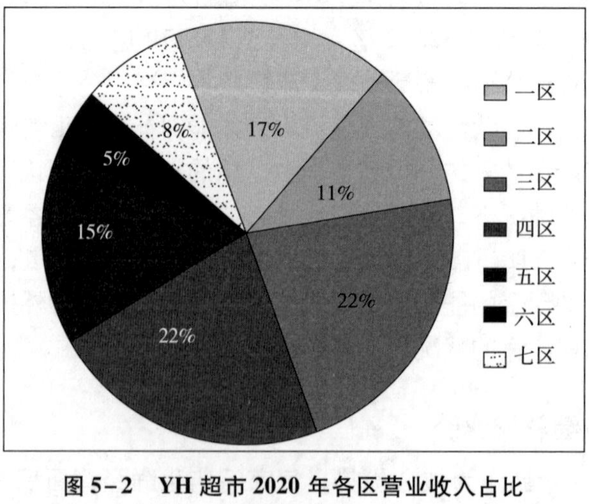

图5-2　YH超市2020年各区营业收入占比

此外，新冠疫情的暴发加速了用户线上购物心智的养成，也加速了市场下沉、数字化转型及业态演进等市场变化。在高竞争的市场环境下，公司坚定不移地加速全渠道业务战略转型推进，全面引进数字化运营人才，沉淀业务可复制的中台能力，加强用户、商品及仓配运营核心能力的提升。2020 年线上销售额达 104.5 亿元，同比增长 198%，占比 10%。2020 年度，“永辉生活”自营到家业务已覆盖 1 000 家门店，实现销售额 59.1 亿元，同比增长 147%，日均单量 23 万单，月平均复购率为 49.1%；京东到家累计销售占 34.7 亿元，占公司线上 35.3%，覆盖公司门店 865 家，同比增加 380 家。在用户运营上，运用门店禀赋稳步推进用户数字化，搭建全渠道用户权益及会员运营体系，建立用户数据中心，赋能精准投放，优化营销投入。截至 2020 年 12 月 31 日，“永辉生活”会员数已突破 4 933 万户，新增总注册用户数 2 830 万户，同比提升 250%，其中 900 万来源于线下门店转化，年底月活数 1 861 万户，同比增长 268%。在商品运营上，充分发挥永辉生鲜禀赋，线上 SKU 数覆盖 465 个生鲜品类。在仓配运营上，建立仓端运营及配送管理标准，完成以标准统一、数字化管理及工具赋能为核心的“二代仓”复制，优化服务体验，大幅提升履约准时率至 93% 以上。

5.3　公司综合财务能力

5.3.1　偿债能力分析

众所周知，一个公司的偿债能力是十分重要的，优秀的偿债能力可以为公司带来更多的钱款以支持公司进行更大规模的运营，而偿债能力是否足够强大具体要看两个方面的能力，即公司对负债的承担能力，它最多可以承担多少负债，另一个则是公司是否能够在负债到期日来临之前及时清偿自己所负债款的能力。负债大体可以分成两种即短期与长期，负债能力亦是。偿债能力的高低体现了企业偿还债务的承受能力或保证程度，关乎企业的健康生存和发展。接下来将对 YH 超市短期偿债能力和长期偿债能力进行分析。

1. 短期偿债能力

短期偿债能力是指企业流动资产对流动负债及时足额偿还的保证程度，是衡量企业当前财务能力，特别是流动资产变现能力的重要标志。衡量指标通常有流动比率、速动比率和现金流动负债率。

由表 5-8 可知，在短期偿债能力指标中，对于零售行业来说，流动比率范围在 2 左右比较可靠。如表 5-9 所示在 2018—2020 年期间，YH 超市流动比率均在 1.5 以下，远低于 2，说明 YH 超市偿债能力较弱。此外还能发现近几年来 YH 超市的流动比率呈现逐年下降的趋势，说明 YH 超市的短期偿债能力有所下降且低于行业平均水平。

表 5-9　YH 超市 2018—2020 年短期偿债能力指标分析

短期偿债能力指标			
项目	2018	2019	2020
流动比率（流动资产/流动负债）	1.20	0.99	0.95
速动比率（速动资产/流动负债）	0.69	0.52	0.57
现金比率（货币资金/流动负债）	0.58	0.49	0.56

速动比率由于剔除了存货的影响，可以反映企业支付能力的迅速性，相对于流动比率可以更准确地衡量 YH 超市的短期偿债能力。从表 5-9 中可以看出，2018—2020 年间 YH 超市速动比率总体略微下降，虽然整体上保持在 0.5 以上的水平，但都低于 1，通常而言结果为 1 较为正常，因此速动比率长期低于 1 说明 YH 超市支付的迅速性较低，偿还负债能力较弱且与同期的同行业平均水平相对比存在有很大差距的。YH 超市自 2015 年进入新零售时期后存货占比较大，此外 2018 年还激进地采取了一种急速扩张的战略，在此期间迅猛扩张其线下门店数量，导致其流动资产需要源源不断的投入到门店新增这一业务扩张之中，与此同时 2018 年 YH 超市结构性存款的大量减少，也使得其速动速率在一定程度上持续下跌，但其流动比率仍高于新零售探索之前即传统零售时期企业的流动比率。

现金比率则是在速动比率的基础上扣除应收账款的影响，更直接地反映了企业对流动负债的偿付能力。通常该指标在 0.2 左右为佳，从表 3-9 中可以看出 2018—2020 年期间 YH 超市的现金比率均高于 0.2 且略有下降的趋势，反映了 YH 超市对流动资产的利用率较低，说明 YH 超市的短期偿债能力保持高水平但有所下降。

总体来说，YH 超市在新零售商业模式创新这一阶段中企业的经营状况表现较为良好，但也同时反映出了企业之中存在着不小的问题，比如在战略的选择与实施上过于冒进，急于求成，后续需要做出改变并及时止损，选择更适合企业发展的战略与道路。总体来看，企业对于新零售的初步探索还是使企业的短期偿债能力有所受益的。

5.3.2　长期偿债能力

衡量企业的长期偿债能力通常选用资产负债率、产权比率、利息保障倍数以及负债与有形净资产比率等指标，本章中我们选取资产负债率、产权比率和利息保障倍数为指标，从企业资金支撑程度、财务结构稳健性以及经营收益支付利息的能力全方位、多角度地衡量 YH 超市的长期偿债能力。

表 5-10　2018—2020 年 YH 超市长期偿债能力指标

长期偿债能力指标			
项目	2018	2019	2020
资产负债率（负债总额/资产总额×100%）	50.96%	60.93%	63.69%
产权比率（负债总额/股东权益×100%）	1.04	1.56	1.75
利息保障倍数（息税前利润/利息费用）	21.33	7.09	7.91

由上表5-10可以看出，在2018—2020年期间，YH超市的资产负债率分别为50.96%、60.93%、63.69%，呈现逐年上升的趋势，通常而言资产负债率在40%~60%之间较为合适。而2019年与2020年YH超市的资产负债率均高于60%，表明企业大部分资产是举债而来，说明近几年来YH超市债权人的利益缺乏足够的保障。资产负债率近年来升高的原因在于企业融资策略的选择，YH超市进行融资决策时更多地选择了债务融资而非权益融资，债务占比过高导致企业的偿债风险不断上升，不利于企业商业信誉的建设以及扩大规模。说明YH超市在进入新零售商业模式后，虽然迎来了短期内资产负债率的下降，但随着时间推移，资产负债率又重回新高，企业近几年内债务融资占比过高导致偿债能力不断下滑，也会为企业的再融资带来困难。

产权比率从企业财务结构的稳健性方面衡量企业的长期偿债能力，反映债权人的权益保障程度。从上表5-10中可以看出企业的产权比率走向与资产负债率有异曲同工之妙，整体走向差异不大。一般认为该比率在0.67~1.5之间的企业财务结构较为稳健，从2018年到2020年YH超市的产权比率分别为1.04、1.56、1.75，可以看出2018年YH超市财务结构较为稳固，而2019年和2020年其产权比率均高于标准值，这意味着企业财务存在不稳定因素，所有者权益低于负债总额导致企业偿债风险增加，不能有效地保障债权人权益。

利息保障倍数则是通过反映企业运用经营收益支付利息的能力，当利息保障倍数为3时认为该指标较为恰当。从表中可以看出2018—2020年期间YH超市的利息保障倍数远高于3，虽然2019年及2020年与2018年相比整体数值较低，但依旧可以说明YH超市的长期偿债能力很强，同时在企业日常生产经营管理过程中企业未能利用负债抵税，未能充分利用财务杠杆效应提高获利能力。

在长期偿债能力指标中，新零售时期YH超市的资产负债率和产权比率都出现一定幅度的波动，总体呈现上升的趋势，这与YH超市合并大量子公司、孙公司存在密切联系，总体来看新零售时期YH超市对未来到期债务保证程度更高。

综上，不管是对于永辉短期偿债能力还是长期偿债能力的研究，在其步入新零售的商业模式后，其偿债能力整体上还是展现出了较为强大且可持续的一个表现，同时可以从中看出YH超市的财务结构也是较为稳定的，特别需要注意的是在初步探索新零售模式的开始三年内其偿债能力有很明显的一个提高，但是近几年来由于债务融资比例的不断攀升，进而使得其债权人的保障程度有所下降，虽然后期出现了偿债能力下降的情况，但在整体上仍优于其同期同行业的平均水平，也是为接下来企业的新零售业务的深入探索提供了一定的条件基础和有力的能力保障。

5.3.3　营运能力

一个企业的日常运营是其创造价值的主要构成部分，而对一个企业的营运能力进行分析更是可以直接看出企业是否可以创造出更大价值，具体来说即企业对于资金的运用及其管理的效率是否足够高效，更直观地判断其资金的使用效率情况。本章在具体分析YH超市进入新零售时期营运能力的变化上选取了四个关键绩效指标。分别为应收账款周转率、存货周转率、总资产周转率以及固定资产周转率，结合企业经营特点分析企业的营运能力。

表 5-11　2018—2020 年 YH 超市营运能力指标分析

指标	2019	2020
应收账款周转率（营业收入/平均应收账款余额）	55.15	97.90
存货周转率（销售成本/平均存货）	6.51	4.73
总资产周转率（销售收入总额/平均资产总额）	1.85	1.30
流动资产周转率（营业收入/流动资产）	3.09	2.20
固定资产周转率（销售收入/平均固定资产净值）	17.61	13.51

从表 5-11 可以看出进入新零售时期之后 YH 超市的应收账款周转率逐年上升，形势良好，从应收账款周转率我们可以看出应收账款变现速度的快慢以及企业管理效率的高低，该指标越高，应收账款收回越快。可以看到 2019 年与 2020 年应收账款周转率分别为 55.15 和 97.90，这反映出 YH 超市应收账款周转天数正在逐年好转，坏账准备较 2019 年有所好转，转化能力虽然有所提升但是相对于整个行业来说还是处于相对劣势的地位，全行业内 YH 超市应收账款的收回速度较慢，如果 YH 超市不及时采取应对措施，将会加大发生坏账的可能性，面临一定的经营风险。正是由于新零售时期应收账款周转率开始急速下降，导致 YH 超市营业周期在此期间出现一定幅度上升。

存货周转率的高低可以反映出企业流动资产周转速度的大小，也是衡量企业销货能力和存货是否适量的指标，通常而言该指标越高说明企业存货周转速度越快，企业的销售能力越强，营运资金在存货中占用的金额越少，表明企业的资产流动性较高，资金利用效率也较高。从表中可以看出 YH 超市 2019 年与 2020 年存货周转率分别为 6.51 和 4.73，有所下降说明 YH 超市近几年来存货周转速度较慢，存在一定的存货积压现象。YH 超市作为零售行业的“领头羊”，其存货周转尤为重要，关乎企业获取利润的速度，尤其是建立在 YH 超市步入新零售商业模式后主打生鲜产品的基础上，因此 YH 超市应当及时采取措施，在减轻新冠肺炎疫情带来冲击的同时开展一系列营销活动提高营业收入，加强存货管理，减少存货积压的现象。

总资产周转率侧重于反映企业全部资产的利用效率，近几年来 YH 超市的总资产周转效率呈现持续下降的趋势，说明企业对全部资产的利用效率和管理质量较低，资产投资规模与销售水平之间存在一定差距。2019 年和 2020 年 YH 超市的总资产周转效率分别为 1.85 和 1.30，这反映出企业的销售能力较低，周转速度较慢，会形成资金浪费，降低企业盈利水平。流动资产周转率反映企业流动资产的周转速度，该指标越高，则会相对节约企业流动资金，提高资金的利用效率，但是在 2019 年和 2020 年期间，其流动资产周转率分别为 3.09 和 2.20，其与总资产周转率变化趋势类似，整体呈现下降趋势。新零售时期总资产周转率与流动资产周转率出现大幅下滑，导致总资产周转率也下降到 2 以下，主要原因在于 YH 超市对于货币资金的管理质量和利用效率不高，导致资金流转能力弱。

通过固定资产周转率反映企业固定资产周转情况，是衡量企业固定资产利用效率的指标。从表5-10中可以看到YH超市2019年与2020年固定资产周转率分别为17.61与13.51，通过将其与流动资产周转率的横向对比可以看到，流动资产周转率明显低于固定资产周转率5~7倍，这表明流动资产的周转受到阻碍，在一定程度上影响YH超市的短期偿债能力。总资产周转率也偏低，资产利用程度不高导致不能有效利用资产和投资去扩大自身规模。

以上就是对YH超市营运能力各个数据的综合分析，其周转率整体偏低，不能很好地运用企业资产与投资扩大规模，管理质量和营运效率有待进一步提高。

5.3.4　盈利能力

盈利能力用于评价企业获取利润的能力。本章选取销售毛利率、净资产收益率和总资产净利率来对YH超市的盈利能力进行评价。

（1）销售利润率。

销售利润率反映的是企业通过销售获取利润的能力，该指标越高说明企业通过扩大销售赚取收益的能力越强。从表5-12中可以看到YH超市2018—2020年销售利润率分别为2.05%、2.09%以及2.33%，整体呈现逐年递增的趋势，说明近几年来YH超市在进入新零售阶段后其销售利润率逐年上升，新冠肺炎疫情对其销售并未造成太大影响，新零售的商业模式也为YH超市提高利润带来了正向效应，有助于企业进一步提高利润。

表5-12　YH超市2018—2020年盈利能力指标分析

项目	2018	2019	2020
销售利润率（利润总额/营业收入×100%）	2.05%	2.09%	2.33%
销售毛利率（主营业务毛利/主营业务收入×100%）	22.15%	21.56%	21.37%
成本费用利润率（利润总额/成本费用总额×100%）	9.85%	11.01%	12.11%
资产净利率（净利润/平均资产总额×100%）		3.16%	3.05%
净资产收益率（总资产净利率×财务杠杆比例）		8.09%	8.39%

（2）销售毛利率。

销售毛利率是企业一定时期的毛利占营业收入的百分比，该指标越大，说明在营业收入净额中营业成本所占比重越小，企业通过销售获取利润的能力越强。从表5-13中可以看出YH超市2018—2020年销售毛利率分别为22.15%、21.56%和21.37%，虽然略有下降，但整体波动幅度不大，说明YH超市近几年来销售毛利较稳定。

表5-13　YH超市2018—2020年产品毛利率对比表

产品种类	2018	2019	2020
生鲜及加工	14.86%	13.22%	13.84%
食品用品（含服装）	19.23%	18.72%	18.60%
综合毛利率	22.15%	21.56%	21.37%

在 YH 超市所有的业务类型中，生鲜及加工类产品毛利率最低，低于综合毛利率，视频用品（含服装）毛利率相对较高。这与 YH 超市差异化定位有关，也是 YH 超市优势所在。消费者对生鲜及加工类产品通常是即时需求，一般会在线下实体店购买所需，针对这点 YH 超市以质优价廉的生鲜产品吸引消费者，引入客流从而带动食品用品、服装类高毛利产品的销售。在 YH 超市新零售时期生鲜类产品和食品用品类产品毛利率与新零售初期或者整体都呈现较大幅度上涨，得益于 YH 超市整合全球供应链、联合战略伙伴协同定价的策略，节约成本的同时给予消费者更多选择空间，促进消费，提高利润水平。

（3）成本费用利润率。

成本费用利润率反映了企业为获取利润而付出的代价，该指标越高，表明企业的成本费用控制得越好，企业整体获利能力越强。从表 5-12 中可以看出，YH 超市 2018—2020 年期间成本费用利用率分别为 9.85%、11.01% 和 12.11%，呈现逐年递增的趋势，说明 YH 超市在进入新零售的商业模式后对成本费用进行了有效的控制，从而提高企业获利能力。

（4）资产净利率。

资产净利率是指企业一定时期的净利润与平均资产总额的比率，该指标越高，表明资产的利用效率越高，企业的盈利能力越强，经营管理水平越高。从表 5-14 中可以看出，YH 超市 2019—2020 年资产净利率分别为 3.16% 与 3.05%，波动幅度较小。资产净利率作为衡量企业盈利能力的综合性指标，其为销售净利率和总资产周转率的乘积，因此可以综合考察企业销售成果与资金营运效率。

表 5-14　YH 超市 2018—2020 年资产净利率指标分析

项目	2018	2019	2020
销售净利率（净利润/销售收入×100%）	1.41%	1.71%	1.77%
总资产周转率（销售收入总额/平均资产总额）	1.95	1.85	1.72
资产净利率（净利润/平均资产总额×100%）	2.75%	3.17%	3.05%

从表 5-14 中可以看出，2018—2020 年以来 YH 超市的销售净利率呈现缓慢增长的趋势，但是总资产周转率却略有下降，这表明 YH 超市近几年来进入新零售的商业模式后销售成果逐步好转，而资本营运效率略微下降，有待进一步提高。从企业盈利能力的角度来分析，虽然资产净利率略有下降，但是销售净利率却是有所上升的，因此可见销售净利率是反映企业盈利能力的关键所在，YH 超市近几年来盈利能力也有所提高。从这个意义上看，提高销售净利率是提高企业盈利能力的关键所在。资产净利率通过各项成本费用开支的列示，有利于企业进行成本费用的结构分析，加强成本控制，以便为寻求降低成本费用的途径提供依据。

（5）净资产收益率。

净资产收益率是反映企业自有资金获取净收益的能力，是评价企业经营效益的核心指标，该指标越高说明所有者的净利润越高，投资盈利水平越高，企业的盈利能力越高。从表5-14中可以看到，YH超市2020年较2019年净资产收益率有所增长，新零售时期净资产收益率开始回升且保持稳定的增长态势，表明YH超市在新零售时期开始拓展线上渠道同时推进新业态试水，业务量上升带来利润的上升，说明其盈利能力水平较高。

由图5-3可以清晰地看出，2017—2020年零售业净资产收益率为4.03%、-5.73%、-13.98%、-43.85%，YH超市则为8.93%、7.65%、7.78%、9.27%，均高于行业水平，说明企业自有资本获得收益的能力在行业内属于领先地位，随着商业模式的日益成熟、净资产规模不断扩大，企业高层对新的利润增长点判断愈发准确，在行业经济产收益率普遍为负的情况下能够保持3年始终呈现正向增长的状态，且净资产收益率数值逐年攀升，说明企业的管理能力也在随之提升。

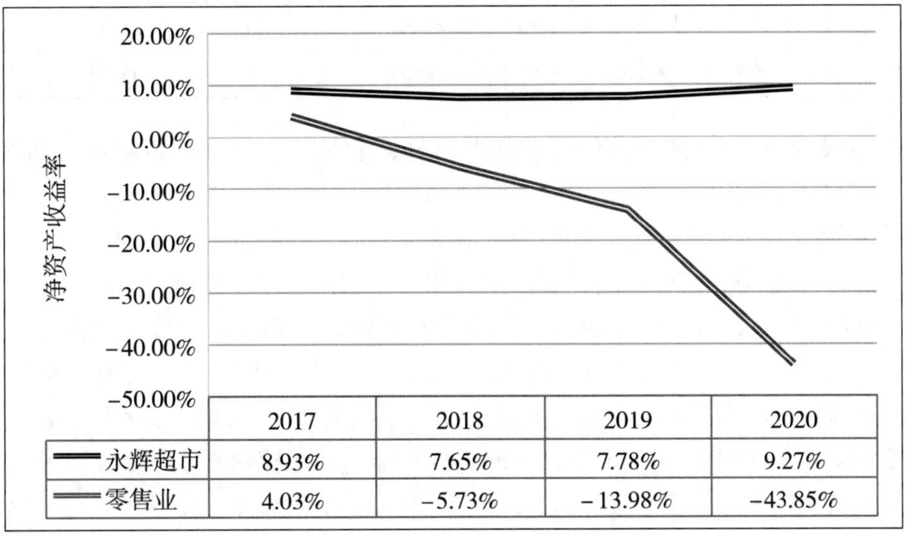

图5-3　YH超市2017—2020年净资产收益率分析

5.3.5　发展能力分析

企业的发展能力，主要从企业将来经营规模的扩张趋势以及营运能力角度出发，在财务层面分析企业未来盈利水平，判断是否能够达到企业的理财目标。本章选取销售增长率、资本积累率、总资产增长率以及净利润增长率作为评价YH超市发展能力的指标。

发展能力评价的是企业扩大业务规模、增强实力的潜在能力。通过销售增长率来评价企业的经营状况和市场占有水平。从表5-15中可以看出，YH超市2018—2020年销售增长率呈现下滑趋势，从20.36%下降到9.80%，虽然有所下降但是YH超市的销售还是有所增长的，只是增长速度稍有放缓，在零售业中经营状况与市场占有率是非常可观的。通过资本积累率反映企业资本积累能力，从而体现企业的潜在发展能力，从表5-15中可以看出YH超市2018—2020年资本积累率波动幅度较大，甚至在2018年与2020年均出现逆增长，一方面是零售业行业整体不景气，另外也与YH超市投资收益较低和大量合并企业有关。通过企业总资产的增长评价企业经营规模总量上的扩张程度，可以看出总资产增长率整体走势与销售增长率走向基本类似，均在2020年出现较大幅度的下滑，总资产增长率下降原因主要是企业收益率的下降以及行业大环境不景气。我们用净利润增长率对YH超市的经营效益进行判断。从表中看出，净利润在2019年扭亏为盈，从-22.59%上升到45.66%，2020年稍有下降，为13.79%，主要是由于投资收益率的下降。

表5-15 YH超市2018—2020年发展能力指标分析

项目	2018	2019	2020
销售增长率（本年销售增长额/上年销售总额×100%）	20.35%	20.36%	9.80%
资本积累率（本年所有者权益增长额/年初所有者权益×100%）	-4.78%	5.26%	-0.30%
总资产增长率（本年总资产增长额/年初资产总额×100%）	20.55%	32.11%	7.27%
净利润增长率（当年净利润增长额/上期净利润*100%）	-22.59%	45.66%	13.79%

在财务表现上，YH超市总体经营状况良好，业绩稳步提升。新零售时期YH超市总体经营业绩有所提高，偿债能力、盈利能力相对于同行业变化趋势良好，营业收入增长率和净利润增长率相比于新零售前期有所提升，但应收账款周转率和总资产周转率开始呈现逐渐下滑趋势，有待提高，资产结构和资本结构都存在优化空间。

自2017年以来，零售行业线上巨头已基本完成线下布局，形成两大阵营，即阿里系：以高鑫零售为代表推出“盒马鲜生”；腾讯系：以YH超市为代表推出“超级物种”。实体零售企业为了实现自身发展，主动应用新兴技术，建立数字化平台，沉淀大量用户数据，对用户进行精准定位，从而有针对性地推出营销方案，满足用户个性化需求；同时开拓线上渠道，协同线下实体店创新新业态，为顾客构建多元化的消费场景，提升顾客消费体验的满意度。

总体而言，在新零售时期，YH超市在实体零售业市场整体走弱的环境下，业务规模仍能保持两位数增长，各项主要财务指标表现良好，得益于企业及时对市场环境以及消费者需求变化做出的转变，说明新零售模式下YH超市转型比较顺利。因此，其他实体零售企业也可以借鉴YH超市的一系列转型措施，取长补短，顺利进入零售市场新时代。

5.4 YH超市新零售模式下的建议措施

目前对于新零售的探索来看，实体零售商与线上电商的竞争仍旧非常激烈，此时企业所采取的扩张战略就是至关重要的。可以看出，YH超市在新零售探索初期对外实施的是快速扩张战略，以迅速增大企业的市场占有率为目的，这种战略虽然能够在企业实施初期使企业在短时间内迅速提高企业影响力和品牌知名度，从而打开市场占有一席之地，但同样也存在着诸多问题，为企业的后续发展留下隐患。开启新零售的商业模式后，线下零售商的门店扩张不再单纯为门店扩张而扩张，更是为线上送货上门服务提供仓储服务。但扩张线下的实体门店需要做很多的准备工作，并不是一件想当然的事情。作为企业首先需要选择合适的物业，并在开店之前提前做好周边情况调查工作，不管是消费者情况还是竞争对手情况，最后评估企业将门店开设在选址地的未来发展潜力。

结合前文对YH超市的财务状况的分析，以及近年来在新零售模式以及新冠肺炎疫情的影响下，财务风险呈现上升趋势。因此针对这些不足之处提出强化新零售模式下的财务风险防范的进一步措施，使YH超市在受益于新零售模式的同时，尽量弱化零售业大环境恶化带来的财务风险。

5.4.1　拓宽融资渠道，优化债务结构

在YH超市的偿债能力风险评价过程中可以看到，在2018年至2020年间，其偿债能力呈现逐年上升的趋势。但是新零售时期YH超市的债务结构中，其债务资本占比较大，由于债务资本成本较高，面临较高的还款压力。关键在于，YH超市前期为了向新零售模式转型，投资了大量重资产项目，导致其非流动资产所占比重随之逐年提高。在这样的情况下，就需要转变过去以短期债务为主的筹资方式。债务结构不合理会导致YH超市出现偿债能力下降、企业经营稳定性恶化等问题。因此，YH超市要从优化债务结构入手，合理安排债务期限结构，在保证债务价值的同时，逐步降低债务结构畸形对企业财务状况的不良影响，以维持债务结构的合理性。

融资渠道的开拓是化解债务结构不合理问题的重要途径。企业在安排长期债务与短期债务的比例时，不仅要管理好企业的债务期限结构，还要积极开拓多样的融资渠道。

YH超市的偿债能力已经受到转型新零售模式的影响，继续维持当前的债务比例，势必导致企业财务风险的攀升。因此，YH超市应该善用长期资本优化债务结构。强化新零售商业模式中的风险防范，降低新零售模式下的债务结构风险。YH超市可以通过引入供应链上的优质企业作为战略投资者，这样既能弥补部分资金缺口，避免短期还款压力，还可以提高供应链的稳定性，绑定优质企业。同时还要做到严格债务管理，融资规模应与企业偿债能力相匹配。融资过程中首先考虑企业的偿债能力，例如企业的存量现金及未来的盈利水平。最后，YH超市还要注意优化自身经营状况，避免类金融融资模式带来的信用风险。

5.4.2　审慎规划新零售投资，合理配置资金投入

现如今零售行业新零售探索热潮之下，零售企业线上线下业务深度融合，企业的发展战略更不应草率选择，在制定发展战略前企业应进行深入的市场考察与科学论证，不应盲目地为了占领新市场而进行激进的快速扩张，对于创新业务要谨慎投入资金，施行科学的发展战略。因此，企业在转型时要审慎规划投资项目，合理配置资金投入。

一方面，尽量选择供应链相关程度高的优质企业进行投资。着重选择上下游产业链

企业，以帮助企业快速抢占市场。YH 超市的供应链资源是其发展的绝对优势，因此 YH 超市在选择投资项目时，可以首先着重考虑产业链的上、下游企业，以帮助企业扩大优势，形成发展护城河，这有利于帮助 YH 超市形成核心优势。为了促进新零售的发展，快速抢占市场，YH 超市还需要增强实体门店的布局，扩大线下销售的辐射范围。当前，YH 超市的市场强势区域集中于一、二线城市，例如福州、重庆、上海等，这些城市虽然拥有平均消费水平更高的客户群，但同样有着市场竞争激烈、开店成本高的问题，随着人民生活水平的显著提高，三、四线城市消费群的消费水准也在逐步提高，因此，YH 超市应该着眼下沉市场，积极布局新门店，抢先占领三、四线城市的空白市场，提高市场份额。

另一方面，YH 超市新零售模式还未实现完全成熟，仍然需要开展大量业务，还要构建新的体系和平台，这都需要巨大的资金投资。因此，YH 超市应该着力提高投资质量，项目投资固然应迎合 YH 超市的转型方向，但首要考虑的应该是项目收益。投资前，对于目标项目应认真考察其过去的盈利水平、未来的发展前景，对于非优质项目，即使与企业新零售转型相关程度高，也应该审慎考虑。对于已经投资的项目，要建立全程追踪，盈利质量不佳的项目，要及时缩减投资规模以减少企业损失；对于盈利质量高的项目可适度追加投资，扩大盈利规模。转型前期的投资项目应以稳定收益为首要考虑因素，待转型成熟后，再考虑多元化发展。

5.4.3 降低费用率，提高新零售业务盈利质量

在盈利能力方面，YH 超市在 2018 年开始盈利能力明显下降，虽然 2019 年与 2020 年有所回升但仍需进一步提高盈利质量。要提升在转型新零售模式过程中的盈利能力，控制转型成本，可以从以下三方面着手展开：

首先，优化门店结构，降低运营成本。YH 超市的门店布局广泛，门店相关成本较高，这使得 YH 超市面临较大的营运压力。因此，优化门店结构是 YH 超市当前的首要任务。目前永辉的实体店数量在全国高达 1 017 家，YH 超市的门店拓展速度远超同行业的其他企业，然而，企业的利润规模与门店数量并非完全成正比。YH 超市的快速扩张战略虽然有助于抢占市场，但高额的开店费用反而可能拉低企业的盈利水平。因此，YH 超市应该着力提高门店营业质量，精简线下门店，提高中心门店辐射范围。一方面，YH 超市应该加强在重庆、福建等市场强势地域的优势，进一步巩固市场地位；另一方面，在一些蓝海区域，如部分省份的三、四线城市，既要扩展门店布局，更要注重门店扩展质量，通过无人店等模式的布局，增加覆盖范围的同时，降低门店经营成本。

其次，合作引入流量，降低渠道成本。YH 超市积极拓展新零售业务，但其线上业务收入与线下业务收入仍然有着明显差距。因此，YH 超市应该积极寻求成熟的电商合作伙伴。当前消费主力呈现逐年年轻化趋势，网络媒体对年轻消费群体的影响力举足轻重，YH 超市若要扩大市场份额，必然要积极扩大线上流量，通过强化战略合作伙伴关系，解决当前 YH 超市线上平台发展疲软的问题。这样做一方面能够开拓 YH 超市的销售渠道，发掘新的客户资源，另一方面可以解决线下门店运营成本高的问题。站在 YH

超市的角度，YH 超市经过数十年的发展积累了优质的商誉价值，获得了良好的客户口碑。通过与京东、腾讯等电商的战略合作，可以进一步拓展品牌知名度，挖掘新的客户资源。同时，YH 超市成熟的供应链体系和广泛的门店辐射网络是其绝对优势，已成为企业自身发展的护城河，而这正是电商平台所需要的，网络用户爆发增长的时代已经过去，电商企业也急于寻找新的突破，因此，双方的合作可以在互惠互利的基础上实现共赢。无论是电商还是实体零售企业，都应当积极寻求合作，增加流量，创造市场价值。

最后，加大研发投入，提升利润空间。连锁零售行业的创新转型未来注定与人工智能、大数据等新兴技术紧密相连，传统零售行业若要获得发展动能，应善用科技，优化落后的经营模式，实现新零售的顺利转型。目前，YH 超市在企业内部以及线下门店的科技投入还未完全见效。YH 超市应该利用数据助力企业的数字化转型。通过整合门店营销数据、单品销售状况等数据，形成消费偏好的清晰概念，利用所得数据进行营销决策，真正实现基于数据的精准营销。同时，还要丰富线上与线下的支付手段，一方面迎合当前中青年主流的手机支付方式，另一方面也要考虑到老年群体的支付便利性，做到针对全客群的便利购物，增加消费黏性，最终达到提升企业利润空间的目的。

5.4.4　完善供应链严控成本

由上文的分析中可知，YH 超市主打产品是生鲜类食品，是居民日常生活的刚需，生鲜更是作为企业的活招牌获得了广大消费者的认可。在这种情况下，企业必须重视生鲜类食品的毛利率收入占比指标，即使生鲜产品的毛利率不及其他产品的高，但其作为主打产品，因新鲜低价的好口碑对消费者的吸引力极大，可以为超市带来更多客源，企业一定要充分利用这个优势从而带动其他产品的销售，进而提高企业的盈利质量。

为保持市场竞争力以及企业更好地长远发展，一家企业要时刻保持企业核心竞争力，同时不断提高其盈利能力。其中 YH 超市的主营业务的盈利能力便是其生鲜产品的获利能力，而这在一定程度上取决于超市的采购能力。首先，企业需要进一步加强完善生鲜产品采购的供应链，努力控制好供应链中的每一环，与此同时 YH 超市还可以培养专属企业的专业采购团队，由采购团队与生鲜农产品的货源方进行直接对接，完成企业采购任务。这种方法不仅完善了供应链，还在一定程度上间接地控制了成本，减少了中间商赚取差价的行为。

5.4.5　优化人力资本产出能力

YH 超市的快速扩张战略为企业的未来发展留下了隐患，因此企业更应该加强企业的管理，进一步优化人力资本产出。YH 超市管理层应采取更加先进高效的管理模式和管理方法，不断完善企业的管理系统。另一方面，考虑到年份久远的企业信息留存完整度和新零售下企业信息需要更新两方面，企业应首先对已有的信息资料进行整理，接下来重新建立信息系统，进一步在信息化管理流程上降低企业运营成本。

在企业管理方法上，应实行统一化管理，使企业内所有门店都遵循企业设置的规范严格执行，使企业内部有组织有纪律，不再出现越级采购从而导致库存积压的问题；组织架构上，新零售下实体零售企业应对企业组织架构进行一定的调整，不再像以前一样只针对线下进行销售推广，更应该积极投身线上的销售推广，使线上渠道与线下渠道共同促进企业的更好发展；在人才培养上，企业应该进一步建立健全人才培养体制，优化企业培训基地设施，采用更加先进的人才培养方案使每一个精英人才都能不被埋没地显现出来，努力做到如伯乐识千里马一般对人才进行发掘。

第6章
医药制造业砥砺前行的白马股
——基于哈佛分析框架的HR医药财务分析

中国医药工业已从初期劳动密集型逐步过渡到技术密集型的崭新阶段：医药企业在仿制药、创新药等研产方面发展迅速，抬升整体产业空间。同时，医药企业的研发投入的持续增加，高质量仿制药、创新药物在药品市场中的占比提高，反哺医药企业获利，形成相互促进生态闭环，推动医药产业持续升级。

HR医药通过药物专利购买起家，随后开启仿创与创新之路。目前，HR医药已成为国内最大的抗肿瘤药、手术用药和造影剂的研究和生产基地之一。本章将通过哈佛分析框架这一财务分析工具，对HR医药的财务报告进行深入解读，洞察HR医药发展现状和前景。

6.1 公司简介

6.1.1 基本情况

HR医药成立于1970年，是一家从事创新和高品质药品研制及推广的民族制药企业，2000年HR医药在上海证交所发行上市，现已发展成为国内知名的抗肿瘤药、手术用药和影像介入产品的供应商，也是我国抗肿瘤药技术创新产学研联盟中的牵头单位之一，组建了博士后科研工作站以及国家靶向药物工程技术研究中心。

纵观HR医药的发展历程，HR医药经历了从仿制到仿创，再到创新的三个阶段。如今公司有吸入性麻醉剂、口服制剂、注射剂等在内的十七个制剂产品，打进了美欧日地区的医药市场，国产注射剂成功地在日美欧等海外医药市场实现了规模化销售。

在美国制药经理人杂志公布的2021年全球制药企业TOP50榜单中，HR医药连续3年上榜，排名逐年攀升至第38位；公司多年连续入选中国医药工业百强企业，2021年蝉联中国医药研发产品线最佳工业企业榜首，截至2022年2月底，HR医药已上市新药增至10款，全球员工达到2.8万人。

6.1.2 运营情况

公司重点经营药品的销售、生产以及研发；主要产品包括心血管药、手术麻醉类用药、造影剂、特殊输液、抗肿瘤药等。按照HR医药历年来的年报公开数据，从2017年到2020年，其总资产、净利润以及营业收入等财务数据都实现了高速增长。其中，2020年HR医药实现营业收入277.34亿元，归属于母公司所有者的净利润63.28亿元，分别比去年同期增长了19.09%和18.78%。HR医药如今业已成长为我国最大规模的造影剂、手术麻醉用药、抗肿瘤药生产研究基地之一，它的主营业务分地区、分产品、分行业区情况如表6-1所示。

表6-1 主营业务分行业、分产品、分地区情况 单位：元

主营业务分行业情况						
分行业	营业收入	营业成本	毛利率（%）	营业收入比上年增减（%）	营业成本比上年增减（%）	毛利率比上年增减（%）
医药制造业	27 612 687 144.38	3 347 652 802.65	87.88	18.78	15.01	增加0.4个百分点
抗肿瘤	15 268 085 875.58	1 015 572 517.62	93.35	44.37	59.11	减少0.62个百分点
麻醉	4 591 055 483.47	443 454 826.70	90.34	-16.63	-17.72	增加0.13个百分点
造影剂	3 630 251 586.26	1 001 706 523.52	72.41	12.40	14.64	减少0.54个百分点
其他	4 123 294 199.07	886 918 934.81	78.49	4.78	3.17	增加0.34个百分点
主营业务分地区情况						
分地区	营业收入	营业成本	毛利率（%）	营业收入比上年增减（%）	营业成本比上年增减（%）	毛利率比上年增减（%）
国内	26 854 840 641.57	3 090 356 632.80	88.49	18.75	13.56	增加0.53个百分点
国外	757 846 502.81	257 296 169.85	66.05	19.96	35.97	减少4.00个百分点

HR医药在美国、欧洲、澳大利亚、日本和国内多地建有研发中心或分支机构，打造了一支4 500多人的规模化、专业化、能力全面的创新药研发团队。近年来，公司先

后承担了国家重大专项课题57项，已有10个创新药获批上市，50多个创新药正在临床开发。截至2021年底，公司累计申请国内发明专利1 321项，拥有国内有效授权发明专利360项，欧美日等国外授权专利478项。

6.2　HR医药战略分析

6.2.1　HR医药SWOT分析

1. 机会分析

（1）相关政策利好。

2021年底，《国家基本医疗保险、工伤保险和生育保险药品目录（2021年）》正式公布，HR医药7个产品通过医保谈判纳入国家医保目录，截至2021年HR医药进入国家医保目录的药品总数已达85个，已上市8款创新药全部进入医保。

同时，国务院改革药品税收政策，鼓励企业加快创新。增值税一般纳税人生产销售、零售抗癌药品，在计算缴纳的增值税过程中，可以依据简易办法3%的征收率，对进口抗癌药品按3%征收进口环节增值税；提高企业研发费用税前扣除比例，即从原有的50%提高到75%，同时将抵扣范围从原有的科技型企业扩大到所有企业，极大地降低了HR医药的生产经营负担。

（2）医药市场需求增加。

截至2020年底，我国60岁以上老人数量达到了2.64亿人，占全国总人口的18.70%，其中，65岁及以上人口为1.9亿人，占比13.50%，已经接近14%的深度老龄化标准。未来五到十年将是老龄化对我国经济影响最严重的阶段，同时癌症发病率始终处于高发态势，社会对抗癌药物将出现巨大需求。另外，如今生活节奏较快，亚健康问题困扰着不少人，医药市场需求的增加也给HR医药等药企创造了良好的发展机遇。

（3）专利断崖及创新药大趋势。

海外重磅原研药的专利在近十年内将先后到期，对其的抢仿将加速HR医药企业市场的快速增长。同时，中国创新药时代已经到来，在创新药趋势下，中国对于原创新药的政策红利仍在持续。中国于2017年加入ICH组织，大幅提高公司海外注册、认证的速度，推动HR医药进入国际市场的进程，帮助其创新药物出海。

2. 威胁分析

（1）新版GME的威胁。

欧洲新的GMP标准非常严格，对制药技术和设备的要求越来越高。HR医药如今对设备的投资水平比平均水平要低。所以，公司要顺应当代医药科技的发展态势，加快更新设备，创新和研发更先进的生产技术，对企业而言是非常大的一个挑战。

（2）新医改带来的挑战。

我国先后出台了“带量采购”、医保目录动态调整机制及“国谈”“两票制”等政策，引导企业降低药品价格。一方面药品降价为HR医药带来了成本压力，另一方面，“两票制”模式下医药企业需要重新调整销售策略和销售渠道，给企业带来了销售渠道重塑的压力，同时也增加了合规风险。

（3）研发管线面临竞争。

越来越多的中小技术厂商参与首仿的专利挑战，不仅比拼市场信息的搜集能力、战略眼光、布局规划，同时还需要竞争研发实力、在研进展、资本实力等。此外，对于部分专利厂商，为阻止专利到期引起的挑战和竞争，或将采取专利授权引进的方式，如授权给下设子公司、合作伙伴等来减少专利到期后的销量滑坡影响，给其余厂商造成较大的困难与挑战。

3. 优势分析

（1）研发优势。

HR医药拥有超过4 000人的强大的研发团队，其中博士490人，硕士超过3 000人，在上海、连云港、成都陆续组建了临床医学部以及研发中心，打造了博士后科研工作站、国家级的分子靶向药物工程研究中心以及企业技术中心，是我国“重大新药创制”专项孵化器基地之一。同时HR医药保持了销售额17%以上的研发投入，且全部研发支出费用化。依托研发实力，HR医药善于抢仿和首仿。同时产品管线布局丰富，在产品迭代上有足够管线储备作为支撑。

（2）品牌优势。

HR医药在A股上市，是中国医药板块的白马龙头股，企业在保持现有抗肿瘤药和手术用药的基础上，进一步拓宽销售领域，现有超过10 000人的营销团队，与各大医疗机构、零售终端均有良好营销合作关系。HR医药重点围绕免疫治疗、心血管、代谢疾病、疼痛管理等领域打造新的增长点，构建新的竞争优势，逐步形成了品牌优势和较高的知名度，其中抗肿瘤药、手术麻醉用药和造影剂销售名列行业前茅。基于客户对公司抱有很高的品牌信任度，因此HR医药的销售额和其他企业的同类药品销售额相比，具有天然优势，大大领先于其他企业。

（3）质量优势。

公司在质量标准严格遵从国家法定标准的基础上，还对部分关键质量指标进行严控和提高，制定了高于法定标准的企业内控标准；出口产品的控制要求均符合或高于欧盟、美国药典规定标准；公司强调系统保障和过程控制，降低非生产期间可能产生的风险；公司运用的计算机系统具有审计跟踪功能，同时保证记录完整、可追溯，且数据不可删除。同时，公司还在生产环境控制、质量要素管理等方面有更严格更高的要求，保障药品的有效性、安全性。

4. 劣势分析

（1）利润相对于研发投入规模偏小。

HR医药2020年研发费用投入达到49.88亿元，占营业收入的比重17.98%，研发费用规模已经是国内药企第一名。但是，相较于国际制药巨头的投入力度，无论规模还是营业收入占比，HR医药均处于落后地位，因此，从行业巨头的发展现状来看，HR医药要想继续保持较好的发展态势，则必须持续加大研发投入力度。另外，创新药的研发有长周期、高风险、高回报的特征，如果HR医药因为一些行业政策改变造成营业收入下降或者毛利率下降，则很有可能无法支撑高额的研发投入。

（2）国际化程度低。

HR医药在海外仅有两个研发中心，并且无独立生产基地与销售团队。2020年HR医药海外业务收入约为7.5亿元，规模较小，海外业务收入仅占2020年总营业收入的2.8%。另外其海外销售模式主要通过代理公司进行代理销售，及海外授权。这种方式虽然降低了建设成本和销售费用，但利润受益小且对市场掌控力低。海外竞争对手多为跨国巨头药企，在海外市场经营多年，有相当的资金体量与销售网络，并且研发、生产和销售的体系均为一体化及全球化布局。

6.2.2　HR医药战略分析

1.“科技创新”发展战略

HR医药坚持以资金投入为基础，以人才引领为支撑，以体系建设为保障，不断提高创新的质量和层次，走可持续、高水平的创新发展之路，使创新真正成为企业发展的动力源泉。HR医药应进一步加大研发投入、完善研发技术平台，近几年每年研发投入占销售收入的比重超过17%，为创新奠定了强大的物质基础。另外要不断汇聚培育引进全球高端人才，加强人才梯队建设，重点做好人才培训，通过“学帮带”，打造多元化、高素质、开拓创新、朝气蓬勃的团队，通过完善股权激励等多元化的分配方式，营造创新创业的良好氛围，为创新提供有力的智力支撑。最后要进一步健全创新体系，完善六大创新平台，打造企业创新高地，为持续创新发展提供有力保障。同时，重点围绕抗肿瘤药、手术麻醉用药、心脑血管、造影剂、特殊输液以及生物医药等领域，紧密接轨国际先进水平，实现创新发展的良性循环，推动创新成果的全球化销售。

2.“国际化”发展战略

HR医药近年来积极参与国际竞争，顺应我国生物医药产业发展的新要求和国际产业演进的新趋势，不断提高产品质量，加快技术平台建设，逐步缩小与国际先进水平的差距，培育高端品牌，开拓全球市场，推动企业发展的转型升级，打造外向型经济增长极。HR医药以通过欧美认证到达国际先进水平的制剂出口为突破口，强化国产制剂的全球化销售。关注海外市场具有重大市场潜力的产品，不断发掘新的增长空间。加快推进海外临床，加快打造专业化、属地化的研发团队，以市场需求为出发点，同时推进国际国内市场的研发进程，推动更多产品进行国际多中心临床试验。放眼全球，加强与跨国制药企业的交流合作，为最终实现专利药全球化销售积累经验，努力使公司在新一轮的全球生物医药竞争格局中争得一席之地。HR医药积极落实“引进来，走出去”的战略，在积极引进国外先进创新药品和技术的同时，努力把自己的科研成果许可给国外公司。

6.3 HR医药会计分析

通过对HR医药近4年的会计报表进行纵向分析，发现企业会计报表中可能存在的问题，并为下一章财务分析提供参考依据。本章选取了HR医药2017年至2020年共4年的财务数据，选取的数据均为上市司年报数据。

6.3.1 主要会计政策及会计估计变更

1. 近4年主要会计政策及会计估计变更内容

经查阅HR医药近4年年度报告，其中2017年有涉及会计政策及会计估计变更，2018—2020年有涉及到会计政策变更，具体情况分析如下。

（1）2017年会计政策及会计估计变更情况。

财政部于2017年5月10日下发了对《企业会计准则第16号——政府补助》进行修订的通知，正式修订了相关准则，从2017年6月12日开始实施。针对2017年1月1日已经存在的相关政府补助，要采取未来适用法予以处置；对2017年元旦到该准则施行日期限内新增加的政府补助，要按照修订后的准则予以调整。HR医药的处理程序及涉及科目包括其他收益科目增加155 415 314.75元，营业外收入科目减少155 415 314.75元。

按照财政部下发的《关于修订印发一般企业财务报表格式的通知》，把原本归集于非流动资产处置损益（属于营业外支出以及营业外收入的部分）调整到资产处置收益，予以单独列报。2017年度比较财务报表按新口径追溯调整，HR医药的处理程序及涉及科目包括资产处置收益科目增加1 654 273.06元，营业外收入科目减1 828 600.46元；营业外支出科目减少174 327.40元，上期资产处置收益科目减少1 275 980.37元，上期营业外收入科目减少490 601.22元，上期营业外支出科目减少1 766 581.59元。

（2）2018年会计政策及会计估计变更情况。

根据财政部2018年6月15日发布的《关于修订印发2018年度一般企业财务报表格式的通知》（财会［2018］15号），HR医药对财务报表格式进行了修订，由于不涉及实质的变更，在此不再详述。

（3）2019年会计政策及会计估计变更情况。

HR医药自2019年1月1日起执行财政部于2017年修订的《企业会计准则第22号——金融工具确认和计量》《企业会计准则第23号——金融资产转移》《企业会计准则第24号——套期会计》和《企业会计准则第37号——金融工具列报》，公司将原应收票据及应收账款项目分别对应应收票据、应收账款，将原应付票据及应付账款项目分别对应应付票据、应付账款。

（4）2020年会计政策及会计估计变更情况。

2017 年 7 月 5 日，根据财政部发布修订的《企业会计准则第 14 号——收入》（财会［2017］22 号），HR 医药将因转让商品而预先收取客户的合同对价从“预收账款”项目变更为“合同负债”“其他流动负债”项目列报。年初合并报表项目影响金额 222 638 824.87 元，母公司报表项目影响金额 20 258 193.69 元。

2. 近 4 年主要会计政策及会计估计变更分析及结论

企业变更会计政策和会计估计的原因主要有两种，一是强制性变更，二是自发性变更。从 HR 医药近 4 年涉及会计政策及会计估计变更的原因来看，企业是根据行政法规或者会计制度的要求，调整本企业的会计政策，使会计信息如实反映财务状况，并且 HR 医药对会计政策及会计估计变更的处理程序是符合相关要求的。

6.3.2　关键会计项目的识别和分析

1. 关键会计项目的识别

HR 医药 2019 年之后适用新金融工具准则，因此对金融工具进行了重新分类，将前期划分为货币资金、其他流动资产、可供出售金融资产等金融资产重新分类为交易性金融资产、其他非流动金融资产。如表 6-2 所示，货币资金、交易性金融资产、应收账款、固定资产、应收款项融资及存货项目在 HR 医药的资产占比中较大，并且交易性金融资产中 90% 以上为投资理财，因此货币资金与交易性金融资产安全性比较高，无需过多关注，所以本章将选取应收账款、固定资产及存货的会计政策作为本企业的关键会计政策进行分析。

表 6-2　HR 医药近 4 年资产比重表

项目	2020 年	2019 年	2018 年	2017 年
流动资产：				
货币资金	31.11%	18.30%	17.39%	23.65%
交易性金融资产	16.21%	30.92%	0.00%	0.00%
应收票据	0.00%	1.92%	2.95%	5.48%
应收账款	14.61%	17.80%	16.87%	17.68%
应收款项融资	8.93%	0.00%	0.00%	0.00%
预付款项	1.62%	2.15%	2.54%	1.83%
应收利息	0.00%	0.00%	0.19%	0.15%
其他应收款	1.87%	3.25%	4.34%	1.29%
存货	5.12%	5.83%	4.61%	4.38%
其他流动资产	1.30%	0.80%	31.91%	25.75%
流动资产合计	80.77%	80.97%	80.81%	80.21%
非流动资产：				
可供出售金融资产	0.00%	0.00%	0.69%	0.65%

续表

项目	2020 年	2019 年	2018 年	2017 年
长期股权投资	0.17%	0.22%	0.00%	0.00%
其他非流动金融资产	4.15%	1.96%	0.00%	0.00%
固定资产	9.44%	9.22%	10.41%	11.08%
在建工程	3.76%	5.56%	6.07%	5.99%
无形资产	0.98%	1.27%	1.22%	1.55%
长期待摊费用	0.57%	0.56%	0.29%	0.03%
递延所得税资产	0.15%	0.24%	0.50%	0.50%
非流动资产合计	19.23%	19.03%	19.19%	19.79%
资产总计	100.00%	100.00%	100.00%	100.00%

6.3.3 关键会计项目的分析

1. 应收账款

如表 6－3 所示，HR 医药 2020 年应收账款账龄绝大部分都是在 3 个月以内，占到总应收账款的 93%，当年实际核销的应收账款仅有 4 118.74 元，而且下游客户多为大型公立医院，信用良好，发生坏账的可能性极低，因此 HR 医药的应收账款风险可控。

表 6－3 应收账款账龄分布表　　单位：元

账龄	期末账面余额
3 个月以内	4 829 113 032.49
3～6 个月	261 636 965.74
半年至 1 年	39 795 792.79
1 年以内小计	5 130 545 791.02
1 至 2 年	7 589 382.91
2 至 3 年	8 693 690.85
3 年以上	3 950 103.10
合计	5 150 778 967.88

如表 6－4 所示，HR 医药近 4 年的应收账款总体来看保持了相对平稳的增长，2017 年应收账款的增长速度达到了 37.17%，远高于营业收入 24.72% 的增长，但 2018 年及之后年度应收账款的增长速度均低于营业收入的增长速度，2019 年应收账款的增长速度继续增加，高达 28.88%，而当年营业收入增长比例为 33.70%，表明 HR 医药营业收入的增长一定程度上是靠大量的应收账款来推动的，且大额的坏账准备在一定程度上蚕食了企业利润，这是有一定隐患的，HR 医药应该在保持营业收入增长的同时，尽可

能地控制应收账款增长速度。HR 医药的应收账款周转率在 2018 年有所下降，但整体呈上升趋势，可见 HR 医药也在不断提高应收账款的管理效率，提升资金使用效率。

表 6-4　应收账款历史纵向比较表　　单位：百万元

项目	2020 年	2019 年	2018 年	2017 年
应收账款期初余额	4 973. 97	3 829. 61	3 188. 58	2 324. 59
应收账款期末余额	5 150. 77	4 973. 97	3 829. 61	3 188. 58
较年初增加比例	3. 55%	29. 88%	20. 10%	37. 17%
平均应收账款余额	5 062. 37	4 401. 79	3 509. 10	2 756. 59
坏账准备年末余额	77. 08	67. 73	56. 92	45. 74
计提比例	1. 50%	1. 36%	1. 62%	1. 66%
上一年营业收入	23 288. 57	17 417. 90	13 835. 63	11 093. 72
本年营业收入	27 734. 6	23 288. 57	17 417. 90	13 835. 63
营业收入增长比例	19. 09%	33. 70%	25. 89%	24. 72%
应收账款周转率	5. 48	5. 29	4. 96	5. 02

2. 固定资产

如表 6-5 所示，HR 医药的总资产在近 4 年是飞速增长的，固定资产的净值也逐年增长，但是固定资产占总资产的比重整体却呈下降态势，HR 医药固定资产的增长水平是低于总资产的增长水平的。

表 6-5　固定资产历史纵向比较表　　单位：百万元

项目	2020 年	2019 年	2018 年	2017 年
固定资产原值	6 203. 83	5 115. 51	4 324. 57	3 633. 44
累计折旧	2 923. 66	2 573. 53	1 995. 81	1 635. 52
固定资产净值	3 280. 17	2 541. 97	2 328. 77	1 997. 92
总资产	34 729. 59	27 556. 48	22 361. 23	18 039. 38
营业收入	27 734. 60	23 288. 57	17 417. 90	13 835. 63
净利润	6 308. 89	5 326. 45	4 061. 18	3 292. 95
固定资产净值/总资产	9. 44%	9. 22%	10. 41%	11. 08%
固定资产周转率	8. 46	9. 16	7. 48	6. 93
净利润/固定资产净值	1. 92	2. 10	1. 74	1. 65

同时，尽管 2020 年受疫情影响 HR 医药营业收入增长放缓，但其固定资产周转率及净利润与固定资产的比值整体来看仍呈上升趋势，说明固定资产的增长速度小于营业收入及净利润的增长速度，这也体现了随着企业的不断发展壮大，企业固定资产的营运能力在不断提升，规模效应逐步显现。这也是 HR 医药贯彻实施“科技创新”战略的重

要体现和突出成果，通过不断加大对研发的投入，并且将研发费用当年费用化，通过强大的研发能力推动企业获取更多的创新成果，获得高附加值的产品，保持轻资产的高科技制药企业特色。

3. 存货

如表 6-6 所示，HR 医药的存货规模除了 2020 年有轻微下降外，在近 4 年整体保持上升趋势，2020 年存货水平较 2017 年整体上升了 74%。与此同时，HR 医药的总资产、流动资产以及营业收入均保持高速增长，因此，存货在总资产及流动资产等占比虽有波动但整体呈稳中有降趋势。这与企业的发展战略也是相符合的，HR 医药的发展主要来自于创新的推动，通过产品的不断创新，赚取行业的超额利润。

表 6-6　存货历史纵向比较表

单位：百万元

项目	2020 年	2019 年	2018 年	2017 年
存货期初余额	1 478.97	1 030.57	789.72	636.59
存货期末余额	1 371.21	1 478.97	1 030.57	789.72
平均存货余额	1 425.09	1 254.77	910.15	713.16
总资产	34 729.59	27 556.48	22 361.23	18 039.38
流动资产	25 575.85	21 815.25	18 069.39	14 468.53
营业收入	27 734.60	23 288.57	17 417.90	13 835.63
存货/总资产	3.95%	5.37%	4.61%	4.38%
存货/流动资产	5.36%	6.78%	5.70%	5.46%
存货周转率	1.98	2.21	2.57	2.59
本期计提跌价准备数	3.35	5.47	3.28	1.32
跌价准备期末余额	17.77	13.83	8.37	5.09

在存货周转率方面，近 4 年呈现逐渐下降趋势，周转速度近年来维持在 2.0 左右，存货的流动性有待加强，资金利用效率变低。另外，HR 医药跌价准备的计提也一直保持在较低的水平，说明其对自身的产品比较有信心。

6.4　HR 医药财务分析

财务分析是以企业的财务报表等核算资料为基础，对财务活动的过程和结果进行研究和评价，以分析企业在生产经营过程中的利弊得失、财务状况及发展趋势的手段，财务分析可以帮助企业识别自身优势和劣势，为正确评价和改进财务管理工作，并为未来进行经济决策提供重要的财务信息。作为一个相对数指标，财务比率能消除公司规模的影响，可对规模各不相同的公司的收益以及风险进行对比，也可对特定时间节点内的不同的同行公司进行对比研究，对公司的债务偿还以及盈利能力等进行评估。

6.4.1　偿债能力分析

1. 偿债能力的历史纵向比较分析

（1）短期偿债能力。

流动比率、速动比率和现金比率作为企业的短期偿债能力指标，反映了企业以流动资产偿还流动负债的能力。如表6-7所示，HR医药2019年流动比率、速动比率和现金比率上涨明显高于以前年度，2020年三项指标回落，与以前年度又保持在相仿水平。总体来看，HR医药近4年短期偿债能力指标波动较小，流动比率保持在7.0以上，速动比率保持在6.6以上，现金比率保持在1.5~2.8之间。

表6-7　偿债能力指标历史纵向比较表

项目	2020年	2019年	2018年	2017年
流动比率	7.44	9.02	7.25	7.06
速动比率	6.97	8.37	6.83	6.67
现金比率	0.91	1.54	1.11	1.24
资产负债率（%）	11.35	9.50	11.46	11.62
权益乘数	1.13	1.16	1.13	1.13
产权比率	0.13	0.11	0.13	0.14

三项指标在4年间均处于较高水平，可见HR医药的短期负债水平较低，短期偿债能力极强；其次，HR医药的流动比率和速动比率差距很小，在0.5左右，可见其流动资产的变现能力较强；另外，HR医药的现金比率始终保持在1.5以上，2020年甚至高达2.86，且近三年来仍呈逐年上涨趋势，一方面说明企业持有较高水平的现金类资产，获现能力强，财务风险低，另一方面也说明企业现金营运能力尚有不足，现金类资产没有充分进行再投资，且根据年报，HR医药的流动资产中，其他流动资产主要以定期理财为主，这类资产等同于现金。综上，HR医药的偿债能力极强，但企业应在控制风险的前提下尽可能地优化资产结构，提升资产的盈利能力。

（2）长期偿债能力。

资产负债率和权益乘数可以反映企业的整体偿债能力。如表6-7所示，HR医药近4年资产负债率一直稳定在11%左右，相应地，其权益乘数也非常稳定，一直保持在1.1左右。整体来看，HR医药的负债经营策略是偏保守的，HR医药近5年的长、短期借款均为零，有息负债为零，表明其不会存在无法偿还利息的情况；其流动负债主要来源于应付票据、应付账款和应交税费等，非流动性负债只有18 998万元，表明其一直保有充裕的现金流，长期偿债能力非常强。

2. 偿债能力的同行业横向比较分析

（1）短期偿债能力。

如表6-8所示流动比率、速动比率和现金比率主要用于衡量企业短期偿债能力的强弱，一般情况下，该比值越高，表明企业的资产变现能力越强，短期偿债能力也更好。HR医药的商业模式比较简单，以高附加值的医药制造及销售为主，企业资产中流动资产占比超过80%，因此，此三项指标在三家企业中是最高的，且远高于其他两家企业，说明其短期偿债负担很轻，短期偿债能力强，安全性较高。如表6-8所示，华润三九的短期偿债能力指标介于HR医药和复星医药之间，流动比率和速动比率均高于1，现金比率为0.52；而复星医药的三个指标与行业其他竞争对手相比较低，速动比率和现金比率均低于1，现金比率只有0.4，说明其流动资产的变现能力较弱，短期偿债能力相比略逊一筹，流动性可能会出现问题。

表6-8　偿债能力指标同行业比较表

项目	HR医药	复星医药	华润三九
流动比率	7.44	1.01	1.50
速动比率	6.97	0.80	1.26
现金比率	2.86	0.40	0.52
资产负债率（%）	11.35	45.05	36.12
权益乘数	1.13	1.82	1.57

（2）长期偿债能力

资产负债率和权益乘数反映了企业的长期偿债能力，从企业披露的年度报告中可以看出，HR医药没有有息负债，近年的财务费用均为负数，因此，该两项指标在三家企业中都是最小的，资产负债率的安全系数非常高。作为一家以创新驱动，高研发投入，高经营风险的企业，选择保守的债务政策有其合理的一面。而复星医药及华润三九因为发展模式的不同，均有较大的负债规模，资产负债率均较高，但是还在相对安全的范围。

6.4.2　盈利能力分析

1. 盈利能力的历史纵向比较分析

（1）销售毛利率。

如表6-9所示，HR医药的销售毛利率在近4年呈现稳中有升的趋势，虽然2018年略有下降，但是仍然保持非常高的水平。从企业披露的2020年年度报告可知，企业三类主要产品（抗肿瘤、麻醉、造影剂）的毛利率均超过72%，其中抗肿瘤及麻醉药物的毛利率分别高达93.35%和90.34%，均较上年略有上升，这两类产品贡献了主营业务收入的71.92%，而HR医药其他产品的毛利率也高达78.49%，说明HR医药充分发挥了自身的优势，在创新研发、生产各环节赚取了大量超额利润。

表6-9　盈利能力指标历史纵向比较表

报告日期	2017年	2018年	2019年	2020年
销售毛利率（%）	87.93	87.49	86.6	86.63

续表

报告日期	2017 年	2018 年	2019 年	2020 年
销售净利率（%）	22.75	22.87	23.32	23.8
总资产净利率（%）	20.26	21.34	20.1	20.35
净资产收益率（加权）（%）	22.51	24.02	23.6	23.28

（2）营业利润率。

从表 6-9 中可以看出，HR 医药的营业利润率近 4 年来略有下降，但仍然比较稳定，始终保持在 25% 以上，说明 HR 医药的盈利能力比较稳定且优秀，但是与其高达 85% 以上的销售毛利率相比还是逊色不少，主要是企业的营业费用占比较高如图 6-1。HR 医药的年度报告显示，2020 年 HR 医药的销售费用占营业收入的比例为 35.35%，其中学术推广、创新药专业化平台建设等市场费用占 2020 年 HR 医药销售费用的 56.97%，说明 HR 医药的产品在销售端还是面临比较大的竞争压力，如抗肿瘤类药物，虽然已经做到国内领先水平，但是不仅要面临跨国大药企的竞争，还由于产品依赖专业医生，必须举办大量的学术培训，付出高额的销售费用，挤压营业利润。同时，2020 年，企业继续加大对研发的投入，当年研发费用 26.7 亿，同比增长高达 28%。另外，管理费用较上年增长 36.83%，研发及管理费用的高增长吞噬了当年的营业利润，但是也为企业贯彻落实"科技创新"战略和长远发展打下了坚实基础。

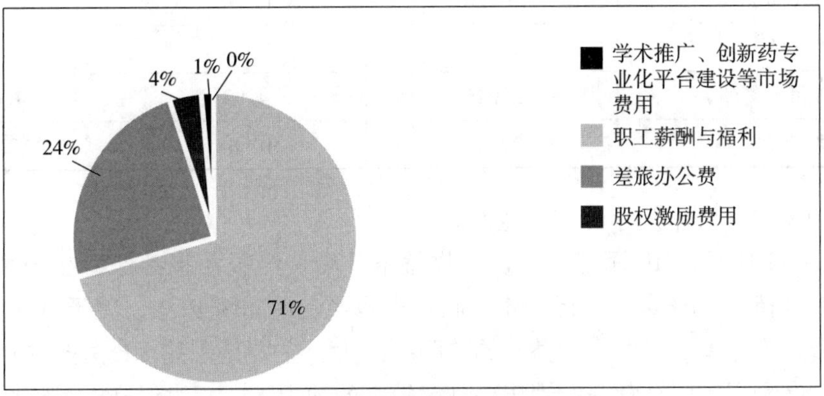

图 6-1　HR 医药 2020 年销售费用构成

如表 6-10 所示，HR 医药的销售费用随其营业收入的增长而增长，但是与营业收入的比率却逐年下降，相反地，研发费用大幅增长的同时，其与营业收入的比率也大幅增长，可见 HR 医药对研发投入的重视和走科技创新之路的决心。另外，销售与研发费用的比率从 2017 年的 2.95 降低至 2020 年的 1.97，这个指标的变化也可以看出 HR 医药从传统的靠大力投入销售费用赢得市场，逐渐向通过科技创新靠产品竞争力赢得市场的转型过程。也正是大规模的研发费用投入，支撑 HR 医药从创新初期的"me-too-me-better"，逐步走向源头创新。可以说 HR 医药过去 4 年执行的"科技创新"战略是非常成功的，企业已经成长为研发创新生物医药的标杆企业。

表 6-10 销售、研发费用历史纵向比较表

项目	2020 年	2019 年	2018 年	2017 年
销售费用（亿元）	98.03	85.25	64.64	51.89
销售费用/营业收入	35.35%	36.61%	37.11%	37.50%
研发费用（亿元）	49.88	38.96	26.70	17.59
研发费用/营业收入	17.98%	16.73%	15.33%	12.71%
销售费用/研发费用	1.97	2.19	2.42	2.95

（3）销售净利率。

如表 6-11 所示，HR 医药的销售净利率与销售毛利率和营业利润率一样，保持了比较稳定的趋势，且与营业利润率差距不大，说明 HR 医药的营业外收支规模较小，企业的盈利能力突出。另外，企业在保持稳定的销售净利率的同时，经营活动中产生的现金流量净额仍然总体呈增长趋势，说明企业的盈利是有现金收入作为保障的，质量较高。

表 6-11 盈利能力指标同业横向比较表

项目	HR 医药	复星医药	华润三九
销售毛利率（%）	87.93	55.68	62.46
营业利润率（%）	25.26	15.58	15.18
销售净利率（%）	22.75	13.00	11.86
总资产净利润率（%）	20.26	4.93	7.68
净资产收益率（%）	22.51	10.84	12.06

（4）总资产净利率及净资产收益率。

如表 6-11 所示，HR 医药的总资产收益率及净资产收益率都保持在较高水平，总资产收益率保持在 20% 以上，而净资产收益率也稳定在 22% 以上，属于行业较高水平。另外，净资产收益率与总资产收益率的差距并不大，主要是因为 HR 医药的负债水平较低，企业没有利用负债经营，在销售净利率较高的前提下，相对保守的策略，可能失去一些机会。

2. 盈利能力的同行业横向比较分析

（1）销售毛利率。

销售毛利率反映商品经过企业内部生产转换系统后增值的那部分，是企业净利润的基础。如表 6-11 所示，HR 医药的销售毛利率是三家企业中最高的，且大幅领先于其他两家企业，从细分产品来看，HR 医药的三类主要产品（抗肿瘤、麻醉、造影剂）的毛利率均超过 70%，其中抗肿瘤药物的毛利率高达 90%，而复星医药的制药业务的毛利率只有 61%，较去年有所下降，系抗感染和中枢神经系统等领域的注射剂产品销量下降，主要是单位固定成本上升所致。华润三九的医药行业的毛利率与复星医药相近，在 64% 左右，都远低于复星医药的销售毛利率，说明 HR 医药的产品有非常强大的市场

竞争力，也充分反映了 HR 医药“科技创新”战略下高研发投入带来的高附加值的产品，HR 医药的战略在财务数据上得到了充分的体现。

（2）营业利润率。

营业利润率可以综合反映一个企业的营业效率及盈利能力。据表 6-12 可知，HR 医药的营业利润率是三家企业中最高的，但是领先的幅度与销售毛利率相比大幅缩小，说明 HR 医药的营业费用可能比其他两家企业要高，根据三家企业公布的年报数据，2020 年 HR 医药的销售费用占营业收入的比例为 35.35%，有很大的优化空间，研发投入为 49.88 亿元，占营业收入的比例为 17.98%，而同期复星医药为 9.22%，华润三九仅占 3.37%。HR 医药大幅领先于同行的研发投入，挤占了很大一部分营业利润，但是也为企业的未来发展夯实了基础。

表 6-12　销售、研发费用同行业横向比较表

项目	HR 医药	复星医药	华润三九
销售费用（亿元）	98.03	84.64	50.15
销售费用/营业收入	35.35%	27.93%	36.78%
研发费用（亿元）	49.88	27.95	4.60
研发费用/营业收入	17.98%	9.22%	3.37%
销售费用/研发费用	1.97	3.03	10.91

（3）销售净利率。

销售净利率反映净利润占销售收入的百分比，如表 6-11 所示，HR 医药的销售净利率是三家企业中最高的，虽然近年来进一步缩窄了领先水平，但是 22.75% 的销售净利率已经几乎是同业中其他竞争对手的 2 倍之多了，可见 HR 医药的盈利能力非常优秀。

（4）总资产净利率及净资产收益率 ROE。

如表 6-12 所示，HR 医药的总资产净利率及净资产收益率均为三家企业中最高，2020 年总资产净利率达到 20.26%，净资产收益率达到 22.51%，均大幅领先其他两家企业。主要原因是，HR 医药重视科技创新，通过高额的研发投入，获取有市场竞争力的高附加值创新产品，获得超额回报。华润三九的规模远不及复星医药，但总资产净利率和净资产收益率均高于复星医药，主要是由于复星医药不断通过并购做大企业规模，并购后的整合需要花费大量的人财物力，且高额的负债也吞噬了部分利润。总的来说，HR 医药的资产负债率较低，没有有息负债，净资产占比高，用较小规模的总资产，创造了与复星医药相当的净利润，投入产出水平非常高，资产营运效率和企业管理水平都很高。

6.4.2　营运能力分析

1. 营运能力历史纵向比较分析

（1）存货周转率及周转天数。

如表 6－13 所示，HR 医药的存货周转率近 4 年总体保持比较稳定，但是整体呈下降趋势，从 2017 年的 2.59 逐年提升到 2020 年的 1.98，而对应的存货周转天数也略有增长，说明 HR 医药的存货周转速度逐渐变慢，存货的占用水平变高，流动性变低，存货的管理效率变低，HR 医药应通过梳理生产环节，不断优化生产流程，同时应加强对生产及销售过程的管理，减小存货规模，提升存货周转效率。

表 6－13　营运能力指标历史纵向分析比较表

项目	2020 年	2019 年	2018 年	2017 年
存货周转率（次）	1.98	2.21	2.57	2.59
存货周转天数（天）	181.95	162.97	140.35	138.79
应收账款周转率（次）	5.56	5.37	5.00	5.02
应收账款周转天数（天）	64.77	67.08	71.94	71.73
流动资产周转率（次）	1.10	1.15	1.07	1.07
固定资产周转率（次）	9.53	9.56	8.05	7.53
总资产周转率（次）	0.89	0.93	0.86	0.85

（2）应收账款周转率及周转天数。

如表 6－13 所示，HR 医药的应收账款周转率在过去 4 年整体保持上升趋势，从 2017 年的 5.02 上升至 2020 年的 5.56，对应的应收账款周转天数则逐年下降。在营业收入保持高速增长，应收账款规模也大幅上升的同时，通过销售模式改革，推进分线销售改革，转变营销模式，使得营业收入的增长速度远高于应收账款的增长速度，逐步提升应收账款的周转效率，说明 HR 医药的增长还是有质量的。

（3）流动资产周转率。

如表 6－13 所示，HR 医药的流动资产周转率在近 4 年虽有波动但整体呈上升趋势。根据 HR 医药 2020 年年报，企业的流动资产在企业的总资产中占比较大，超过 80%，而流动资产中比例最大的为货币资金和交易性金融资产，而交易性金融资产中理财产品占到 96%，可见货币资金与理财产品合计占流动资产的 60% 左右。这表明企业的资金较为充沛，但是利用效率低下，企业应该在保证资产安全的情况下，加强对流动资产的管理，达到资金利用效率得以提升，企业的营运能力不断增强的目的。

（4）固定资产周转率及总资产周转率。

如表 6－13 所示，HR 医药固定资产周转率在过去 4 年也是整体保持上升趋势，从 2017 年的 7.53 提升至 2020 年的 9.53，说明企业在做大营业收入的同时，也注重优化对固定资产的管理，实现了规模效应，提升了固定资产的经济效益。总资产周转率虽有波动，但整体呈上升趋势，2020 年 HR 医药的总资产周转率较上年有所下降，主要原因是 2020 年企业的总资产增长幅度超过了营业收入的增长幅度，因此 HR 医药对资产及负债的营运能力还有提升的空间，可以通过提高总资产的周转率，进一步提升企业的营运能力。

2. 营运能力同行业横向比较分析

（1）存货周转率与存货周转天数。

如表6-14所示，HR医药存货周转率最低，复星医药次之，华润三九最高。这与三家企业的经营模式有很大关系，根据HR医药近4年年报可知，其平均存货逐年上升，这是由于HR医药的主要收入来自于对公立医院销售创新药及仿制药，需要一定的库存支持。复星医药除了医药制造与研发，还有医疗服务及医药分销业务可以提供充足的现金流，因此平均存货保持了较低水平。华润三九主要生产中成药，其存货周转率保持了较高水平，可见其存货占用较低，存货管理水平在同行业中处于较高水平。

表6-14　营运能力指标同业横向比较表

项目	HR医药	复星医药	华润三九
存货周转率（次）	1.98	2.95	3.21
存货周转天数（天）	181.95	122.00	112.30
应收账款周转率（次）	5.56	6.79	4.76
应收账款周转天数（天）	64.77	53.05	75.64
流动资产周转率（次）	1.10	1.33	1.29
固定资产周转率（次）	9.53	3.90	4.04
总资产周转率（次）	0.89	0.38	0.65

（2）应收账款周转率与周转天数。

如表6-14所示，2020年HR医药的应收账款周转率为5.56，处于三家企业中的平均水平，复星医药的应收账款周转率最高，为6.79，华润三九的应收账款周转率最低，为4.76。三家企业不同的销售模式及客户结构决定了应收账款的周转效率，复星医药的医药分销及医疗诊断业务，可以快速回收现金，减少应收账款。HR医药的主要客户是公立医院，信用优良，议价能力较强，因此HR医药的应收账款周转率在三家企业中较低，应收账款周转天数较长，其应收账款管理能力有待加强，尽管公立医院的信用优良，但需要加强销售管理，尽可能压缩应收账款回收周期，降低应收账款损失风险。

（3）流动资产周转率。

如表6-14所示，HR医药的流动资产周转率为1.10，在三家企业中最低，这个数值相对于作为轻资产的HR医药来说，也是比较低的，主要原因是企业的流动资产中有大量的理财产品，现金及理财产品的规模占流动资产的比例达到60%，极大地降低了流动资产的周转效率。

（4）固定资产周转率及总资产周转率。

如表6-14所示，HR医药的固定资产周转率和总资产周转率要远优于其他两家企业，这也与HR医药的发展战略相符合，HR医药深入实施“科技创新”发展战略，坚持高水平的研发投入，并且将所有的研发投入费用化。因此，HR医药虽然在流动资产管理方面比其他两家企业要弱，但是在固定资产和总资产的管理方面还是有较高水平的，其固定资产及总资产的营运能力应处于行业领先水平。

6.4.3 成长能力分析

1. 成长能力的历史纵向比较分析

（1）营业收入增长率。

如表6－15所示，HR医药的营业收入增长率在2017—2019年呈上升趋势，但在2020年由于疫情影响，收入增长率出现下降。2017年，艾瑞昔布和阿帕替尼列入国家医保目录，2018年，抗肿瘤药物的营业收入的增长幅度为29.23%，营业收入达到74亿元，得益于该药物销量的高速增长。抗肿瘤药物营业收入2017—2019年来3年增长幅度接近100%。另外，麻醉药物和造影剂的营业额增长幅度也较大，上述三类产品的营收贡献了企业大部分的营收。

表6－15 成长能力的历史纵向比较表

项目	2020年	2019年	2018年	2017年
主营业务收入增长率（%）	19.09	33.7	25.89	24.72
净利润增长率（%）	18.44	31.16	23.33	25.01
净资产增长率（%）	23.46	25.96	24.18	23.84
总资产增长率（%）	26.03	23.23	23.96	25.88

（2）净利润增长率。

如表6－15所示，HR医药的净利润增长率在2017—2019年也是保持持续增长的趋势，2020年由于疫情，出现了下降，得益于企业三个主要产品超过70%甚至个别品种高达90%以上的毛利率，HR医药过去4年的净利润增幅达将近100%，说明HR医药的盈利能力强，且持续性好，成长性也强。

（3）总资产增长率及净资产增长率。

如表6－15所示，HR医药的总资产增长率及净资产增长率几乎保持同步高速增长，这和企业的财务战略有很大关系，HR医药一直是低负债运营，净资产与总资产的差别并不大，因为负债影响的净利润也很小，所以净资产与总资产保持同步的高速增长，公司资本规模获得快速增长，企业也快速做大做强。

2. 成长能力的同行业横向比较分析

（1）营业收入增长率。

从三家企业披露的2020年年度报告可知，HR医药的营业收入增长主要来自于医药制造业务的增长，其中，抗肿瘤产品的营业收入较上年增长44.37%，占总营业收入超过50%，远高于企业整体的营业收入增长率；造影剂和其他产品较上年分别增长12.4%和4.78%，这两类业务的营收占比约为29%。复星医药的营收增长主要来自于医疗器械与医学诊断行业，其制药行业的营业收入占总营业收入90%以上，但营业收入增长率只有0.52%，系2020年其抗感染和中枢神经系统等领域的注射剂产品销量下降所致。华润三九的营业收入2020年出现了负增长，系抗感染业务受疫情及集采等政策影响收入下滑所致。如表6－16所示，HR医药的营业收入增长率最高，尽管有疫情影响，在其他药企营业收入增长不甚理想的情况下，其营业收入仍然保持了19%的增长率，说明企业在保持主要产品（抗肿瘤及麻醉药物）增长的同时，也在发掘新的增长点，而造影剂的快速增长为企业保持高速成长提供了有力的支持。

表6-16　成长能力指标同行业横向比较表

项目	HR医药	复星医药	华润三九
主营业务收入增长率（%）	19.09	6.02	-7.24
净利润增长率（%）	18.44	5.25	-24.38
净资产增长率（%）	23.46	17.29	9.14
总资产增长率（%）	26.03	9.94	9.48

（2）净利润增长率。

如表6-16所示，HR医药的净利润增长率在三家企业中最高，是复星医药的3倍多，同时其净利润增长率与营业收入增长率几乎实现了同步增长，说明企业在控制各种费用、成本的能力不错，而复星医药的净利润增长率与主营业务增长率相近，其控制成本费用的能力也较为不错。而华润三九的净利润增长率为-24%，而其营业收入增长率为-7%，可见其成本费用控制能力较差，且其年报显示公司的持续经营能力存在不确定性。

（3）总资产增长率及净资产增长率。

如表6-16所示，三家企业中，HR医药的总资产增长率和净资产增长率均最高，且其采取了较为保守的负债策略，说明其资本规模的扩张速度非常理想且安全。而复兴医药以较低的总资产增长率实现了较高的净资产增长率，主要由于之前复星医药采用了较为激进的发展策略，负债规模较大，而2020年其净资产增长率远高于其总资产增长率，可见其负债水平较往年有所下降，财务风险相对下降。

6.4.4　现金流量分析

1. 现金流量的历史纵向对比分析

如表6-17所示，HR医药经营活动产生的现金流量净额，在2017—2020年期间，一直保持稳定上升的趋势，在2020年略有下降，HR医药2020年年报显示，其当年的营业收入仍有19%的增长，但是营业成本的增幅更大，达到31.8%，消耗了更多的现金，使得现金流量净额同比下降。企业在面临越来越激烈的市场竞争时，更应该重视该现象。值得肯定的是，HR医药一直深入实施“科技创新”战略，每年坚持大额的研发投入，而且在2020年，更是大力引进高素质人员，研发投入同比增长28%以上，尽管短期内受疫情影响HR医药的经营活动现金流量出现了下降，但从长远来看，企业的科技创新战略将为企业带来更为蓬勃的生机。

表 6-17　现金流量指标历史纵向比较表　　单位：万元

项目	2020 年	2019 年	2018 年	2017 年
经营活动产生的现金流量净额	343 193.00	381 683.00	277 421.00	254 739.00
投资活动产生的现金流量净额	179 783.00	-194 544.00	-285 551.00	-337 556.00
筹资活动产生的现金流量净额	29 119.00	-71 851.00	-36 839.00	21 954.00
现金的期末余额	1 046 279.00	503 092.00	386 573.00	426 163.00
现金及现金等价物的净增加额	543 187.00	116 519.00	-39 590.00	-65 052.00

HR 医药投资活动产生的现金流量净额，在近 2017—2019 年一直为负数，说明投资产生的现金一直在流出，但流出额持续下降，在 2020 年 HR 医药投资活动产生的现金流量净额转正。企业在高速发展中，一方面依靠自身的研发，有优秀的产品做支撑，另一方面，也需要通过投资并购布局更广阔的产品线，因此，在一段时间内，投资活动产生的现金净流出是正常现象，但是企业在投资活动中也应该保持谨慎，重视投资项目现金流量指标。

HR 医药筹资活动产生的现金流在近 4 年中，2018—2019 年为负数，说明企业开展经营活动带来了非常充足的现金流量，企业不必过多筹资即可补充企业现金流。而企业筹资活动现金的流出，大部分是因为分红，给予股东回报造成的。当然，因为保守的负债经营策略，可能会让企业失去一些好的并购机会，错失通过并购优秀的企业迅速做大做强的时机。在 2020 年 HR 医药由于筹资活动产生的现金净流量出现了少量净流入，且现金净流入的主要原因是吸收投资，可见企业近年来也在吸收投资以便再投资，以获取利润。

2. 现金流量的同行业横向对比分析

正常情况下由于企业规模不同，根据绝对指标直接进行比较是不合适的，但 HR 医药和复星医药在总资产水平和收入水平表现相当，因此可以将二者进行比较。如表 6-18 所示，HR 医药经营活动产生的现金流量净额最多，由于其财务策略是偏保守的，经营活动有很好的现金流入，而投资和筹资活动较不活跃，现金流量较小。复星医药经营活动产生的现金流量净额也较为可观，且其筹资活动产生的净现金流量和投资活动产生的现金流量净额（净流出）也明显大于其他两家企业，复星医药是三家企业中唯一一家当年现金净额下降的企业，主要是因为当年投资活动中购入了大量的固定资产、无形资产等长期资产，这和其发展模式有关系，复星医药近年以投资并购为主，迅速做大企业规模。

表 6-18　现金流量指标同行业横向比较表　　单位：万元

项目	HR 医药	复星医药	华润三九
经营活动产生的现金流量净额	343 193	257 977	222 398
投资活动产生的现金流量净额	179 783	-470 623	-65 934
筹资活动产生的现金流量净额	29 119	146 713	-146 860
现金的期末余额	1 046 279	732 488	297 865
现金及现金等价物的净增加额	543 187	-95 949	9 092

6.5　HR 医药前景分析

6.5.1　医药制造行业前景分析

中国医药制造行业从初期劳动密集型已逐步过渡到技术密集型的崭新阶段，医药企业在仿制药、创新药等研产方面发展迅速，抬升整体产业空间。同时，医药企业的研发投入的持续增加，高质量仿制药、创新药物在药品市场中的占比提高，反哺医药企业获利，形成相互促进的生态闭环，推动医药产业持续升级。

如今我国医药行业政策环境较为完善，并且政府关注肿瘤、罕见病等适应症领域，鼓励药企创新，行业呈现蓬勃发展的趋势，但医药企业仍应关注政策风险、研发风险及市场风险，现阶段下政策风险适中，研发风险较大，市场风险较小。

6.5.2　HR 医药经营风险及战略对策分析

1. 经营风险预测

（1）创新的风险。

医药行业在进行创新的过程中，体现出了风险高、周期长、投入大等多种特征，一个全新结构的原创新药结构研发，需要经历临床前研究、临床开发、取得监管机构批准及实现商业化等过程，产品从投入研发到最终上市要经历十年甚至更长时间，在此过程中任何技术失误、决策偏差等，都会对创新成果产生不同程度的影响。就资金投入而言，2020 年，HR 医药研发投入为 49.88 亿，同比增长 28%，占营业收入的比例为 17.98%，而同期复星医药为 9.22%，华润三九仅为 3.37%；尽管研发投入巨大，为企业的项目创新以及研发新药提供了有力支持，然而它也增加了因公司研发投入过大而导致的创新风险。从产品研发上来说，目前 HR 医药公司有 50 余个创新药处于研发阶段，因此也面临着较高的创新风险。同时，HR 医药目前的营收及利润规模与国际巨头相比还有差距，如果后续因为行业政策或其他因素导致公司毛利率下降，可能无法支撑如此之多的研发项目。

（2）药品招标政策和市场风险。

医药工业政策环境日趋完善，我国陆续出台了最低价联动、二次议价等政策，针对于仿制药、注射剂等所开展的集中采购将帮助行业出清，促进企业良性竞争，但必然将降低企业盈利空间。针对以上风险，公司要持续建设和改进自己的创新机制，促进资源的优化配置，增加资源投入，加快培养以及引进领军人才，有效开发，科学立项，保障按照相关要求稳步推进重点研究项目、促使其按计划上市。

（3）质量控制风险。

国家颁布和实施了新修订后的《国家药典》、GMP 标准、仿制药一致性评价办法以及注册审评新规等，这些新规定、新制度以及新标准，更严格地规定了国内企业从自研药品到最终上市的诸多环节，就整个流程的药品质量控制论述了新的管理要求。这就要求 HR 医药公司要协调好质量、生产、临床以及研究等多个机构之间的工作衔接，借助企业的信息系统，有效全面地落实新规定的各个要求，为药品质量提供保证。要坚持“质量第一”的企业生产经营理念，加大软件、硬件投入，尽可能让本企业的主力医药品种都能够获得主流欧美国家的相关认证，让仿制药切实获得同类进口产品的质量和品质，能够和世界知名企业的产品同台竞争。

2. 战略对策建议

（1）以务实谨慎的思路贯彻实施“科技创新”战略。

结合医药行业创新风险高、周期长、投入大的特点，在研发药品品类的选择上，HR 医药应以务实谨慎的思路，重点投资一线以及二线方面的肿瘤化疗用药，这些药品的适应症囊括了肠癌、胃癌、乳腺癌、肺癌等绝大多数高发癌种，如多西他赛、奥沙利铂等都是国内首仿品种。另外，跟随国际主流靶点，HR 医药要通过 me - better 策略，开发多条抗肿瘤创新药研发管线，涉及免疫疗法、靶向药、化疗等多重组合。针对麻醉药政策壁垒高，竞争者少而降价风险小，研发需求较小，患者价格不敏感等特性，HR 医药应根据欧美麻醉用药成熟的市场结构，选择欧美市场占比靠前、药效好、市场潜力发展大的各小类优势独特品种来布局麻醉药市场，如顺阿曲库铵、七氟烷、右美托咪定三者为 HR 麻醉线三大现金流品种，实现市占率在 2020 年提升至 65%、95%、60%。

另一方面，HR 医药需要加速创新转型，积极防御仿制药带量采购的影响。首批“4 + 7”城市已试点带量采购政策，入选品种报价降幅明显，未来仿制药降价趋势不可逆，唯有创新才是出路。公司核心仿制药品种均为注射剂，在一致性评价进程中要晚于固体口服制剂；因此，可以认为仿制药带量采购对公司影响比其他企业延迟 1—2 年，而未来 2 年公司创新药即将从数量和销售额上快速崛起，快速实现仿制向创新的战略转型，将有效抵御仿制药降价带量采购对公司收入和业绩造成的负面影响。

（2）加强销售费用管控，提升营运管理能力。

销售费用在 HR 医药总费用中占比最高，近 5 年销售费用与营业收入的占比基本上维持在 36 左右，虽然销售研发费用比从 2017 年的 2.95 不断下降至 2020 年的 1.97，降幅明显，但是 HR 医药仍然需要注意成本、费用的控制，创新销售模式，通过创新研发逐步提升产品竞争力，从过往通过销售驱动增长转变为创新驱动为主。其次，HR 医药应当加强对应收账款、存货等科目的管理，提高营运管理能力，提升应收账款及存货的周转效率，提升营运效率。

（3）适度利用财务杠杆，通过并购迅速做大做强。

HR 医药近 4 年一直没有有息负债，财务策略极其保守，一直通过内生增长做大做强，目前已成长为国内最大的创新药研发制造企业，但是其营业收入、净利润、市值等方面与国际制药巨头相比，仍属于较低水平。国内宏观政策对国外创新药的审批在加速，对知识产权的保护将更加完善，这些将对国内药企造成更大的竞争压力。同时，资本市场上，科创板即将开闸，重点扶持包括生物医药在内的六大行业。HR 医药可以适度利用财务杠杆，对国内外具有医药自主创新能力及拥有知识产权的中小制药企业进行收购整合，迅速做大做强，确保在国内的行业领先地位。

（4）加快推进国际化战略。

推进“国际化”发展战略上，HR 医药可以从以下几方面开展：首先要做好“量”的工作，第一，已获得欧美国家的认证，以能够向世界先进水平国家出口这些制剂为重要突破口，增强我国制剂在世界市场中的销售；第二，要将世界市场中具有重大潜力的相关产品当作增长点，持续发掘更大的增长空间。其次，做好“质”的工作，一方面要稳步推动国产药品的海外认证，尽可能让企业的全部主力医药品种都通过欧盟认证或者美国 FDA 认证，为开拓海外市场打下良好基础；另一方面，稳步推动海外临床，在加大国内新药研发的前提下，优选潜力较大的医药产品到世界市场进行临床研究。

HR 医药必须站在全球化的宏观视角下，不断强化和世界性制药公司的合作以及交流，在海外逐步建构本企业的销售队伍，为实现本公司仿制药销售到世界各地奠定良好的基础，为促进公司专利药在世界范围内的销售积累更多经验，让本企业在全球生物医药的新一轮竞争中占据自己的一席之地。

第7章 中国第一窖
——基于哈佛分析框架的LZ老窖财务分析

自“八项规定”限制“三公”消费后，国家政策的引导使得白酒行业优势资源集中化，并逐渐淘汰落后产能，白酒企业从高产量取胜阶段向高质量管理阶段升级。LZ老窖股份公司在我国有着“中国第一窖”的美誉，品牌地位高，营业收入处于行业领先地位。本章以LZ老窖公司为案例，运用哈佛分析框架研究思路，从战略、会计、财务以及前景四个要素展开分析，并结合企业非财务信息，对白酒行业及公司战略进行综合分析研究，使利益相关者对企业财务状况及其发展趋势有所了解，为他们提供投资和决策等方面的重要参考。

7.1 白酒行业现状及LZ老窖基本概况

7.1.1 白酒行业发展现状

根据国家统计局、国家产业信息网等相关数据统计信息显示，从新中国建立至今白酒行业尤其是中高端白酒行业一直处于行业上升阶段，但其中也有着几次较为明显的增速放缓。截至2012年底，中国白酒产量1 153.16万吨。然而自2012年下半年以来，由于限制“三公消费”政策趋严以及禁酒令等的影响，中高端白酒市场出现大幅度萎缩。

从近年来白酒行业各项指标变化情况来看，该行业目前正在向衰退期迈进。产业衰退期一般表现为行业发展速度缓慢、厂商数量逐渐减少、市场需求逐步萎缩、生产工艺技术成熟等特点。从图7-1可以清楚地看到，2018年我国白酒企业数量首次出现大幅下降，2018年较上年减少148家。图7-2反映了近年来我国规模以上白酒企业销售收入情况，由该图数据可以看出，自2016年起白酒整体销售收入逐年大幅下降，近两年其同比增长率皆为负值。图7-3为2014—2018年我国白酒行业整体产量情况图，由该图可知，我国白酒行业整体产量从2016年起一路下跌，同比增长率从2015年的4.43%飞速下降至2018年的-27.28%，全国白酒产量快速降低。由此可见，上述三项指标数值皆于2018年跌至谷底。

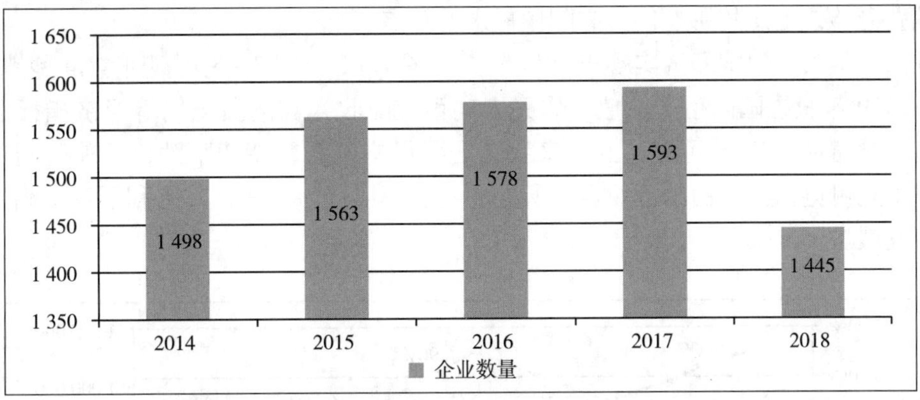

图 7-1　我国 2014—2018 年规模以上白酒企业数量

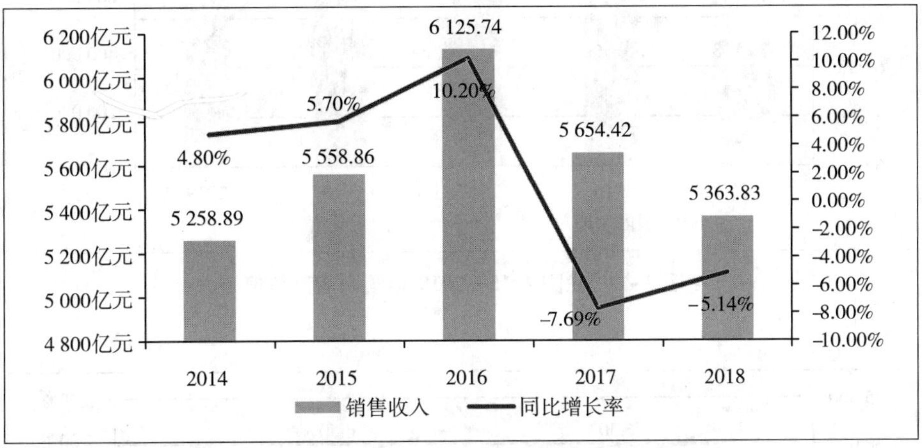

图 7-2　我国 2014—2018 年规模以上白酒销售情况

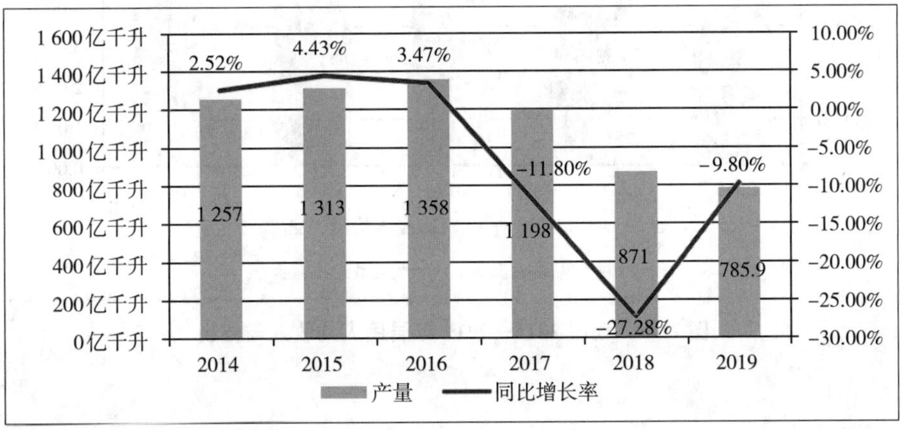

图 7-3　我国 2014—2018 年白酒产量情况

由此可见，我国白酒行业正逐步迈向衰退期。总的来说，白酒行业虽然结束了“量价齐升”的黄金发展期，近十年的高速增长终结，全行业进入了结构化调整期，但白酒大众消费受传统理念的影响仍具有刚性需求的特点。

近二十年来，中国经济实现高速发展。从图 7-4 与图 7-5 可以非常清楚地看到，2015—2019 年我国国内生产总值、居民人均可支配收入与消费支出等经济指标逐年稳步提高；同时从图 7-6 可知，五年来我国居民恩格尔系数持续下跌，目前已到达富足状态。由此可见，我国白酒行业目前所处的经济环境较为良好，其有利于我国酒类企业的生产发展。

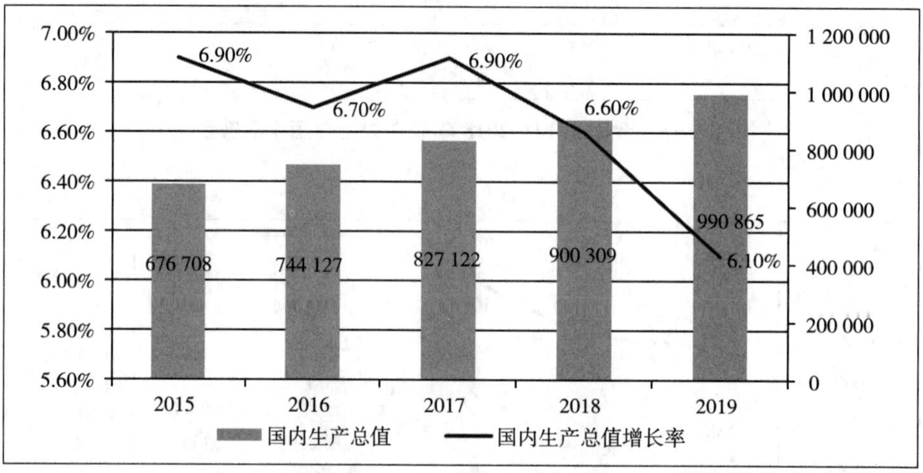

图 7-4　我国 2015—2019 年国内生产总值

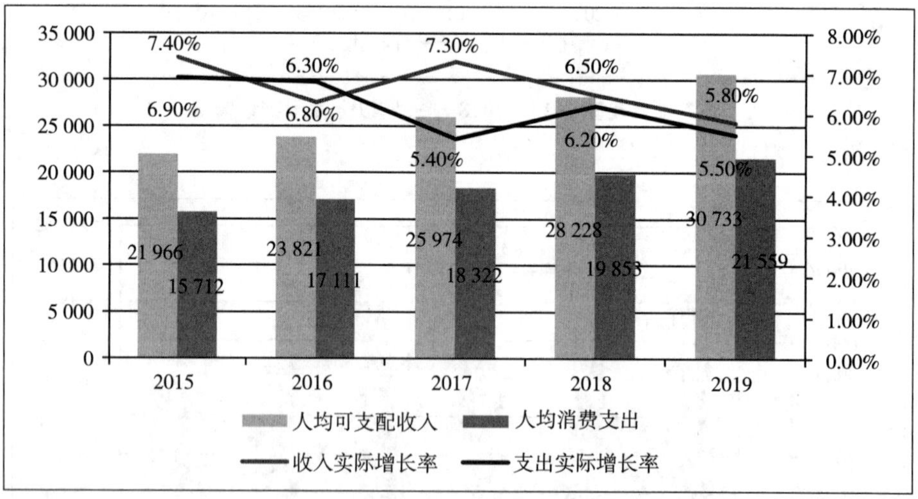

图 7-5　我国 2015—2019 年居民人均收入与支出

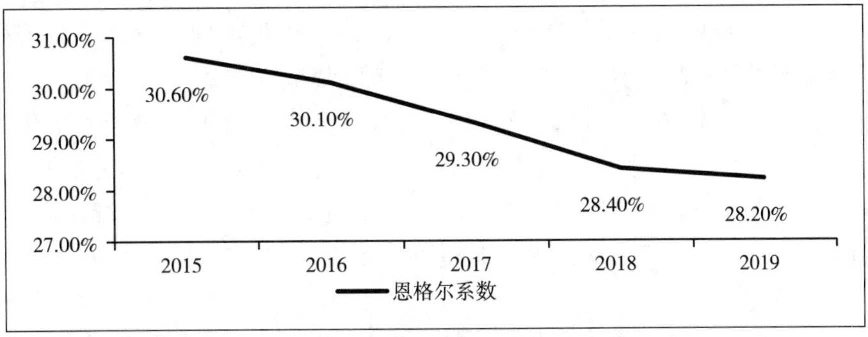

图7-6　我国2015—2018年居民恩格尔系数

从消费环境看，广大人民群众的养生保健意识逐步提高，节约型社会构建下新的节约式消费观念日益盛行，原来酒类产品的消费群体日渐老龄化导致流失风险加剧，传统的酒类产品难以吸引新兴的年轻消费群体。从行业自身看，白酒行业经过十多年的飞速发展，在各个环节都积累了许多纷繁复杂的不足和危机。

自2012年政府开始实施三公禁令并提倡健康安全饮酒后，我国居民消费观念及高档白酒的消费主体产生了巨大转变。表7-1为2012—2018年我国高端白酒消费结构变化表，由表可知，从2012年到2018年我国高档白酒的政务消费和商务消费分别从40%与42%下降到5%与30%，而个人消费由原来的18%飞跃至65%。由此可见，若外部因素无重大改变，未来我国高档白酒的销售主流仍将是个人消费与商务消费。

表7-1　2012—2018年我国高端白酒消费结构变化表

消费结构	政务消费	商务消费	个人消费
2012	40%	42%	18%
2015	5%	50%	45%
2018	5%	30%	65%

7.1.2　LZ老窖基本概况

LZ老窖股份有限公司正式成立于1994年，前身为由酿酒作坊统一与地方国有酒厂合并而成的LZ老窖酒厂。

LZ老窖作为我国大型国有控股上市企业，截至2019年底，其总资产为289.2亿元。公司现有职工3 228人，其中酿酒专家95名，在培的博士后、评酒委员等技能型人才数百人。LZ老窖拥有100多条生产线，以及国内最先进的自动化酿酒设备和白酒罐装设备，其百年历史的老窖池共1 619口居全国之首，三个全长十里的天然藏酒洞常年恒温，可藏酒万吨，还保留了16家修建于明清时期的古酿酒作坊。由百年窖池所酿造的国窖1573系列产品闻名全国，是浓香型白酒的先驱。依靠过硬的品质和优秀的品牌信誉，LZ老窖荣获国家名酒称号、国际食品博览会金奖等荣誉，“国窖牌”商标享誉国内外。

在发展过程中，80 年代是 LZ 老窖的鼎盛时期，产量和销量均居行业之首。90 年代 LZ 老窖在同行都涨价的情况下，因坚持不涨价战略而错失高端品牌市场发展机遇，被随后的名酒及新秀所超越，到 90 年末期行业排名已跌至第六。

2000 年推出高端酒国窖 1573，帮助 LZ 老窖品牌回暖。前期经营确立的优势和广受好评的新产品，为 LZ 老窖在行业内重新崛起奠定了基础。但与茅台和五粮液显而易见的差距，以及新秀洋河股份在短期内快速壮大，使 LZ 老窖只能居于行业第四的位置。再创新的巅峰，占据行业前三的位置，缩短目标完成过程所耗费的时间，皆是 LZ 老窖当前发展的重要考量。

近年来，LZ 老窖成功构建了“双品牌、三品系、五大单品”为品牌体系。国窖 1573 稳居中国三大超高端白酒品牌之一；LZ 老窖特曲“浓香正宗、中国味道”以及窖龄酒“商务精英用酒”的品牌地位深入人心；头曲和二曲按照“大众消费品牌”的定位，正迅速将公司的品牌影响力向深层次、大范围市场传播；养生酒和创新酒类品牌破茧而出，打开了 LZ 老窖长远发展的新天地。

从表 7-2 可知，LZ 老窖的产品分为 LZ 老窖、国窖 1573 和老泸州 3 大品牌，品牌旗下又分为特曲、紫砂和百年等 8 大系列。单品方面，国窖 1573、窖龄、特曲、头曲和二曲 5 大单品为企业力推。从整体来看，国窖 1573 品牌的产品在顶部，LZ 老窖品牌的产品处于腰部中级，老泸州品牌的产品处于底层。从高档产品到低档产品按金字塔分级排列，实现高、中、低档产品业务共同发展，对未涉及的空白消费市场全面覆盖。

表 7-2　LZ 老窖各档产品价格带划分表

<table>
<tr><th>LZ 老窖</th><th>产品品牌</th><th>代表单品及产品定位</th><th>目标市场及消费人群</th><th>价格区间</th></tr>
<tr><td>高档</td><td>国窖 1573 品牌</td><td>国窖 1573 系列国酒</td><td>奢侈品市场
社会精英和成功人士</td><td>900 元以上</td></tr>
<tr><td>中高档</td><td rowspan="2">LZ 老窖品牌</td><td>窖龄省酒</td><td>中高端及中端市场</td><td rowspan="2">200～900 元</td></tr>
<tr><td>中档</td><td>特曲市酒</td><td>青年商务人群</td></tr>
<tr><td>中低档</td><td rowspan="2">老泸州品牌</td><td>头曲乡镇酒</td><td>中低端及低端市场</td><td rowspan="2">40～200 元</td></tr>
<tr><td>低档</td><td>二曲村酒</td><td>普通工薪和弱势群体</td></tr>
</table>

LZ 老窖本着“城以酒兴，酒以城名”的传承精神，秉持“卓越品质，源于坚持”的质量把控精神，在“天地同酿，人间共生”的企业哲学下，公司坚持以“全心全意酿酒、一心一意奉献”为宗旨，敬人敬业，创新卓越，努力实现市场占有领先、公司治理领先、品牌文化领先、质量技术领先、人才资源领先，为客户提供优质的服务，把 LZ 老窖建成全球酒类市场中的航空母舰，形成融入经济全球化的大型现代企业，追求“在中国灿烂名酒文化熏陶中，全人类共享幸福美满的生活”。

中国白酒走出国门，源于 1915 年在美国旧金山举行的世博会，LZ 老窖特曲荣获“巴拿马万国博览会金奖”。1952 年，第一次全国评酒会上，LZ 老窖被评为首届中国四大名酒，并成为蝉联历届“中国名酒”的浓香型白酒。始建于明代万历年间的 1573 国宝窖池群，1996 年 12 月经国务院批准成为行业首家“全国重点文物保护单位”，2013

年 3 月，LZ 老窖 1619 口百年以上酿酒窖池、16 个酿酒古作坊及三大天然藏酒洞，一并入选“全国重点文物保护单位”，成为行业规模大、品种多、保护完整、连续使用至今的“酿酒活态文物”。2006 年、2012 年相继入选《中国世界文化遗产预备名单》；另外，自元代传承至今的“LZ 老窖酒传统酿制技艺”于 2006 年 5 月入选首批“国家非物质文化遗产名录”。

7.2　LZ 老窖财务分析

7.2.1　LZ 老窖会计分析

1. LZ 老窖关键资产信息

对于 LZ 老窖公司资产质量的分析，主要是基于公司资产的账面价值，与其变现价值量或潜在价值量之间的差异分析。在 LZ 老窖的资产结构分析中，主要是就各种资产形式对于总资产的比重进行分析，在本章对于 LZ 老窖公司资产结构分析的过程中，主要就关键资产进行分析，截至 2018 年底，LZ 老窖的净资产约为 1 712.42 亿，同比增长了 11.83%，而企业总资产则拥有 226.05 亿元人民币。

从表 7－3 资产结构数据表格中可以看出，LZ 老窖的现金类资产相对较多，占比已超 40%，这也说明，在 LZ 老窖的资产结构中，拥有较多的可利用资金。而应收票据和存货资产也较多，总计占比接近 25%，这也体现出 LZ 老窖的酒类产品在市场的销售资产中占比较大，无论是已经出售的应收票据，还是未出售的存货，对于 LZ 老窖的资产结构调整均至关重要，是 LZ 老窖总资产的重要组成部分。

表 7－3　LZ 老窖 2018 年资产结构占比数据表

类别	金额（亿元）	占总资产比例
现金	93.67	41.44%
应收票据	23.99	10.61%
其他应收款	1.67	0.74%
存货	32.30	14.29%
可供出售金融资产	2.76	1.22%
长期股权投资	20.91	9.25%
固定资产	10.30	4.56%
在建工程	30.00	13.27%
无形资产	2.32	1.03%

从表 7－4 的现金流数据表格中可以看出，在 2016 年，LZ 老窖公司的经营现金流达

到了26.25亿元，而2015年的经营现金流仅仅1.5亿，增幅较大，但是，在2016年，LZ老窖的投资和筹资活动现金流为负数，处于流出状态，这和前几年的情况相似，从2015年开始，LZ老窖的投资现金流均处于流出状态；筹资活动也仅有2017年处于流入状态。

表7-4　LZ老窖2015—2018年现金流量数据表　　单位：亿元

类别	2018	2017	2016	2015
销售商品、提供劳务收到的现金	148.28	124	78.95	63.08
收到的其他与经营活动有关的现金	4.83	1.26	1.83	3.16
经营活动现金流入小计	153.17	369.34	80.82	66.24
购买商品、接受劳务支付的现金	38.27	16.17	18.13	42.59
支付给职工以及为职工支付的现金	5.69	4.04	2.85	2.29
支付的各项税费	35.45	25.45	20.91	12.35
支付的其他与经营活动有关的现金	30.78	15.96	12.69	7.48
经营活动现金流出小计	10.19	89.72	54.57	64.71
经营活动产生的现金流量净额	42.98	36.93	26.25	1.53
取得投资收益所收到的现金	0.19	1.01	0.09	0.03
投资活动现金流入小计	0.2	0.3	0.11	0.1
投资活动现金流出小计	14.85	14.27	2.48	1.2
投资活动产生的现金流量净额	-14.65	-13.96	-2.36	-1.1
分配股利、利润或偿付利息所支付的现金	19.12	13.87	11.75	12.14
筹资活动现金流出小计	19.21	16.32	11.75	12.14
筹资活动产生的现金流量净额	-19.17	13.26	-11.69	-11.91
汇率变动对现金及现金的等价物的影响	0	-15.02	0	0
现金及现金等价物净增加额	9.17	36.23	12.19	-11.48
期初现金及现金等价物余额	84.49	12.8	35.46	46.88
期末现金及现金等价物余额	93.66	48.03	47.65	35.39

而从表7-5的LZ老窖公司现金流资产占比数据表格中可以看到，在2015年，除现金流资产占比低于30%以外，其他年份现金流资产占比均较高，在2018年甚至达到了54.25%，这也在一定程度上反映出LZ老窖公司在2018年所收获的现金资产较多，市场反馈较好。

表7-5 LZ老窖2015—2018年资产现金流资产占比数据表 单位：亿元

时间	2018	2017	2016	2015
现金流资产总计	122.64	49.12	47.65	35.39
资产总计	226.05	197.56	139.66	131.82
占比	54.25%	36.56%	34.12%	26.85%

2. 重要项目质量分析

货币资金的运用质量，是强调企业可以通过使用货币资金实现资金规模与实际需求之间的平衡。货币资金周转率是企业有关货币资金的实际使用效率，反映企业对货币资金运用能力的高低，对保持适度货币资金规模产生重要影响。LZ老窖近五年的货币资金规模和周转次数分别见表7-6和表7-7：

表7-6 LZ老窖2015—2019年货币资金规模分析 单位：亿元

项目	2015年	2016年	2017年	2018年	2019年
货币资金	35.40	48.26	84.50	93.67	97.54
营业收入	69.00	83.04	103.95	130.55	158.17
总资产	131.82	139.66	197.56	226.05	289.20
占营业收入比例	51.30%	58.12%	81.29%	71.75%	61.67%
占总资产比例	26.85%	34.56%	42.77%	41.44%	33.73%

表7-7 LZ老窖2015—2019年货币资金周转分析 单位：亿元

项目	2015年	2016年	2017年	2018年	2019年
每期收到的销货款	69.00	86.27	103.95	130.55	158.17
期初货币资金结存	47.10	35.46	48.26	84.50	93.67
货币资金周转率	1.47	2.43	2.15	1.55	1.69

结合表7-6和表7-7发现，近五年间LZ老窖货币资金的数量逐年增长，但货币资金周转率在2016年达到最高值后整体呈现下降趋势。此阶段LZ老窖虽然拥有上涨的货币资金，但是资金的流转速度变慢，资金周转水平下降。2019年LZ老窖通过技改推动、人才引进等措施，最大化合理利用闲置资金，加速对资金的周转，货币资金周转率略有提高，此时货币资金的持有量较之前更合理。但整体来看，企业的货币资金运用质量较差，资金规模大于日常需求。

7.2.2 LZ老窖财务分析

1. 基础财务数据表

LZ老窖的盈利质量主要是指企业会计收益所表达的与企业经济价值有关信息的可靠程度。这些企业收益可以是指企业实际获得的收入与利润，也可以是企业财务报表中的数据。高质量的收益体现在所披露的报表收益数据对企业过去、现在的经济成果描述可以有较高的可信度，并且对企业未来的经济前景预测具有可靠性，反之，则是低质量的盈利质量。在分析的过程中，根据 LZ 老窖的经营活动现金流入量与企业销售收入、净利润等之间的关系，来揭示企业的经营水平。

根据表 7-8 的盈利数据统计表，可以看出，虽然 LZ 老窖受行业宏观面影响波动非常大，但是自 2015 年以来 LZ 老窖在营业收入和净利润方面迎来了持续增长，营业收入从 2015 年低谷时期的 69.00 亿上涨至 2019 年的 158.17 亿元，净利润更是从 2015 年的 15.51 亿上涨至 2019 年的 46.42 亿元。此外还可以看出，LZ 老窖在 2019 年的营业总成本达到了 99.23 亿元，超出营业收入的 50%，但是在 2015 年的营业总成本就达到了 52.65 亿元，结合图 2-1 可以看出，LZ 老窖近几年来虽然营业成本增长较快，与营业收入的增长基本趋同，但是净利润的迅猛增长也不容小觑，短短五年实现了翻三番。因此可以看出，与 2015 年相比，2019 年时，LZ 老窖在获取相同利润时付出的成本反而更小，这表明 LZ 老窖的盈利能力不断提高，利润与成本之比在 2015 年之后也变得更大。

表 7-8　LZ 老窖 2015—2019 年盈利数据统计表　　单位：亿元

类别	2015	2016	2017	2018	2019
营业收入	69	83.04	103.95	130.55	158.17
营业总成本	52.65	59.89	71.28	85.02	99.23
营业成本	34.92	31.2	29.18	29.34	30.65
销售费用	8.74	15.39	24.12	33.93	41.86
管理费用	4.39	5.44	5.69	7.22	8.29
财务费用	-0.58	-0.59	-1.07	-2.15	-2.05
资产减值损失	0.01	0.01	0.44	0.02	0
投资收益	2.98	2.25	1.38	0.98	1.55
营业利润	19.34	25.4	34.28	46.77	61.19
利润总额	19.67	25.3	34.34	46.59	61.04
净利润	15.51	19.5	25.57	35.1	46.42
少数股东权益	0.78	0.22	0.44	1.6	1.48
其他综合收益	2.12	-0.48	-0.51	-0.34	0.25
综合收益总额	17.63	19.02	25.52	34.76	46.67
基本每股收益（元/股）	1.050 4	1.375	1.415	2.38	3.17

通过对图 7-7 中收入与成本要素变动的分析，发现 LZ 老窖近五年的营业收入与营业成本呈相反变动态势，营业收入持续增长而营业成本波动下降。结合资产负债表相关信息可知，2019 年存货量最高时营业成本较 2015 年有所下降，可以判断 LZ 老窖存货的积压是导致营业成本减少的重要因素。对费用要素变动的分析，发现其中销售费用的变化最大，主要是进行赞助和大型推广活动导致广告宣传费大幅增长，而存货积压下仓

储量的增加是导致管理费用呈上升趋势的重要因素。财务费用始终为负数，在于 LZ 老窖将 98% 以上总额接近百亿元的货币资金存入银行，巨额利息收入足够抵消因办理手续及进行汇兑等产生的费用和损失。对资产减值损失和投资收益项目变动的分析，发现资产减值损失自 2016 年以来持续下降，2018 年为负值，这是由于转销应收账款的坏账损失收回导致，2019 年账面无余额，是由于未发生资产减值损失、存货跌价等不利情况，说明 LZ 老窖资产的质量逐步提高。投资收益持续下行，是由于近几年金融市场的行情并不乐观，所投资的华西证券自营传统业务受限、业绩表现不佳所致。

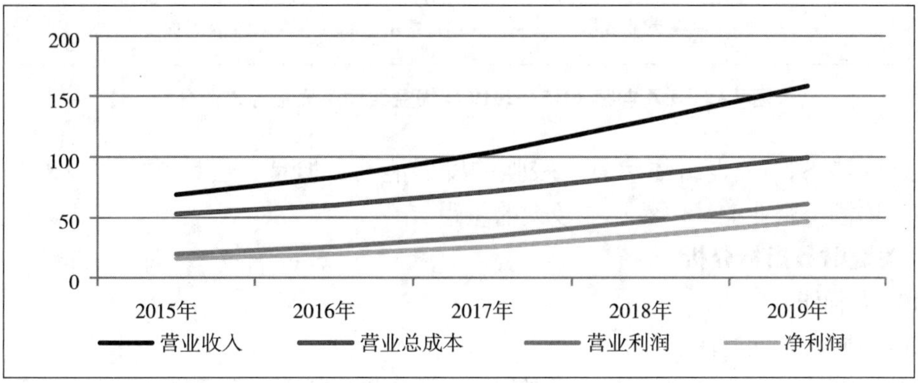

图 7-7　LZ 老窖 2015—2017 年主要盈利数据走向分析

这种数据现象也反映出 LZ 老窖公司的白酒产品业务在市场上受到了其他因素的较大冲击，特别是 2012 年客观政策环境变化后，对于 LZ 老窖白酒产品中的国窖 1573 等高端白酒产品影响较大。但是，在经历了 2014 年的低谷之后，2015 年开始，随着我国白酒产品市场回归稳定与理性，LZ 老窖的公司利润表现也在逐步上涨回升之中，公司股价也开始回升，虽然与 2012 相比，仍然差距较大，但从盈利数据的变化趋势上也可以看出，在经历了 2013 年、2014 年的低谷之后，公司的发展在转向更好、更加稳定理性的一面，这对于泸州老窖公司的健康可持续发展是相对有利的。

成本要素和费用要素中，占收入比重最大的三项为营业成本、销售费用、税金及附加，也就是说这三项的增减对企业利润的影响最为显著。从图 7-8 中可以看出，销售费用占收入的比例不断上升，意味着 LZ 老窖在此方面的管控能力有待加强。营业利润、利润总额占比逐渐接近 40%，净利润接近 30%，结合表 7-8 中每股收益指标大幅上升，说明企业具备较强的持续创造收入的能力，具有良好的利润状况。

LZ 老窖公司作为拥有较为深厚的历史底蕴以及较高的品牌信誉度的白酒类企业，虽然在 2012 年之后处于客观政策的管控下，使得企业的白酒产品在市场上受到了一定程度的冲击与考验。但是，从对 LZ 老窖的会计分析可以看出，企业根据国家各项会计准则的变更与调整，也在及时地对企业自身的会计准则与政策进行调整，并通过董事会进行公布。从企业会计信息上来看，LZ 老窖公司于 2015 年所公布的会计数据呈现好转的趋势，近几年来会计数据存在持续好转的趋势。无论是企业资产结构，还是企业现金资产占比，均处于较为良好可控的状态，对于股权、证券的投资管理也较为健康。从会计盈利质量的数据反映来看，LZ 老窖公司在 2019 年净利润已经突破 45 亿元大关，在

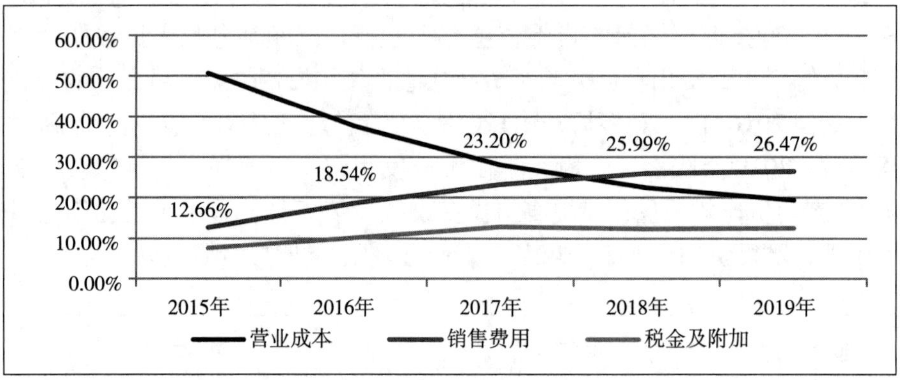

图 7-8 LZ 老窖 2015—2019 年损益结构主要指标走向分析

新的经济形势下，LZ 老窖依然具有较强的发展能力，但是，会计数据也反映与茅台、五粮液这些酒类企业业绩依然存在较大的差距。

2. 关键财务指标分析

（1）盈利能力分析。

①盈利能力纵向对比。

盈利能力是指企业通过投资、营销和资本运作等经济行为，获取更多收益额及更高收益水平的能力，是维持企业和谐运行的内在动力。反映 LZ 老窖近五年盈利能力的主要财务指标及其变化分别如表 7-9 以及图 7-9 所示：

表 7-9 LZ 老窖 2015—2019 年主要盈利能力指标分析

项目	2015 年	2016 年	2017 年	2018 年	2019 年
销售净利率（%）	22.47	23.48	25.03	26.89	29.35
销售毛利率（%）	49.4	62.43	71.93	77.53	80.62
资产净利率（%）	11.77	14.52	15.57	16.57	18.02
净资产收益率（%）	14.33	17.48	16.86	20.55	23.92

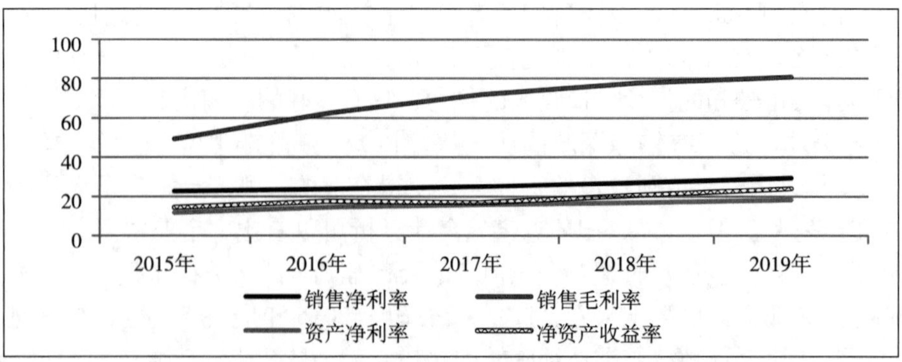

图 7-9 LZ 老窖 2015—2019 年盈利能力指标走势图

由表7-9中的数据和图7-9可知，LZ老窖的四项盈利能力指标中，仅净资产收益率在2017年略有下降，其余三项指标均呈逐年稳定上升趋势。其中毛利率增长最为迅速，近5年增幅达63.20%，说明LZ老窖主营获利能力稳定增强，主要受益于主打强势单品“国窖1573”和紧随知名企业提价步伐的策略。销售净利率的提升说明企业的经营效率在持续改善，但极高的销售费用和生产端上消费税的增加，综合拉低了销售净利润的增速。净资产收益率整体上行，表明固有资本的增值力较稳定，企业回报投资者的能力有所提升。

总的来说，LZ老窖的盈利能力维持稳定，资产和资本创造的利润不断增多，产生的高额毛利能保证后续的费用支出，有利于持续保持较高的利润率，从而实现良性循环。

②盈利能力横向对比。

为了确认LZ老窖产品的市场竞争地位，判断资产与资本最终盈利的质量，接着进行同期同行可比公司间的盈利能力对比。结合表7-10和图7-10进行分析，发现LZ老窖的销售毛利率仅次于贵州茅台一家，说明LZ老窖的产品在竞争中相对更具有优势。与之相关的销售净利率却在同期比较中是最低的，其原因是LZ老窖加大品牌和渠道建设进行高费用投入期间费用合计占比远大于其他企业。资产净利率仅高于洋河股份，说明LZ老窖资产运用的效果和效益相对不佳，产出效率和成本费用的控制都需进一步提升。净资产收益率大于洋河股份和五粮液，在于LZ老窖的负债比率更大，同时坚持高分红策略降低了净资产规模，说明LZ老窖在各类经营活动的投入资本管理上相对更为有效。

表7-10　2019年LZ老窖、贵州茅台、五粮液以及洋河股份主要盈利能力指标分析表

项目	LZ老窖	贵州茅台	五粮液	洋河股份
销售净利率（%）	29.35	51.47	35.83	31.94
销售毛利率（%）	80.62	91.3	74.53	71.35
资产净利率（%）	18.02	25.65	18.94	14.34
净资产收益率（%）	23.92	30.3	18.11	20.22

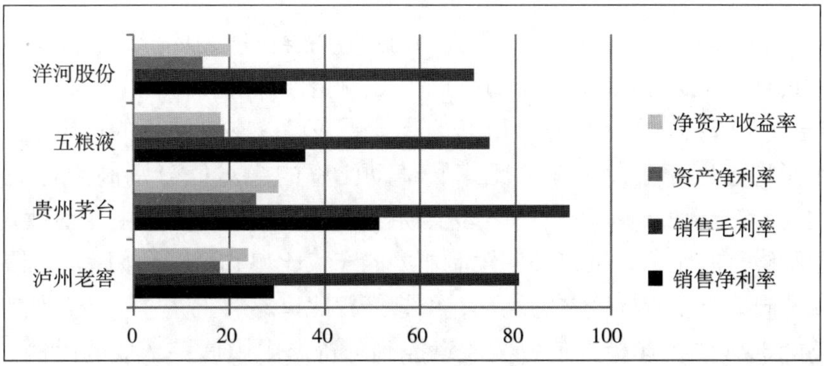

图7-10　2019年LZ老窖、贵州茅台、五粮液以及洋河股份盈利水平对比图

综合来看，LZ 老窖的盈利能力处于行业中上水平，大部分盈利能力指标在同业对比中处于优势地位，虽与贵州茅台仍有一定的差距，但 LZ 老窖的长期可挖掘潜力和上升空间较大，指标会逐渐向其靠拢。

（2）偿债能力分析。

①偿债能力纵向对比。

偿债能力是指以一年的到期时间为界限来衡量债务的性质，将其划分为长期性和短期性的两类负债，企业可以无压力按时连本带息清偿各项债务的保证程度。LZ 老窖近五年反映偿债能力的主要财务指标和指标变化情况分别如表 7-11 以及图 7-11 所示：

表 7-11　LZ 老窖 2015—2019 年主要偿债能力指标分析

项目	2015 年	2016 年	2017 年	2018 年	2019 年
流动比率	3.45	3.93	3.27	2.86	2.4
速动比率	2.4	2.92	2.62	2.26	1.87
现金比率	1.3	1.93	1.93	1.73	1.44
产权比率	0.26	0.22	0.29	0.32	0.35
资产负债率（%）	21.39	18.64	22.49	24.25	32.38

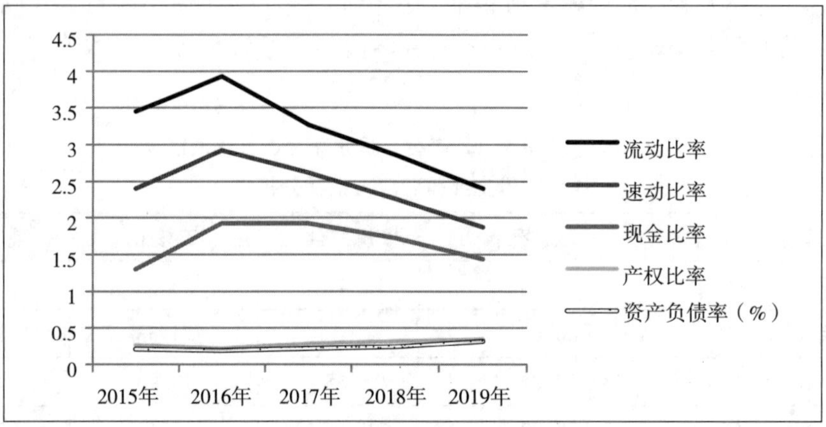

图 7-11　LZ 老窖 2015—2019 年偿债能力指标走势图

由表 7-11 中的数据和图 7-11 可知。反映短期偿债能力的流动比率、速动比率和现金比率，具有先上升后持续下降的相同点。现金比率 2019 年的降幅比上年扩大了 6.4%，结合货币资金的变化来看，虽然拥有了更多可以支付使用的资金量，但流动负债增多导致了现金比率下降。流动比率和速动比率的绝对值分别高于行业标准 2.0、1.0，代表至少有一半的流动资产可以为偿债提供保证，并且资产中变现性更强的部分能够支撑即时偿付的压力。反映长期偿债能力的产权比率和资产负债率，则具有先下降后持续上升的同一点。股权资本的增加，引起产权比率略有上升。资产负债率的提高逐步接近并高于 30% 的行业标准值，要注意控制总资产中由债务形成的比例，可能削弱长期债务安全偿付的资产保障性。

总的来说，LZ 老窖的偿债能力较为稳定，其中偿还流动负债的能力很强，有比较好的资产保障，短期财务风险较低，但长期偿债能力较前两年有所下降。

②偿债能力纵向对比。

为了衡量 LZ 老窖的偿债能力在行业中的水平，接着进行同期同行可比公司间的偿债能力对比。结合表 7 - 12 和图 7 - 12 分析发现，LZ 老窖的流动比率和速动比率均低于贵州茅台和五粮液，说明其在即期偿债安全性方面相对较弱，LZ 老窖应更全面地加强管控存货与应收账款的周转。现金比率偏高意味着 LZ 老窖相对有更多的资金来偿还债务。产权比率低于五粮液和洋河股份两家，资产负债率这一指标是最高的，这意味着 LZ 老窖对长期债务偿还的能力最低。综合来看，LZ 老窖的短期偿债能力与同业相比处于中下水平，长期偿债能力处于劣势地位。

表 7－12　2019 年 LZ 老窖、贵州茅台、五粮液和洋河股份主要偿债能力指标分析

项目	LZ 老窖	贵州茅台	五粮液	洋河股份
流动比率	2. 4	3. 87	3. 22	2. 29
速动比率	1. 87	3. 25	2. 75	1. 41
现金比率	1. 44	0. 32	2. 11	0. 26
产权比率	0. 35	0. 29	0. 41	0. 45
资产负债率（%）	32. 38	22. 49	28. 48	31. 73

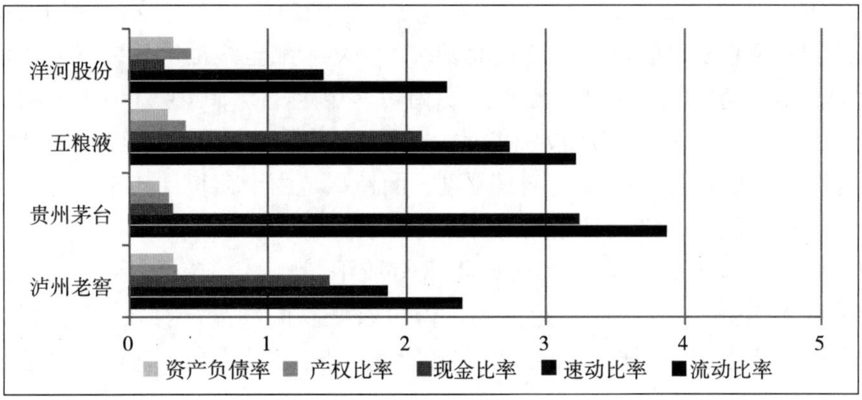

图 7－12　2019 年 LZ 老窖、贵州茅台、五粮液和洋河股份偿债水平对比图

（3）营运能力分析。

①营运能力纵向对比。

营运能力是指企业通过规划配置已有资源，花费最少时间，对最多资产进行周转的能力。它包含了在经营中创造财富的重大意义，并可以体现和反映到盈利能力与偿债能力上。LZ 老窖近五年反映营运能力的主要财务指标和指标变化情况分别如表 7 - 13 以及图 7 - 13 所示：

表 7-13　LZ 老窖 2015—2019 年营运能力指标分析

项目	2015 年	2016 年	2017 年	2018 年	2019 年
应收账款周转率	815.05	1 029.95	1 745.93	1 423.51	1 105.01
存货周转率	1.23	1.17	1.1	0.97	0.89
流动资产周转率	0.72	0.87	0.87	0.88	0.99
总资产周转率	0.52	0.62	0.62	0.62	0.61

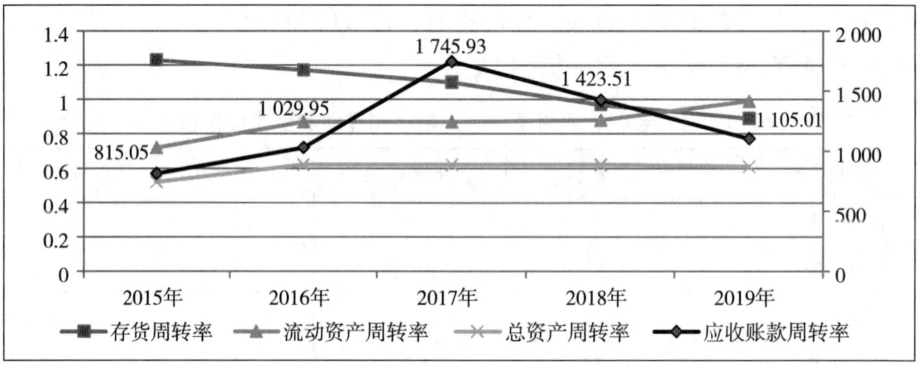

图 7-13　LZ 老窖 2015—2019 年营运能力指标走势图

由表 7-13 和图 7-13 可知，LZ 老窖的应收账款周转率呈现冲高回落趋势。这与 LZ 老窖既定的应收账款管理政策调整有关，放松赊销信用允许分期或延后付款，使得应收账款的回收期加长，收款速度变慢而多次宣布对产品全线提价最终导致了消费量减少，存货周转率呈持续下降趋势。流动资产周转率稳定上升，意味着 LZ 老窖流动资产的合理利用水平不断提高，资产投资的效益在逐步增强。总资产周转率上升后持续持平，上升是由应收账款周转率的高增长驱动，而持平是由于存货周转率和应收账款周转率的下降，不能用流动资产周转率的上升来弥补。

总的来说，LZ 老窖的营运能力在近年来有所下滑。虽然流动性资产的变现加快，能在一定程度上增强 LZ 老窖的营运能力，但应收账款的回流与存货的流通速度放缓，需要增加更多资金去促进周转，并且总资产循环使用的速度不高，使得整体营运能力被削弱。

②营运能力横向对比分析。

为了判断泸州老窖在行业内的资产管理水平，以及相关管理对于资产结构优化的贡献程度，接着进行同期同行可比公司间的营运能力对比。

从表 7-14 和图 7-14 可以看出，LZ 老窖的应收账款周转率低于洋河股份，在于 LZ 老窖的赊销力度和规模都更大。结合图 7-13 发现，五粮液的存货周转率最大，其次是 LZ 老窖，说明 LZ 老窖对从采购到销售的全过程控制较为高效，存货的回收期更短。流动资产和总资产的周转率远高于其他三家，一是由于 LZ 老窖存货的变现速度相对较快，在流动资产中的占用水平相对较低。二是 LZ 老窖对于其他资产的利用率较高。说明 LZ 老窖运用资产获取收益的能力更强。

综合来看，LZ 老窖的营运能力处于行业先进水平，相关指标显示超高或领先多数企业，在相对优良的资产管理水平下，资产结构更趋合理，但赊销减库存的方式可能不利于企业的收益和经营质量。

2019 年 LZ 老窖同业营运能力的对比如表 7-14、图 7-14 和图 7-15 所示：

表 7-14　2019 年 LZ 老窖、贵州茅台、五粮液和洋河股份主要营运能力指标分析

项目	LZ 老窖	贵州茅台	五粮液	洋河股份
应收账款周转率	1105.01	—	382.9	2151.31
存货周转率	0.89	0.31	1.01	0.47
流动资产周转率	0.99	0.57	0.57	0.63
总资产周转率	0.61	0.52	0.52	0.45

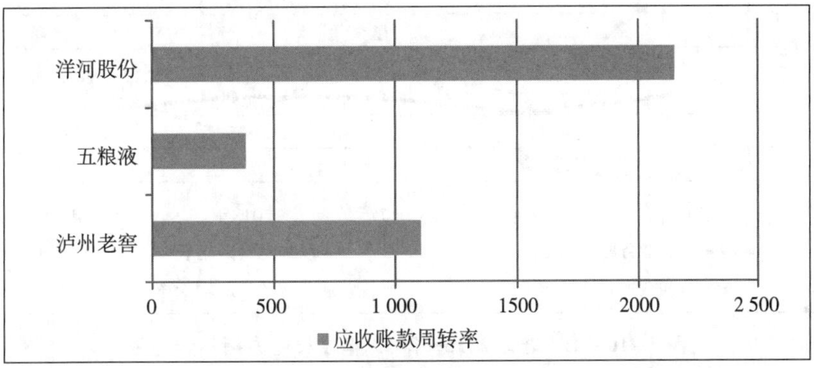

图 7-14　2019 年 LZ 老窖、五粮液和洋河股份应收账款周转率对比图

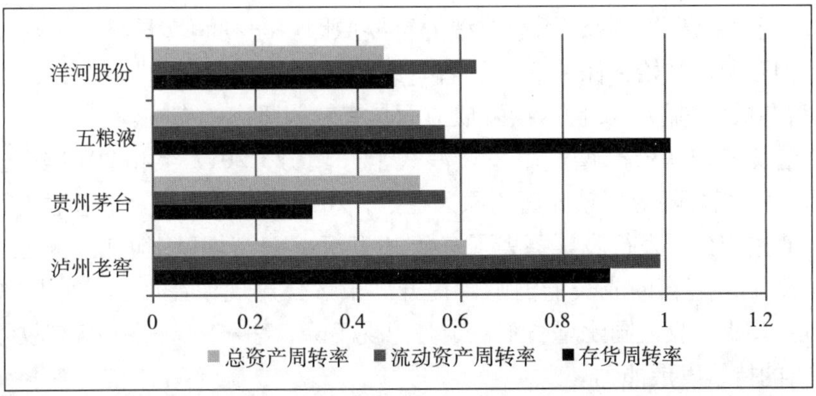

图 7-15　2019 年 LZ 老窖、贵州茅台、五粮液和洋河股份营运水平对比图

（4）发展能力分析。

①发展能力纵向对比。

成长能力是指企业拥有资源的发展潜力，包括资产规模未来的扩张、经营业务未来

的拓展和利润资本未来的积累，所反映的实现价值是企业未来商业价值的体现。LZ 老窖最近 5 年反映成长能力的主要财务指标和指标变化情况分别如表 7 - 15、图 7 - 16 所示：

表 7-15　LZ 老窖 2015—2019 年主要成长能力指标分析

项目	2015 年	2016 年	2017 年	2018 年	2019 年
主营业务收入增长率	25.89	20.35	25.18	25.6	21.15
总资产增长率	0.08	3.74	44.48	14.42	27.94
净利润增长率	58.87	25.73	33.46	34.91	32.24
净资产增长率	5.81	7.36	37.65	11.83	14.19

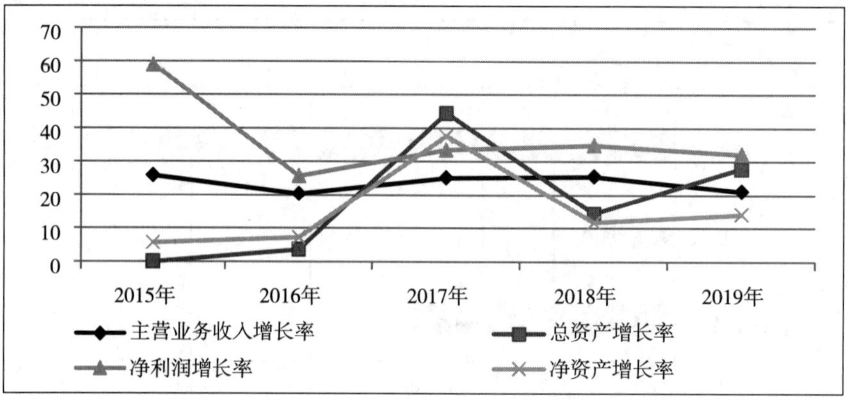

图 7-16　LZ 老窖 2015—2019 年成长能力指标走势图

由表 7 - 15 和图 7 - 16 可知，LZ 老窖主营业务收入增长率总体保持波动下降态势。行业周期性变化逐渐从“牛市”步入“慢牛行情”，高端酒需求略有放缓以及中端酒明显乏力是 LZ 老窖主营业务收入增速放缓的重要原因。净利润增长率与主营业务收入增长率的变化相匹配，并始终保持高于后者，说明产品盈利带来的收入远大于整体成本，表明 LZ 老窖在抵御风险、实现永续发展方面具有较为坚实的支柱。

总资产增长率和净资产增长率呈波浪式上升趋势，2017 年和 2019 年出现两次峰值。2018 年两项指标降幅均较显著的原因在于，2017 年 LZ 老窖为对窖池进行一期酿酒工程技改，通过非公开发行股票募集了资金 30 亿元，资产规模出现较大幅度扩大。

总的来说，LZ 老窖的成长能力亟待提升。虽然公司规模在加速扩张显现出强劲的生命力，但主营业务收入同比增长不稳定且出现下降，净利润增长率略有收缩，相应削弱了 LZ 老窖的持续发展能力。

②成长能力横向对比。

为了判别处于高速增长阶段的 LZ 老窖在未来的成长水平，包括发展空间的大小、可能面临的竞争壁垒以及资产结构弹性的高低，接着进行同期同行可比公司间的成长能力对比。

由表 7 - 16 和图 7 - 17 可知，LZ 老窖的主营业务收入增长率仅低于五粮液一家，说明 LZ 老窖产品在市场中适销对路，受到消费者肯定，产品被淘汰的可能性小。总资产增长率在同业比较中最高，但由于负债总量增加导致净资产增长率较低。净利润增长率同样超过其他三家企业，是由于产品全线提价情况下毛利提升所致。

综合来看，LZ 老窖的成长能力处于行业中上水平。由于茅台酒供给紧张，LZ 老窖将承接其高端白酒的部分需求溢出，主营业务收入增长率将进一步提高。反映了 LZ 老窖具有较高的长期投资价值。

2019 年 LZ 老窖同业成长能力的对比如表 7 - 16 和图 7 - 17 所示：

表 7-16　2019 年 LZ 老窖、贵州茅台、五粮液和洋河股份营运能力指标分析

项目	LZ 老窖	贵州茅台	五粮液	洋河股份
主营业务收入增长率	21.15	16.01	25.2	-4.28
总资产增长率	27.94	14.51	23.58	7.85
净利润增长率	32.24	16.23	29.84	-8.99
净资产增长率	14.19	20.84	16.86	8.53

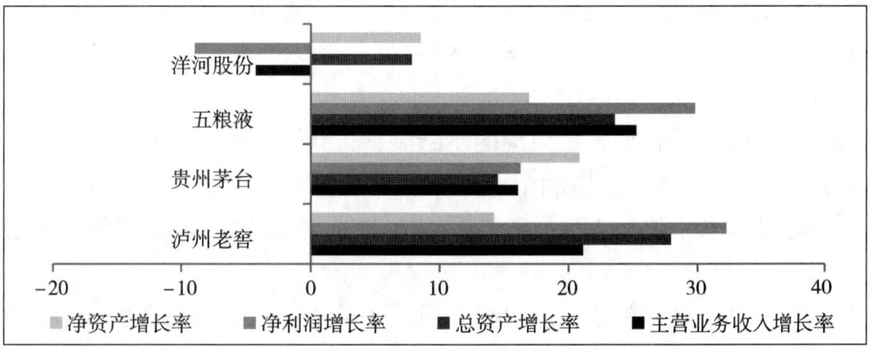

图 7-17　2019 年 LZ 老窖、贵州茅台、五粮液和洋河股份发展水平对比图

7.3　LZ 老窖发展战略及前景分析

7.3.1　LZ 老窖战略分析

1. 外部环境 PEST 分析

PEST 分析法是企业市场营销战略中对外部环境进行分析的基本理论工具，其中 PEST 含义为：政治（Political）、经济（Economic）、社会（Social）、技术（Technological）。PEST 分析理论为企业提供了一个对外部环境进行分析的框架与方法，明确了大量外部环境方面的指标，可以很好地对外部环境的影响进行检测，同时对分析企业长期

战略具有很好的辅助功能。其中，政治环境主要包括政治制度与体制、政局、政府的态度等；法律环境主要包括政府制定的法律、法规；经济环境主要包括 GDP、利率水平、财政货币政策、通货膨胀、失业率水平、居民可支配收入水平、汇率、能源供给成本、市场机制、市场需求等；社会文化环境主要是指人口环境和文化背景；技术环境不仅包括发明，而且还包括与企业市场有关的新技术、新工艺、新材料的出现和发展趋势以及应用背景。

对于 LZ 老窖公司产品市场宏观环境的分析主要基于 PEST 理论，结合公司所生产白酒产品的特点，就目前其所面临的国内外政治环境、市场经济环境以及目标市场中社会文化环境进行分析，同时基于 LZ 老窖股份有限公司酒类产品性能，对国内外的制酒技术环境进行分析，从宏观综合的角度探讨 LZ 老窖股份有限公司酒类产品市场发展状况。

（1）政治环境分析。

我国作为酒类市场相对繁荣的国家，社会上对各类酒产品具有较强的接纳程度，特别是在一些饭局之中，酒类往往是必备要素。但是长期以来，白酒行业在国家发改委的产业目录中都是一个限制类的产业，在生产经营和发展都受到国家的严格限制，从 90 年代开始，由于当时的技术和设备的落后，以及粮食的匮乏，白酒产业一直都是国家的限制类产业，但是发展至今，这些问题也不再存在，然而由于政策的限制，许多优势的资源和资本无法进入白酒行业，从而导致白酒产业无法贯彻市场公平竞争和自然淘汰机制。

近些年来，随着我国客观政策环境的不断调整，我国的酒类市场受到了一定程度的冲击，特别是在 2012 年我国的白酒企业均在这种政策环境变动中受到了影响。作为我国白酒产业领域的龙头企业，LZ 老窖公司也在这种客观政策环境调整中受到较大的影响。

全国各地的国有企事业单位、政府机关取消了前些年所设定的各种聚餐消费，甚至也关闭这些单位与白酒企业的政务消费渠道。与此同时，受整体客观政策环境的影响，2013 年的白酒市场相对低迷，表现出高端酒类产品价格回落、酒类服务下沉，同时也给国内其他二、三线的酒类企业产品销售及生存发展带来了压力。2019 年，国家发改委在《产业结构调整指导目录（2019 年本）》上明确指出将白酒产业从轻工业中删除白酒产业，不再是限制类产业，国家的这一政策调整可以有力推动白酒产业的健康发展，有利于建立良好的市场淘汰机制，使无证小作坊的发展受到限制，对白酒市场的健康发展建立良好的秩序。

白酒行业的政策环境不断向好，高税收体制改进，行业限制放宽，对质量和技术的要求更为严格。在良好政策环境中，白酒产业得以健康持续发展，企业实现更强大更规范化运营。白酒行业主要的政策及法规如表 7-17 所示：

表 7-17　白酒行业主要相关政策法规汇总表

名称	内容	公布时间
《关于调整和完善消费税政策的通知》	不再区分酿酒原料，税率统一为 20%，每斤 0.5 元的从量税不变	2006 年 3 月 20 日

续表

名称	内容	公布时间
《中华人民共和国所得税法》	企业所得税税率由33%调整为25%	2007年3月16日
《关于积极推进供应链创新与应用的指导意见》	提出为保障重要产品的质量安全，应建立供应链的可追溯机制	2017年10月15日
《饮料酒制造业污染防治技术政策》	对白酒行业从源头至生产全过程进行了污染防控技术规定	2018年1月11日
《关于进一步加强白酒质量安全监督管理工作的通知》	对白酒配料表标注做出了更严格规范	2018年11月28日
《中华人民共和国食品安全法》	明确规定了食品添加剂的品种、使用范围和用量	2018年12月29日
《关于深化增值税改革有关政策公告》	制造业增值税税率由16%调整为13%	2019年4月30日
《产业结构调整指导目录》	限制类目录正式划掉“白酒生产线”	2019年10月30日

由表7－17可以看出白酒行业的政策变化主要体现在三方面：一是税收政策的制定由重税转向减税。主要税费政策的调整，减轻了多税种高税基带来的沉重税负，大型酒企因其销售规模能相应节省更多成本，释放的利好更明显。二是产业限制政策取消。该举措使酒企进行扩产、申请贷款、办许可证等都不再受限。白酒企业作为独立的市场主体，不再受行政手段的干预，拥有了更多的进步空间，尤其是拥有优质白酒资源的名酒企业以及具有优质产能优势的白酒产区能尽享政策红利。三是食品安全标准与污染防控技术政策趋严。白酒行业制假售假、非法使用超量食品添加剂、污染物产量高等问题得到改善。

LZ老窖公司根据这种政策环境的变化，也调整了发展战略，公司旗下的白酒市场由卖方市场转为买方市场，在随后的发展中推出了各种定制酒、低价位酒等，以此来满足市场发展的需求。在此种客观政策环境下，国内酒类企业的格局发生了重大调整，LZ老窖公司作为大型企业，在这种市场调整中虽然经历了退单、酒类产品价格下降等一系列问题，但是，随着我国酒类市场的发展更加均衡，LZ老窖公司凭借其自身的品牌效应在国内市场中依然占据着非常重要的地位。

（2）经济环境分析。

经济环境是指经济发展、经济体创和经济运行所包含的具体经济因素的总和。经济运行高速增长周期结束，在工业4.0的大环境下，社会处于L型经济横线部分，社会经济呈现中高速增长、结构不断改善的新常态。

一是国民经济保持长期稳定增长，由速度向质量转型。据统计，与2010—2014年相比，近五年我国GDP平均增速下降了近2个百分点，约为7%。新常态经济不再只追求GDP的增长，而是更加注重生产力，用价值调节市场，国内与白酒相关的奢侈品、餐饮和旅游等主要市场欣欣向荣，间接推动了白酒产业的发展。二是城乡结构、就业结构和消费结构不断优化。据统计，2015—2019 年常住人口城镇化率提高了 4.5%，40 万人的就业难题得到解决，居民消费价格年均上涨 2.0%。随着城市化的推进，选择向城镇迁移的农村人口越来越多，其就业选择、生活条件等问题得到显著改善。而且最低工资标准的阶段性调整，使居民收入稳步上升。更多居民的消费潜力被激发，对非生活必需品白酒的需求将进一步增加，白酒消费的几率将翻倍。

国家统计局公布的数据显示，2019 年全年中国国内生产总值接近百万亿（990 865 亿元），比上年增长 6.1%，稳居世界第二位。中国人均 GDP 首次站上 1 万美元的新台阶，这相当于人均 GDP 超过 1 万美元的世界人口翻了一番。图 7－18 所示，2015 至 2019 年我国的国内生产总值在不断增长，但增长的速率有所缓慢。整体经济的放缓也会导致白酒行业收入和利润的放缓，白酒行业是受国家整体宏观环境影响的。

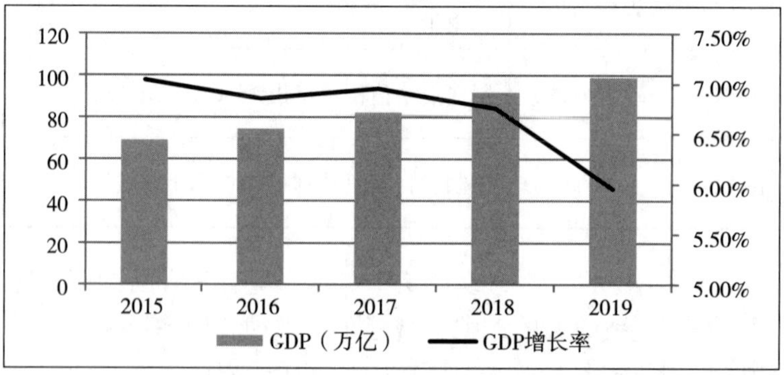

图 7－18　2015—2019 年国内生产总值变化情况

如图 7－18 所示，2019 年全国居民人均可支配收入 30 733 元，比上年名义增长 8.9%，扣除价格因素实际增长 5.8%。其中，城镇居民人均可支配收入 42 359 元，增长 7.9%，扣除价格因素实际增长 5.0%；随着我国国民经济的发展，人民的生活水平不断提高，居民的可支配收入也在不断的提高，居民消费的不断升级为 LZ 老窖的发展起了积极的作用。

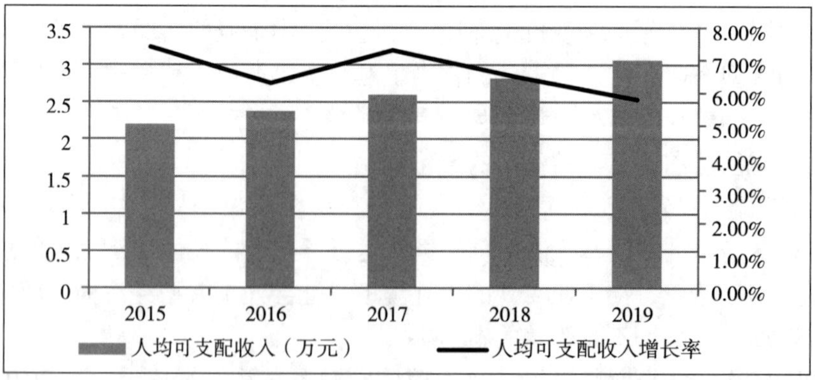

图 7－19　2015—2019 年人均可支配收入变化情况

（3）社会文化环境分析。

我国的酿酒文化已有五千多年的发展历史，形成的独特酒文化是精神文化的象征。

不同的节日饮酒有着不同的含义，如除夕饮“年酒”庆新年，中秋饮“桂花酒”庆团圆。各民族的饮酒方式也各具特色，如羌族人民让客人用管筒酌吸酒坛，苗族人民用水牛角盛酒设拦路酒。酒类产品在我国的文化环境中一直深受欢迎，无论是国内的白酒、啤酒还是国外的洋酒、清酒等，经常出现在各类饭桌聚餐之中，特别是对于白酒来说，作为中华民族特有的饮品资源，现如今，白酒不仅是待客、应酬的需要，高端白酒甚至具有保值增值作用，具有较好的收藏价值，这也显示出其拥有不可动摇的社会地位，这种社会环境为我国的酒类企业发展提供了很好的机会。

此外在价值观念和道德规范深刻影响着白酒消费的认知层面，“喝酒有害身体健康”的观念打消了大部分人的饮酒想法。“酒越陈越香，越陈越有价值”的观念更显年份酒的收藏价值。而十八周岁以下的未成年人不得饮酒，不得向未成年人售酒，工作期间不得饮酒的道德规范，通过建立未成年人和在职人员的基本行为准则，影响消费者对白酒的购买动机和购买行为。

总体来说，白酒产品作为中国人情交往的载体一直存在，虽然相关客观政策的出台在一定程度上减少了铺张浪费的现象，但是其依然是中国文化的典型代表，深受国人的喜爱，甚至是地方传统风俗文化的典型代表，比如各地区均有不同的代表性白酒品牌，江苏的洋河、陕西的西凤、四川的LZ老窖等，这种文化发展的现状是保障酒类企业可持续发展的关键所在。

然而，随着社会的发展，如何在白酒产品中赋予更多的文化涵义将是这些企业寻求突破发展的关键所在，接纳性较高的市场背景为酒品销售提供了上层建筑领域的支撑，对于LZ老窖公司来说，依托良好的社会环境，能够让其在酒品销售的过程中占据有利的市场地位，让产品在市场上能够更有发展的目标和方向，赋予旗下产品更多的产品价值观念和文化理念的同时，保证白酒质量与品质，以满足社会文化环境中不同层次的多元化消费需求。综合来说，良好的社会环境已然为白酒行业提供了更好地发展空间，在消费群体具有较为强烈的刚性需求的背景之下，白酒更加受到市场的欢迎，而LZ老窖作为重点生产企业也能够较好的突出生产，将主要的管理集中到生产之中。

（4）技术环境分析。

在“十三五”规划的指导下，信息化建设全面展开，“互联网+”时代与“大数据”时代成为信息化时代的新标签，社会进入了以新兴互联网大众传媒和大数据应用为主导的智能信息环境，许多传统产业也在更多地融入其中。

互联网的出现提高了信息活动的便利性，改变了传统媒体传播形式单一、缺乏信息选择性以及无法进行信息交流的局限性。酒企不仅可以通过网站广告投入增加产品曝光度，还可以利用互联网的交互性实现与接受信息的消费者的直接交流，扩展电商销售方式，扩大销售渠道，在流通环节还可以利用物联网提高效率。

另外，物联网的核心是信息物理系统，通过该系统可以为酒企采集目标顾客信息，将分散对象成对相连，完成实时信息的交互，为大数据提供主要信息来源。云计算与大数据相结合，通过分布式方式处理和储存酒企所获得的海量数据信息。在此基础上可以发挥大数据的真正价值，帮助酒企进行深度信息挖掘和信息增值。

综合来说，对于白酒企业来说，必然要以技术为第一评判标准，只有拥有符合市场需求的纯熟技术，才能够更好地适应当前的市场，并且解决当前白酒企业存在的突出问题。从LZ老窖企业的发展进行分析，也存在着白酒行业普遍存在的消耗高、污染高、耗粮高等问题，而对于中国这一粮食人口大国来说，粮食的需求也许并不是最根本的问题，但是技术问题必然是值得解决的问题，比如说白酒的生产工艺这一方面，如何解决消耗的粮食，如何能够减少能源污染，如何能够确保白酒行业的工艺发展，这些都是在当前的社会背景下所需要改进的技术环境，而只有切实改进技术环境，才能够真正地提升LZ老窖集团的生产工艺，从而提升市场竞争力。

2. 商业模式SWOT分析

SWOT分析法作为企业管理过程中常用的一种态势分析模式，其基于企业内外部竞争环境和竞争条件下的基本态势，将与所需要研究对象密切相关的各种主要内部优势、劣势和外部的机会和挑战等进行调查列举出来，并依照矩阵形式排列，然后用系统分析的思想，把各种因素相互匹配起来加以分析，从中得出一系列相应的结论，而结论通常带有一定的决策性。其中：

S是指所分析对象在综合考虑下所具有的优势（strengths）；

W是指所具有的劣势（weaknesses）；

O是指所分析对象所具有的发展机遇（opportunities）；

T是指研究对象在发展过程中所存在的威胁（threats）。

本章所分析的LZ老窖公司产品市场营销策略也将采用SWOT的分析模型，通过对LZ老窖公司产品所面临的优势、劣势、机遇和威胁等方面的外部和内部经营环境进行逐条分析，并最终形成SWOT分析矩阵，提出LZ老窖公司的战略选择。

（1）LZ老窖公司业务发展的优势。

LZ老窖作为我国浓香型白酒的代表，以众多独特优势在中国白酒业独树一帜，从发展历史和发展规模来看，其在我国白酒产业领域占有一席之地，并且作为我国行业首家全国重点文物保护单位，在不断发展的同时，也较好地践行着作为一个大型企业所该尽到的历史责任，无论从白酒品牌还是企业行为效应来说，LZ老窖均在市场上享有较高的知名度，这种品牌优势是LZ老窖企业在社会主义市场经济中不断发展的关键推动力量。

LZ老窖公司的会计数据呈现好转的发展趋势，相对于2014年利润创新低来说，后续年份的会计数据表现较为良好，无论是企业资产结构，还是企业现金资产占比，均处于较为良好可控的状态，对于股权、证券的投资管理也较为健康。从会计盈利质量的数据反映来看，LZ老窖公司在未来几年内实现净利润30亿的难度不算太大，在新的形势下，LZ老窖依然具有较强的发展能力，这种会计现状也是LZ老窖公司未来业务不断扩充发展的优势所在。

同时，LZ老窖公司拥有国窖1573这类享誉全国的知名名片，使得LZ老窖的白酒产品在高端白酒市场拥有一席之地，而且LZ老窖公司的其他白酒产品包括窖龄酒、LZ老窖特曲、头曲、二曲以及养生酒等多种类型，足够满足社会各个层次对于白酒产品的需求，这种多元化的产品组成也为LZ老窖公司的业务发展带来了好处。从财务数据上来看，LZ老窖公司拥有较高的现金财务比例，资金充裕，这也是LZ老窖公司业务发展的一个重大优势。

（2）LZ老窖公司业务发展的劣势。

从现如今的市场经济环境来看，根据各大名酒企业发布的2019年报显示，全国占比第一的茅台全年营业收入854.30亿元，净利润439.70亿元；第二名的五粮液也实现了营业收入501.19亿元，净利润174.02亿元的局面；而第三名的洋河酒业在2017年上半年实现营业收入231.26亿元，同比增长34.59%；但是LZ老窖在2019年实现营业收入只为158.17亿元，与前三甲的差距依然较大，由此可以看出，就目前的市场经济环境来说，LZ老窖在市场竞争中依然存在一定的劣势。

另外，在LZ老窖的酒类产品中，虽然国窖1573拥有极大的知名度与品牌效应，但是公司业务的其他白酒品牌在市场上的品牌效应却有些欠缺，而国窖1573作为高端白酒品牌，市场上大部分的消费者并没有足够的能力去购买消费，如果LZ老窖的其他白酒品牌不能在市场上拥有更大的知名度，则势必会影响消费者对LZ老窖白酒品牌的认知。反观洋河酒业的天之蓝、海之蓝以及水之蓝系列则存在明显的价格区间，使得不同层级的消费者均有能力消费洋河酒业的白酒产品，这种品牌效应的缺失也是LZ老窖公司未来业务发展的一个劣势体现。

同时，LZ老窖的白酒业务市场也存在发展不均衡的现象，在四川省内，LZ老窖拥有较强的市场议价能力，卖方议价能力较强，但是在其他省份，LZ老窖容易受到供应商的议价能力影响；并且，在网络销售过程中，对于电子商务平台的构建，相比于茅台来说也有些差距，包括定制白酒产品的营销、推广等等，这也是LZ老窖业务市场发展的劣势所在。

（3）LZ老窖公司业务发展的机遇。

虽然在2012年客观政策环境发生了变化，在随后的2013年，我国白酒市场经济发展不景气，销售总量和总额均出现了明显的下滑，但是从2014年开始，白酒行业销量呈现同比增长的态势，随着我国大众消费者购买力不断增强，以及消费水平的持续上升，在回归理性后的白酒市场，在2015年的行业销售收入达到6 032亿元，同比增长5.70%，而白酒产业销售利润总额也达到727亿元，同比增长4.05%，这种愈发趋于理性且稳步增长的白酒市场对于LZ老窖这类实力雄厚的白酒企业来说是一种不可错失的发展机会。

同时，基于白酒在我国历史文化中的底蕴，其在市场经济发展中所占经济总额较大，是我国社会主义经济发展的一项重要产业；并且，白酒不仅是待客、应酬的需要，高端白酒甚至具有保值增值作用，具有较好的收藏价值，这也是显示出其拥有不可动摇的社会地位，这种社会环境为LZ老窖这类白酒企业的发展提供了很好的机遇。

随着固液结合的液态法酿造技术和液体发窖工艺，在酒类产品生产过程中可以较大程度地提升出酒率，也能提升生产效率，并且随着计算机技术、微波技术的发展，LZ老窖的酒类产品生产过程中可以通过计算机应用控制、微波烤熟、现代化自动检测手段等技术形式，采用微机勾兑技术、数字化机械设备进行白酒生产，在改变传统酿酒技术形式的同时，对于白酒产品的质量和口感均有一定的改善与提高，这种白酒生产技术的优化也是LZ老窖公司业务进一步扩大的机遇所在。

（4）LZ 老窖公司业务发展的威胁。

随着 2012 年客观政策环境的变化，我国的白酒企业均在这种政策环境变动中受到了影响。作为我国白酒产业领域的龙头企业，LZ 老窖股份有限公司也在这种政策环境调整中影响较大。而像啤酒、葡萄酒、鸡尾酒等市场上不断出现的替代品也在一定程度上吸收了原有的 LZ 老窖部分业务，特别是夏天，市场上的啤酒销量要远远大于白酒产品，而受西方文化的影响，葡萄酒的市场也在日益强大，其业务服务也在不断扩大之中，而作为现如今比较时髦的酒类产品，鸡尾酒也深受广大年轻人的喜爱。这些其他酒类产品的蓬勃发展对于 LZ 老窖的业务来说，也是一种威胁体现。

很多大型集团看中了我国白酒市场的发展空间，对一些小型酒业集团进行收购，这种收购式发展在资金与推广的包装下，能够在较短的时间内提升此类白酒品牌的知名度，作为一个潜在入侵者冲击我国现有的白酒市场。若出现较多的并购与整合，我国白酒市场的基本格局会产生变化，造成额外的竞争压力，对于 LZ 老窖的业务发展来说也是一个威胁。

7.3.2 LZ 老窖前景分析

1. LZ 老窖未来发展趋势分析

（1）发展方向。

随着中国白酒行业的快速发展，一方面，国内 LZ 老窖酒品牌、销售渠道的成熟，LZ 老窖酒在国内白酒市场的份额将会逐渐增多。同时 LZ 老窖在海外市场的大力开拓，未来 LZ 老窖在海外市场的份额也将有所提升。针对 LZ 老窖发展方向的分析主要有以下三点：

一是加快开发海外空白市场。目前西欧、印尼等许多国家的消费者对白酒仍相对陌生，据相关网站统计，中国白酒的国际整体消费量约为 1%，仍以华人社群消费为主。LZ 老窖坚持文化输出，结合各国独特的餐饮文化进行适度的产品创新，有利于海外布局的稳步拓展和自身国际品牌形象的固化。二是向三四线城市和各级县乡村区域下沉。在全国范围内，一二线城市中心以“茅五洋”为首竞争的白酒市场趋于饱和，对于 LZ 老窖来说，三四线城市和各级县乡村显示出了巨大的开发潜力，不仅开发成本更为低廉，而且拥有广阔的市场空间和更多的商业机会。三是发力超高端价位带。白酒行业超高端市场在消费升级与市场需求的双重推动下打开，多年来以打造精品为重点的品牌活动，为 LZ 老窖积累了具有一定超高端产品消费能力的人群，这是 LZ 老窖占位超高端市场，为提升高端产品量价空间的最佳时机。

（2）改革走向。

国窖 1573 一直是 LZ 老窖最重要的一个招牌，最近几年，LZ 老窖试图将 1573 和 LZ 老窖的品牌效应结合在一起，带动 LZ 老窖的品牌价值。LZ 老窖是一个与时俱进的企业，两年推出的香水和雪糕等，都展现出未来 LZ 老窖的用户趋于年轻化。其改革走向主要表现为以下三点：

一是目标顾客细分化。LZ 老窖的各档产品主要针对顾客的消费能力，而忽略了性别、年龄阶段等方面。未来可战略升级白酒产品线，开发服务于更多特定消费群体，适配其核心诉求的产品，如服务年轻人的时尚白酒、吸引女性用户的专制酒，有效扩大新消费力量的覆盖面。二是产品开发设计契合当下消费趋势。LZ 老窖系列大瓶酒不便携带、不易控制用量等弊端日益明显，高浓度、过度包装的特点也不符合现代健康饮酒和环保潮流。今后可使用绿色包装材料，开发小包装但更精致的中高端低度白酒，为产品贴上天然、环保等标签来提高产品的附加价值。三是销售渠道进一步升级。社会已进入智能化信息环境，疫情期间云端开拓了更多消费场景，营销渠道多元化、数字化将成为企业潜在的竞争优势。LZ 老窖可根据未来形势的变化，相应重构服务、销售和配送模式，实现线上线下联动对接，提高购买时效性和交易流通性。

（3）投资方向。

LZ 老窖的销售团队和销售渠道比较完善。企业的高档酒为国窖 1573，中档酒为窖龄和特曲，低端为头曲和二曲。其中，中高端白酒（窖龄和特曲）在此类价格带上极具性价比，受益于消费升级，有望成为强有力的主力产品。在全国各地的销售市场中，LZ 老窖在华东和华南市场相对弱势，在两地市占率仅 10%。LZ 老窖在华东和华南还有很多地方渠道建设不够完善。LZ 老窖应该注意对渠道建设的控制，积极制定营销策略，增加华东、华南市场的份额。随着竞争的全面展开，LZ 老窖酒的产业链主要向下游延伸，这样有利于产品销售，产业链的延长将减少企业经营风险。基于 LZ 老窖的生产研发能力和对市场的把握能力，以及品牌多年来在市场上建立起来的良好口碑，LZ 老窖的市场前景较好。

通过 LZ 老窖公司与我国其他白酒企业进行纵向比较的过程中，我们也发现，LZ 老窖与茅台、洋河以及五粮液等企业的发展差距依然较大，这种差距不仅体现在酒类品牌效应、知名度上，更重要的是体现在市场份额占有率上，从财务数据所反映的结果来看，LZ 老窖公司在 2019 年的净利润增长率与前三甲贵州茅台、五粮液以及洋河股份存在较大差距，这种现状也体现出未来 LZ 老窖公司的业务市场竞争发展依然还比较激烈，在一定程度上影响到 LZ 老窖公司的未来市场发展前景。

2. LZ 老窖风险预测与机遇分析

为了充分把握未来的不确定性，做好预防和最小化风险的准备，现根据已有信息预计 LZ 老窖可能面临以下三大风险：

（1）经济风险。

2019 年底，新冠肺炎疫情的暴发导致线下接触活动基本被禁止，出现工厂被迫停工停产、商场大量关闭等情形，社会经济复苏缓慢，而且疫情具有复杂性和反复性，LZ 老窖可能因此面临终端销量损失、成本叠高和现金流加紧的风险。

（2）市场供需风险。

国内浓香型白酒行业供给比较充足，且行业内各类企业种类众多，因此在市场需求相对稳定的情况下，LZ 老窖需发挥自身的优势规避行业供需风险，扩大企业市场份额。相比五粮液和茅台不间断的产能扩建，LZ 老窖的扩产计划起步晚，于 2016 年和 2019 年才正式启动第一期、第二期酿酒技改工程建设。目前百年老窖的基酒产能越发局限，而两大建设项目需要五年左右才能完成，并且所生产的优质基酒需经过长期储存后才能勾兑。随着市场对高端白酒需求的不断增强，LZ 老窖在上述空白期可能面临高端产能供给约束的风险。

（3）竞争风险及价格风险。

根据2018年市场份额来看，顺鑫农业市场份额只小于LZ老窖0.1%，因此LZ老窖需加强自身竞争力，尽量规避市场竞争风险。春夏两季清爽度低的啤酒和葡萄酒发展迅速，宴会、西餐厅等高端消费领域被洋酒品牌占领，给LZ老窖的白酒销售带来不小冲击，随着新生代消费者饮酒偏好的变化，酱香型和清香型白酒渐受青睐，使LZ老窖面临目标客户流失、本地市场份额被吞并的风险。

2019年，LZ老窖"提价战"打得火热，年内调价10次，国窖1573现已突破千元价值带，与五粮液距离越来越短。不过，依靠涨价并未能带来持续的增长，LZ老窖多次宣布停货、提价，导致销量三年下滑18%。LZ老窖也深刻意识到，不断调价对于LZ老窖来说不是合理选择，价格应该与相应的产品品质、市场地位和当前时点的市场需求匹配。

（4）机遇分析。

在整体把握LZ老窖可能面临的风险后，现从风险中认识所蕴含的机遇，将其转变为有力的发展机遇，促进企业战略目标的实现。LZ老窖的发展机遇主要包括以下两种类型：

一种是疫情过后会涌现新的投资机遇。疫情期间民生对医疗、器械和疾病保险等相关领域的关注度激增，外加国家大力出台政策支持，基于这些领域的新的商业模式和企业将成为投资的热点，如在疾病保险业探索健康管理咨询服务、在医疗机构打造智慧远程医疗模式等。LZ老窖可将上述领域作为未来的投资方向，通过建立独特的投资逻辑和框架，为自身创造更好的溢价收益。

另一种是市场竞争的加剧将为企业创造新商业模式提供机会。LZ老窖可根据新生代消费者喜欢的饮用口感和产品特性，及时调整业务模式来改进或提供新产品，在推广模式上可基于年轻化的消费心理和场景，进行产品类别再定位并革新广告宣传形式，突破消费者心目中对LZ老窖产品的固定印象。

7.4 LZ老窖财务分析问题及解决对策

7.4.1 财务分析中的问题

1. 财务资金运用质量下降

资金本质是盈利，是在运用的经济过程中不断流转为企业带来经济效益，从而实现增值的货币资金。提高货币资金的运用效率，保持适度的资金规模，肯为企业经济活动的顺利开展提供支持，避免因机会成本而造成的投资、生产等重大发展机会的错失。

通过对LZ老窖货币资金质量的分析，发现与2015年相比，企业从业务收入中获得现金的能力有所增强，这在于白酒业务为主的多元业务发展战略取得了良好成效，更大的资产规模和更频繁的业务使得所持货币资金每年都在增加，但货币资金周转率自 2017 年以来整体呈下降态势，资金的流转速度变慢。此外，2016—2019 年货币资金占总资产的比重虽有波动，但始终在 30% 以上，占比较大。

根据年报数据显示，LZ 老窖速动比率偏高，说明其拥有较多的闲置资金，对资本的利用效率较低。现金的持有不是越多越好，也不是越少越好。LZ 老窖持有的现金完全能够保证企业的日常开支和资金周转，但冗余的现金并没有给 LZ 老窖带来价值，违背了效率最优和适度原则，是一种资源的浪费，对企业实现市场目标有一定影响。这反映出 LZ 老窖公司财务管理机构有待进一步健全，相关人员紧缺，没有很好地对现金预算进行编制，最佳现金持有量的制定不够合理，对现金日常缺乏有效地控制。可以看出，LZ 老窖公司实施现金管理模式不够细致，造成现金过剩冗余的现象，不能非常好地适应现在激烈的市场竞争趋势。

由此反映出 LZ 老窖对于资金的使用效率明显存在不足的问题，资金未得到最大化合理利用，并未实现在流动过程中向资本的转化升级，没有产生预期的增值效益，资金的留存量远大于日常经营的需求量。

2. 销售费用居高不下

销售费用是企业为了提高品牌知名度而增加广告制作所产生的费用。对于企业来说，进行销售费用投入，是保持企业可持续发展不可或缺的一步，但在“以价换量”模式下，用巨额的销售费用换取利润，长期下来则会对企业利润的可再生、可持续性产生不利影响。因此，随着企业的发展，如何将销售费用维持在一个相对合理的范围内就成为了关键。

在对 LZ 老窖产品推广模式和利润表的分析中，发现 LZ 老窖销售费用对比上升幅度最大，2019 年分别为洋河股份和贵州茅台的 2. 11 倍、1. 24 倍。而相对于洋河股份始终将销售费用率管理在 11% 左右，贵州茅台保持在 5% 以下，五粮液调控指标逐渐降至 10% 以下，LZ 老窖 2019 年该指标较 2015 年提高近 33 个百分点。结合对 LZ 老窖损益结构百分比的分析，发现在 LZ 老窖的成本费用要素中，销售费用对企业持续产生盈利的影响仅次于营业成本，占收入比重逐年增加，总体接近超过 30% 。

由此反映出 LZ 老窖对销售费用的管控能力较差，意味着 LZ 老窖无论是与同业相比，还是较过去来说，现阶段需要投入更多费用来换取收益，营销的难度相对更大。

3. 存货周转率偏低

存货周转率是评价企业从采购到销售全过程控制情况的重要指标。存货周转率指标的高低，排除人为控制因素后，可以反映存货的流动性和资金占用情况，判断企业在存货变现速度下的管理能力、销售能力和短期偿债能力。对 LZ 老窖的存货质量进行分析后，结果显示，2017—2019 年存货规模年均增长 13. 17% ，远超营业成本增速，并从 2018 年开始存货规模大于营业成本，进而引发了存货周转问题，表现为存货周转率在近五年间持续下降了 0. 34 次，存货周转天数增加了 110. 33 天。结合对 LZ 老窖营运能力的分析，也得出了存货周转率呈持续下降趋势的结论。这反映出 LZ 老窖存货积压的明显迹象，白酒虽然没有保质期限，存货的积压并不会导致产品贬值，但是资产的整体利用率可能会因其占用资金而降低，并且由于其流通速度放缓，需要增加更多的资金来改善其流动性，导致LZ老窖的营运能力被削弱，其变现周期的延长也可能降低企业的短期偿债能力。

4. 负债结构不合理

成熟的企业为了创造更大的价值，往往会考虑通过举债来发挥财务杠杆效益，从而提高股东权益报酬率。为了保证财务杠杆的最优效益和最小化风险，有必要将金融负债和经营负债的比例进行调整，以实现最佳负债结构。在对LZ老窖偿债能力的分析中，得出其2019年资产负债率指标为32.38%，为近五年来最高水平，反映总资产中由债务形成的比例不断增加，而在分解盈利因素驱动模型的第一重指标时，发现LZ老窖自2015年以来财务杠杆作用程度一直为负，进一步分解得到的财务杠杆指标在2015—2018年均为负，经计算2015—2018年金融负债占总负债的比例不超过2%，而经营负债占比98%以上。这说明LZ老窖近年来虽增加了负债数量，但实际主要是采取增加商家货款、供应商款等经营性负债的融资手段，反映出其负债内部比例管理存在问题，导致负债结构不合理。意味着债务管理的优势在LZ老窖上并未得到充分发挥，即通过财务杠杆为企业创造更多利润。

7.4.2 成因分析

1. 资金管理不善

企业对资金的管理决定了资金的用途和使用效率，进而影响资金的流动性、效益性和安全性。资金管理水平高，资金周转的速度快，企业将资金投入开展经济活动后，资金能及时、快速地回流到企业，为企业提供长期运营的资本。但如果资金管理的水平低，资金回流能力弱，就可能造成资金短缺甚至资金链断裂，危害企业的平稳运行及持续经营。

LZ老窖货币资金整体运用质量较差，“存款卖酒”的资金管理模式是造成这种情况的主要原因。由LZ老窖货币资金的构成质量分析结果可以看出，其货币资金中占比最大的是银行存款。企业以这种方式管理资金不仅仅是为了获取利息，更是为了与银行的交易合作。即LZ老窖为了达到销售目标，银行为了完成业务指标，双方自愿开展以存入巨额存款换取相应比例销售额的交易合作。

2. 品牌拉力过弱

企业市场销售的源头动力包括品牌拉力和销售推力两部分。其中，品牌拉力是指企业拥有的产品和品牌等效应，能够促使购买者形成自发购买的动机，并进行自发购买的行为，而销售推力是指企业通过广告、销售人员等方式销售产品，吸引购买者购买。销售推力有利于企业品牌拉力的提升，而企业具有一定的品牌拉力，又能反过来降低销售推力的成本，两者密切联系并互相作用。

近年来LZ老窖的销售费用呈大幅直线上升趋势，出现该情况的主要原因是LZ老窖的品牌拉力相对较弱，对于销售费用控制所起的作用不明显。LZ老窖虽不断进行收缩整改，清理了许多中低档贴牌产品，但是力度略显不足，中低档贴牌产品虽然有利于实现从高端到低端价格带的全覆盖，但容易削弱核心品牌的价值，稀释其在消费者心中的高端品牌酒形象。而品牌力不够的前提下，LZ 老窖的产品推广成本越发居高不下，但产生的实际效益却不甚乐观，形成了一个不良循环。

3. 产品吸引力不足

产品的吸引力对于企业来说即是产品的卖点，包括产品的使用价值、体验价值和传播价值。其中，产品的使用价值是保持持续吸引力的关键，即产品的品质能达到客户的要求；产品的体验价值是指产品的附加值，即产品能满足或者超过客户对产品的其他需求；产品的传播价值是指由于产品的特性、品质等而成为传播点的价值。

2015—2019 年 LZ 老窖的产销量持续下滑，库存量整体呈增长趋势，出现上述情况的主要原因是 LZ 老窖没有最大化产品的综合价值，导致产品的吸引力下降。LZ 老窖旗下中端产品进一步聚焦，低端产品动销不佳，目前发展主要依靠起强力支撑作用的高端产品，也由于反复提价而增速逐年放缓。公司年报显示，从 2015 年开始五年间，LZ 老窖产量连续下滑 35. 49%，销量连续下滑 27. 46%，库存量整体增加 0. 91 万吨，可知购买者愿意支付其实体资产的意愿明显下降。

4. 融资方式不当

内源融资和外源融资是企业融资的两种主要方式。内源融资是指企业在发展中利用股权投资、资本积累等内部渠道进行融资，外源融资是指企业凭借自身的信用从银行、融资平台等外部渠道获取融资。处于成熟期的企业财务状况较稳定，不用面临周转资金约束的难题，此时就需要考虑选择多元化的融资方式，以达到放大现有资源的效应，为自身创造更多价值。

LZ 老窖负债结构中，经营负债占主导地位，金融负债比例极低，出现上述情况的主要原因是 LZ 老窖过多依靠内源融资，运用外源融资的方式较少。2015—2018 年在 LZ 老窖的负债比例规模中，仅有 6% 左右的部分来自于外部筹资产生的应计费用。虽然这样的融资方式不需要支付大量财务利息，不用担心可能诱发财务风险的风险点，但是也无法发挥财务杠杆在调节权益资本的正向作用，因此会错失给股东带来额外收益的机会。

7. 4. 3　相应对策

1. 提高品牌价值增强吸引力

LZ 老窖公司未来的发展将继续坚持以酒类产品为主的生产销售业务，将重点细化 LZ 老窖公司所经营的品牌商、销售商、生产商、服务商，通过具体化和细致化的分工来明确各大经营领域的发展目标和思路。可以通过坚持“大单品”理念为基础，实施 LZ 老窖“双品牌”管理战略，在未来的发展过程中改善白酒产品推进结构，创建更加现代化的实体营销体系和电子商务网络营销体系。

其次，在 LZ 老窖的产品体系里，只有国窖 1573 享有较好的知名度，而其他产品在四川省外的品牌效应相对欠缺，因此，在未来的发展过程中，可以参考洋河酒业对于产品定位的发展模式，丰富白酒产品体系，以满足市场中不同层次的消费需求。

鉴于 LZ 老窖现金货币较多的现状，整体财务状况较好，可以通过公益推广、体育赛事赞助等形式提升企业知名度，将旗下白酒产品进行更好地推广，也可以在产品广告上进行创新，使 LZ 老窖公司的白酒产品获得更多的社会认知。比如洋河随处可见的天之蓝、海之蓝以及水之蓝广告使得这些酒类产品享誉全国，而恒大通过组建恒大足球俱乐部，使得恒大集团旗下的金融、地产、医疗、粮油等获得了极好的推广，恒大集团在推动社会足球事业发展的过程中，也为企业带来了极大的知名度，使恒大集团曾经一举成为中国资产最多的企业，这种营销推广模式值得 LZ 老窖公司参考借鉴。

2. 提高资金管理水平

"存款卖酒"是 LZ 老窖长期实行的资金管理模式之一，当大量资金转化为银行存款从而长期闲置时，其优势难以被集中发挥出来。为了盘活统筹计划之外的存量资金，LZ 老窖可以扩大自有投资的规模和力度，让所闲置资金以购买理财产品、股权投资和研发投资的形式得到积极运用，获取比存款利息更高的经济收益。具体做法如下：在投资理财产品方面，LZ 老窖可以委托专业的机构或者银行理财。在限额的基础上，可以购买多种不同额度且期限错配的理财产品，同时保证安全性和收益性，资金不断滚动使用，流动性可明显改善；在设立或参股公司方面，LZ 老窖可以借鉴贵州茅台的做法，合伙投资成立独立的财务公司，也可以像汉森制药一样增资参股所看好的产业。大量闲置资金的使用价值在运作中得到更大发挥，为企业带来收益分红的回报；在研发投入方面，LZ 老窖可考虑利用政府提供补助的政策红利，进一步加大高端技术和产品的研发资金投入数量。这不仅有利于强化企业资金利用能力，也有利于提高未来产品的技术创新性。

3. 构建多元化融资模式

对于企业来说，单一的内源融资方式虽然稳健安全，但外源融资才是创造财务杠杆效益的直接途径，实现多元化融资有利于为企业未来的长远发展打造优势。而使用财务杠杆的结果往往伴随着积极或消极的极端影响，如利润增倍或高破产风险。因此，LZ 老窖不仅要丰富融资的途径选择，还要注意举债的适度性，不能过于依赖举债成为杠杆型企业，要科学合理地利用财务杠杆。具体做法如下：LZ 老窖可以适度加大金融负债的比例，实现原有资本结构的合理化调整，获得财务杠杆带来的利息抵税、利润增长、降低综合资金成本等正效益。其中可以适度增加使用银行或金融机构的贷款、信托等产品，而 LZ 老窖目前在建工程数量较多，对设备和技术的要求很高，那么可以考虑使用杠杆租赁。这种租赁方式是将融资与融物同时结合，既能引进新设备保证充足供应、加快技术升级，又能实现对税费、资金链和融资成本的控制，通过降本增效创造更大效益。

4. 对白酒行业的对策与建议

（1）发挥文化优势，提升竞争力。

中国白酒不同于国外白酒，中国白酒的核心竞争力在于文化力，提升中国白酒的竞争力，就是要提高中国白酒的文化力。在知识成为社会经济发展的根本动力的今天，文化对于酒业发展的重要意义也因此凸现，从而使中国白酒业迎来了一个孕育着深刻质变、根本飞跃的全新发展阶段，这就是"文化酒时代"。白酒市场在"量"上已趋于饱和，市场的空间越来越小，但在"质"的空间来看，依然可以拓展市场。文化新品牌更容易培育和启动新的市场空间，使看似饱和与恒量的市场立即活跃起来，"名牌背后是文化”已经成为众多的企业家的共识，从卖酒到卖文化也就成为大势所趋，是白酒市场的独特景观。

（2）整合资源，提高行业集中度。

当前我国大大小小的白酒企业有三万多家，几乎每个乡镇都拥有一家自己的白酒企业，白酒资源十分分散。小企业与大企业相比较劣势是明显的，如产量低，质量参差不齐，成本高，消耗大，技术人才少，管理水平不高，缺少环保设施等。中国白酒业现阶段集中度差的特点是明显不利于产业发展的，也不利于我国白酒业国际竞争力的提高。近年来，国家陆续出台了多项扶优限劣的政策措施，白酒行业面临新一轮洗牌。各白酒企业当以此为契机，通过合资、兼并、重组、改制等方式，集中力量，发展具有核心竞争能力的环节，大幅度地降低企业经营成本，提高企业整体竞争能力，实现利润最大化。同时强强联合，实现资本扩张，将企业自身做大做强，逐步走向规模化、集约化经营，形成足以与外国大公司同台竞争的实力，并在国内外两个市场上有所作为。

第8章
新能源汽车前景几何
——基于哈佛分析框架的XNY公司财务分析

近年来，随着国民经济的稳步发展，人民的生活水平不断提高，汽车日益成为我们日常生活中不可或缺的一部分。与此同时，伴随而来的环境污染问题也在不断加重。在此背景下，新能源汽车顺势兴起。尤其是在“十三五“规划”等各项政策的扶持下，这一汽车产业的发展成为业界焦点。

本章以我国新能源汽车行业的领头羊——XNY公司作为研究对象，基于传统财务分析框架对其财务报表的各项数据进行整理分析，借助各项财务指标的计算进行偿债能力、盈利能力、营运能力、成长能力等各项财务能力的评价，通过横纵向对比研究由浅入深，识别问题，对症下药，以期为国内新能源汽车的发展提供参考意义。

8.1　公司概述

XNY公司股份有限公司于1995年成立，2002年7月31日在香港主板发行。总部位于广东省深圳市龙岗坪山新区XNY公司路，是一家拥有IT、汽车及新能源三大产业群的新技术民营企业。XNY公司在广东、北京、陕西、上海、天津等地共建有九大生产基地，总面积将近700万平方米，并在多个国家设有分公司或办事处，现员工总数将近20万人。

本集团主要从事包含新能源汽车及传统燃油汽车在内的汽车业务、手机部件及组装业务、二次充电电池及光伏业务，并积极拓展城市轨道交通业务领域。公司IT产业主要包括二次充电电池、充电器、电声产品、连接器、液晶显示屏模组、塑胶机构件、金属零部件、五金电子产品、手机按键、键盘、柔性电路板、微电子产品、LED产品、光电子产品等以及手机装饰、手机设计、手机组装业务等，主要客户包括诺基亚、三星等国际通讯业顶端客户群体。

作为全球新能源汽车研发和推广的引领者，集团于新能源汽车领域拥有雄厚的技术积累、领先的市场份额，奠定了XNY公司于全球新能源汽车领域的行业领导地位。XNY公司在发展中始终秉持着绿色理念，致力于改变传统能源消耗方式，保护环境，以实现人类的可持续发展。

8.2　战略分析

通过对公司的战略分析，我们能够从中了解 XNY 公司的所处的环境，从而对其具体经营状况进行更加准确的分析判断。下面我们选取常用的两种战略分析方法——PEST 分析法和 SWOT 分析法对 XNY 公司进行具体分析。

8.2.1　外部环境分析——PEST 分析

1. 政治因素（P）

随着全球范围内的能源紧张、环境污染等问题加剧，世界各国积极推进新能源汽车技术研发与生产活动。我国将新能源汽车发展置于国家发展的重要位置，近年来我国新能源汽车呈现快速发展态势。我国政府提出要构建市场导向的绿色技术创新体系，新能源汽车产业早已被列为我国战略性新兴产业之一。随着全球不断推行更加严格的碳排放标准，国内环保监管趋严，政策引导将持续推动新能源汽车市场高速发展。2021 年 3 月全国人大发展了《“十四五”规划和 2035 年迁景目标纲要》，规划指出，突破新能源汽车高安全动力电池、高效驱动电机、高性能动力系统等关键技术。

2. 经济因素（E）

近年来中国经济持续不断快速的发展，综合国力以及经济实力都得到了增强，2020 年突如其来的新冠肺炎疫情，对全球经济造成巨大的冲击，在此背景下，中国经济依然保持增长，2020 年中国 GDP 首次突破 100 万亿元大关。随着中国经济的高速发展，中国居民人均可支配收入不断提升。随着中国居民人均可支配收入的不断增加，消费能力也随之提升，为新能源汽车行业的发展提供了强劲的动力。

3. 社会因素（S）

进入 21 世纪以来，汽车在我国社会的普及度越来越高，全国汽车驾驶人数也在逐年上升，截至 2021 年 9 月中国机动车驾驶人数达 4. 76 亿人，汽车驾驶人 4. 39 亿人，新领证机动车驾驶人 0. 27 亿人，每年新增驾驶员数量较多，为新能源汽车的销售提供了一个潜在的市场。

4. 技术因素（T）

在发展新能源汽车的相关技术上，中国已取得傲人的成绩，总体来看中国新能源汽车行业申请专利量呈增长趋势，尤其自 2016 起中国新能源汽车行业申请专利量增幅更为明显，2020 年中国新能源汽车行业申请专利量达 11 208 件，较 2019 年增加了 1 816 件，同比增长 19. 3%，2021 年 1—10 月中国新能源汽车行业申请专利量为 3 206 件，新的技术的不断涌现，推动新能源汽车行业高质量发展。

8.2.2　综合分析——SWOT 分析

SWOT 分析法，即态势分析，就是将与研究对象密切相关的各种主要内部优势、劣势和外部的机会和威胁等，通过调查列举出来，并依照矩阵形式排列，然后用系统分析的思想，把各种因素相互匹配起来加以分析，从中得出一系列相应的结论。下面我们将从四个角度对 XNY 公司的内外部因素进行分析。

1. 优势（S）

XNY 公司具备领先的生产研发技术，因其拥有电池电子电控三大核心技术，故 XNY 公司在新能源汽车领域占据优势地位。

另外，XNY 公司成熟的销售渠道及服务体系也极大保障了自身的竞争优势。

2. 劣势（W）

与传统燃油汽车相比，XNY 公司的新能源汽车在价格上具有明显的劣势。主要原因在于新能源汽车起步较晚，尽管有国家政策的扶持和各种补贴以及技术研发对成本降低上的正向作用，但与发展历程更为久远的传统燃油汽车相比，成本水平仍然较高，在价格竞争中无法占据优势。

3. 机会（O）

近年来环境问题引起了社会的广泛关注，为了推进绿色可持续发展，促进产业结构优化升级，国家推出了一系列针对新能源汽车发展的扶持政策，对国内新能源汽车的发展具有重大意义。

4. 威胁（T）

当前新能源汽车行业的竞争较为激烈，由于行业的发展前景较好，加之国家政策的扶持，众多汽车企业纷纷涌入，想要从中分一杯羹，对 XNY 公司的发展造成了一定的威胁。与此同时，国外的新能源汽车也看准了国内的市场，特斯拉、丰田等一众国外汽车品牌在近年来都对中国市场作出了战略布局，引发行业内激烈竞争。

8.3 财务分析

8.3.1 总体分析

1. 资产负债表分析

（1）资产状况及变化。

2018—2020 年，XNY 公司的主要资产状况如表 8-1 所示。

表 8-1 2018—2020 年 XNY 公司主要资产状况

报告期	2020 年		2019 年		2018 年
项目	金额（元）	增长率	金额（元）	增长率	金额（元）
流动资产：					
货币资金	14 445 030 000.00	14.19%	12 650 083 000.00	-3.08%	13 052 095 000.00
交易性金融资产	24 000.00	-99.93%	34 345 000.00	7 515.30%	451 000.00

续表

报告期	2020 年		2019 年		2018 年
项目	金额（元）	增长率	金额（元）	增长率	金额（元）
应收票据及应收账款	41 216 427 000.00	-6.19%	43 933 795 000.00	-10.86%	49 283 534 000.00
应收款项融资	8 862 340 000.00	26.44%	7 009 379 000.00		
预付款项	724 350 000.00	99.68%	362 761 000.00		
其他应收款	1 050 686 000.00	-32.70%	1 561 194 000.00	54.52%	1 010 378 000.00
存货	31 396 358 000.00	22.78%	25 571 564 000.00	-2.88%	26 330 345 000.00
合同资产	5 346 105 000.00	-23.48%	6 986 619 000.00	10.89%	6 300 286 000.00
一年内到期的非流动资产	1 250 853 000.00	17.95%	1 060 508 000.00	-61.16%	2 730 287 000.00
其他流动资产	7 312 937 000.00	-6.20%	7 796 357 000.00	-51.71%	16 144 377 000.00
流动资产合计	111 605 110 000.00	4.34%	106 966 605 000.00	-7.16%	115 210 575 000.00
长期应收款	1 804 913 000.00	45.52%	1 240 340 000.00	-41.89%	2 134 405 000.00
长期股权投资	5 465 588 000.00	34.61%	4 060 175 000.00	14.02%	3 560 880 000.00
其他权益工具投资	1 420 080 000.00	-26.13%	1 922 304 000.00	19.00%	1 620 969 000.00
其他非流动金融资产	284 896 000.00	511.26%	46 608 000.00	-44.19%	83 509 000.00
投资性房地产	94 217 000.00	-2.77%	96 902 000.00	7.59%	90 066 000.00
固定资产	54 584 620 000.00	10.40%	49 443 360 000.00	13.20%	43 678 630 000.00
在建工程	6 111 767 000.00	-42.75%	10 674 847 000.00	10.23%	9 683 773 000.00
使用权资产	945 745 000.00	29.47%	730 490 000.00		
无形资产	11 804 174 000.00	-6.69%	12 650 308 000.00	11.81%	11 313 829 000.00
开发支出	4 885 708 000.00	-15.00%	5 747 851 000.00	6.75%	5 384 632 000.00
商誉	65 914 000.00	0.00%	65 914 000.00	0.00%	65 914 000.00
长期待摊费用	67 195 000.00	-48.93%	131 573 000.00	-21.28%	167 142 000.00
递延所得税资产	1 768 975 000.00	16.77%	1 514 934 000.00	9.12%	1 388 314 000.00
其他非流动资产	108 419 000.00	-68.97%	349 382 000.00	85.41%	188 439 000.00
非流动资产合计	89 412 211 000.00	0.83%	88 674 988 000.00	11.74%	79 360 502 000.00
资产总计	201 017 321 000.00	2.75%	195 641 593 000.00	0.55%	194 571 077 000.00

如表 8－1 所示从公司资产总规模来看，截至 2018 年底，公司总资产规模

194 545.71 亿元，2019 年底，公司总资产规模 1 956.42 亿元，同比增长 0.55%；本报告期内，公司总资产规模 2010.17 亿元，同比增长 2.75%。近三年内，公司总资产规模以一个稳步的趋势增长。

从公司流动资产规模来看，截至 2018 年底，公司流动资产规模 793.61 亿元，2019 年底，流动资产规模降至 1 069.67 亿元，同比减少 -7.16%；本报告期内，公司流动资产规模为 1111.61 亿元，同比增长 4.34%，较上年度增长速度有较大提升。

随着企业规模的扩大，固定资产占比较高，且逐年增加，但 2018—2020 年的增长速度有所下降。流动资产的增长幅度大于非流动资产，说明企业资产的流动性在增强。

从公司非流动资产规模来看，截至 2018 年底，公司非流动资产规模 726.73 亿元，2019 年底，非流动资产规模高达 886.75 亿元，同比增长 11.74%；本报告期内，公司非流动资产规模达 2 010.17 亿元，同比增长 2.75%。

（2）负债及所有者权益状况及变化。

在 2018—2020 年间，XNY 公司的负债结构呈现出一个以流动负债为主要部分的稳定结构。由图 8-1 数据可知，XNY 公司的流动负债在负债总额中所占比率非常高，说明公司对短期资金的依赖性较强。但流动负债的占比在逐渐减小，主要是应付账款、应付票据和应交税费的减少，原因在于 2019 年补贴减少，整体新能源汽车行业销量下滑，XNY 公司汽车销量同时下滑，营业收入、公司的赊购数和原材料采购数均有一定程度的减少。

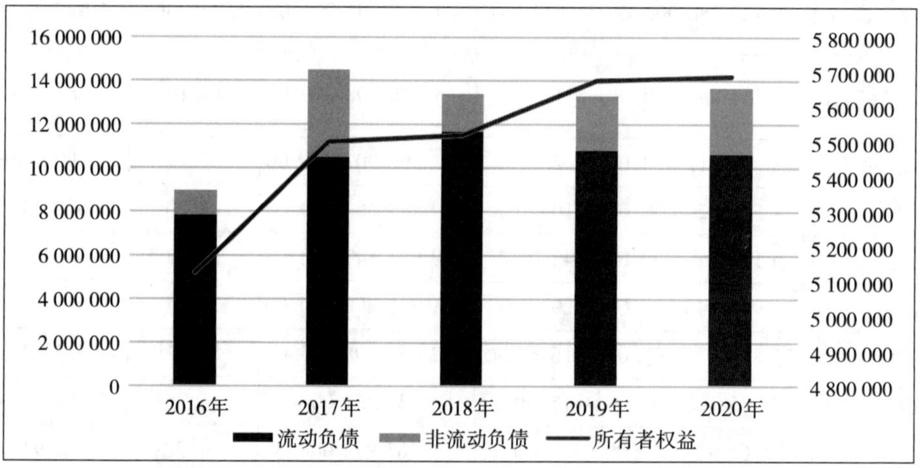

图 8-1　2016—2020 年 XNY 公司负债及所有者权益变化

相较之下，所有者权益的变化幅度不大，最大变化幅度出现在 2017 年，为 7.31%，且所有者权益总体呈现上涨态势，说明公司的盈利能力在逐渐增强。

2. 利润表分析

（1）营业收入分析。

由图 8-2 所示，XNY 公司近 3 年的营业收入总体呈现出一个稳步上涨的态势，说明 XNY 公司近年来的经营状况相对较好。

由图 8-3 可知，我们选取同行业企业特斯拉进行横向对比分析，发现 XNY 公司的营业收入规模和增长速度相较而言还是有一定的差距。

图 8-2　2016—2020 年 XNY 公司营业收入变化

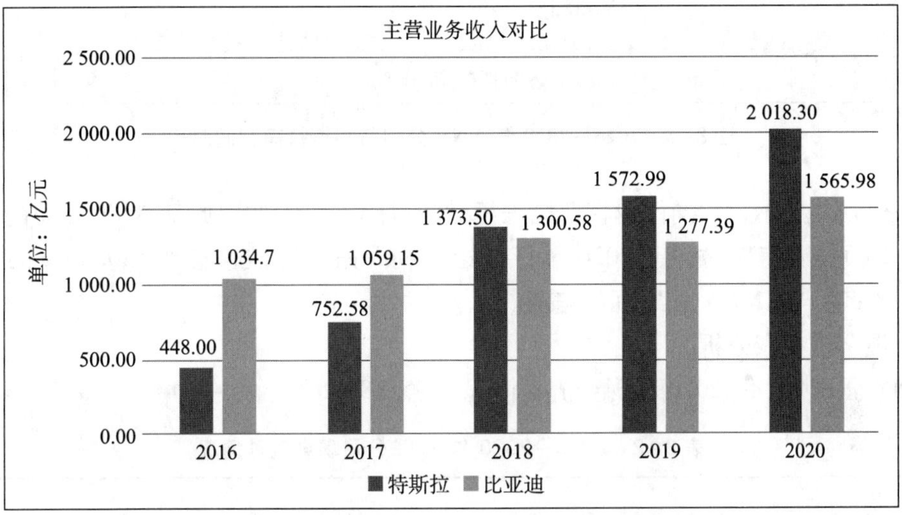

图 8-3　2016—2020 年 XNY 公司与特斯拉营业收入对比

图 8-4　2016—2020 年 XNY 公司净利润情况

由图 8 - 4 所示的净利润指标来看，XNY 公司在 2016—2020 年度的净利润呈现一个先下降后上升的变动趋势，在经历了利润连年下跌的经营颓势后，XNY 公司在 2020 年终于迎来利润的大幅增长。

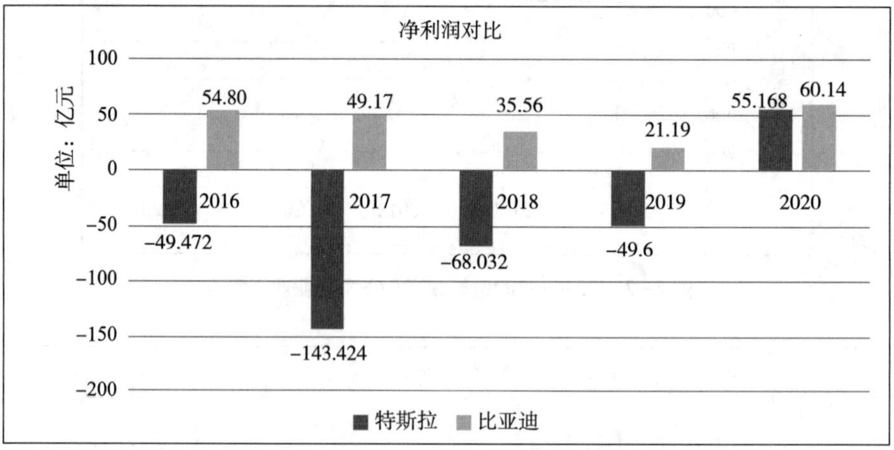

图 8-5　2016—2020 年 XNY 公司与特斯拉净利润对比

由图 8 - 5 所示，与同行业特斯拉进行横向对比，我们发现此前 XNY 公司的净利润水平一直领先于特斯拉，但 2020 年特斯拉净利润扭亏为盈，实现 180.05% 的大幅增长，显著缩小与 XNY 公司之间的差距。

3. 现金流量表分析

XNY 公司 2018—2020 年现金流量情况，如表 8 - 2 所示。

表 8-2　2018—2020 年 XNY 公司现金流量情况

经营活动产生的现金流量净额	45 392 668 000. 00	14 741 007 000. 00	6 610 345 000. 00
投资活动产生的现金流量净额	- 14 444 248 000. 00	- 20 881 446 000. 00	- 14 230 760 000. 00
筹资活动产生的现金流量净额	- 28 907 418 000. 00	6 610 345 000. 00	3 916 511 000. 00

（1）经营活动产生的现金流量净额。

XNY 公司 2016 年经营活动净现金流为负值，其主要原因是购买商品、接受劳务支付的现金、支付给职工的现金以及支付各项税费等经营性支出涨幅较为明显。但总体上看，近 5 年的经营活动净现金流总体上呈现上升趋势，这也说明 XNY 公司的经营活动获取现金的能力在逐步增强。

（2）投资活动产生的现金流量净额。

XNY 公司的投资活动现金流出量总体呈上升趋势，其主要原因是企业积极研发新能源电动汽车以及储能电池和太阳能电池产品，现金流出量较大。因此投资活动现金净流量为负。

（3）融资活动产生的现金流量净额。

XNY 公司在 2016—2018 年均为正数，而 2020 年为负数。从公司年报来看，其主要原因是企业经营现金流量和投资现金流量总体稳定增长，因此偿还了大量的借款、永续债和债券，并且未发行新的永续债，筹资活动流出现金较多。

8.3.2　财务能力分析

1. 偿债能力分析

（1）短期偿债能力指标。

①流动比率。

如图 8－6 所示，纵向来看，XNY 公司在 2018—2020 年度的流动比率保持稳定，基本维持在 1 的安全线上下浮动，且总体看有小幅上涨的变化趋势，其短期偿债能力中规中矩。

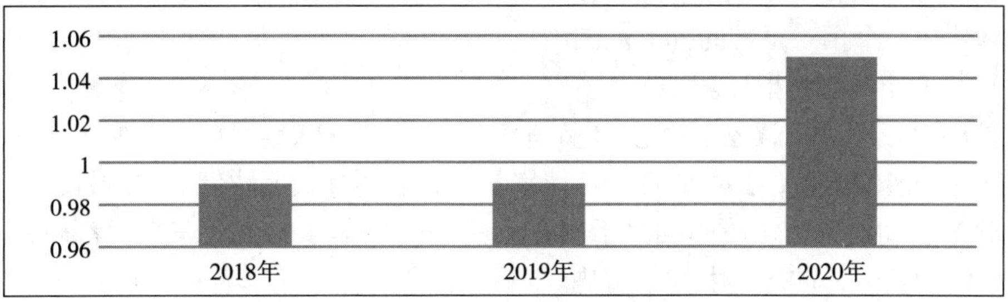

图 8－6　2018—2020 年 XNY 公司流动比率情况

如图 8－7 所示，与同行业对比来看，我们具体选取了长安汽车和一汽轿车进行横向比较。在 2018—2020 年间，XNY 公司在三家中的流动比率指标基本处于下风，但稳定性最好，变化幅度不大。相较之下，一汽轿车的流动比率在短期内浮动剧烈，有一定的偿债风险。

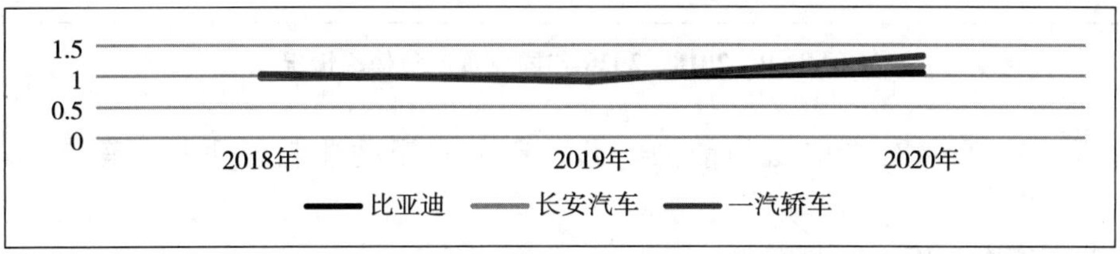

图 8－7　2018—2020 年同业流动比率情况

②速动比率。

在剔除了存货短期变现度较差的影响后，我们再选取速动比率指标进行衡量比较。

如图 8－8 所示，纵向来看，XNY 公司在 2018—2020 年度的速动比率总体看呈现一个小幅下降的变化趋势，但下降幅度不大，整体维持在 0.75 ~ 0.77 的区间范围内。一般而言，速动比率维持在 1 左右是比较正常的，过低表明公司的短期偿债能力不强，存在一定的偿债风险。因此 XNY 公司在近几年来在债务偿还方面可能出现无法到期履行偿债承诺的可能。

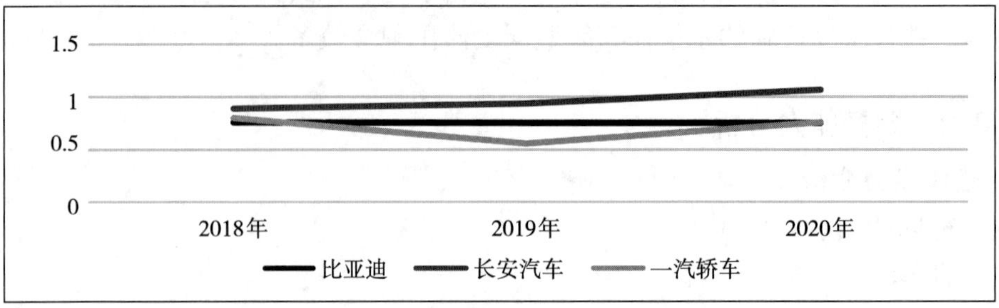

图 8-8　2018—2020 年同业速动比率情况

其次，我们再从同行业中进行横向对比。在与长安汽车和一汽轿车的对比中我们可以看到，XNY 公司依旧表现中等，发挥比较稳定，尽管速动比率水平并不高，但在行业内还算处在一个相对正常的标准范围内。

（2）长期偿债能力指标。

如图 8-9 所示，XNY 公司的资产负债率在 2016—2020 年呈现一个先上升后下降的变化趋势。一般情况下，公司的资产负债率越低，表明其长期偿债能力越好。同业对比来看，XNY 公司的资产负债率相对于同行业的长安汽车和一汽轿车来说都较高，说明长期偿债能力较弱，在行业中处于劣势。

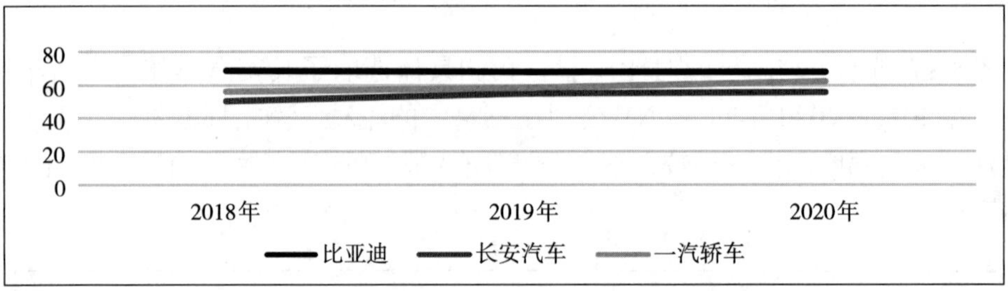

图 8-9　2018—2020 年同业资产负债率情况

综上所述，XNY 公司的偿债能力一般，资金的流动性明显不足，有一定的偿债风险。

2. 营运能力分析

营运能力指的是企业的经营运行能力，即企业运用各项资产以赚取利润的能力。企业营运能力的财务分析比率有：存货周转率、应收账款周转率、营业周期、流动资产周转率和总资产周转率等。这些比率揭示了企业资金运营周转的情况，反映了企业对经济资源管理、运用的效率高低。企业资产周转越快，流动性越高，企业的偿债能力越强，资产获取利润的速度就越快。XNY 公司 2018—2020 年的营运能力指标如表 8-3 所示。

表 8-3　2018—2020 年 XNY 公司营运能力指标

	2020 年 12 月 31 日	2019 年 12 月 31 日	2018 年 12 月 31 日
总资产周转天数（天）	455.9	549.9	515.8
存货周转天数（天）	81.22	87.37	76.49
应收账款周转天数（天）	97.88	131.4	149.7
总资产周转率（次）	0.79	0.655	0.698
存货周转率（次）	4.432	4.12	4.706
应收账款周转率（次）	3.678	2.741	2.405

（1）应收账款周转率。

应收账款周转率是企业在一定时期内赊销净收入与平均应收账款余额之比。它是衡量企业应收账款周转速度及管理效率的指标。公司的应收账款在流动资产中具有举足轻重的地位。应收账款周转率越高，说明其收回越快。公司的应收账款如能及时收回，说明公司的资金利用效率较高。反之则会影响企业正常资金周转及偿债能力。

如图 8-10 所示，纵向来看，XNY 公司 2018—2020 年的应收账款周转率呈现一个不断增长的变动趋势，说明在此期间 XNY 公司的应收账款质量水平在不断提升，信用风险呈现一个不断降低的良好走势。

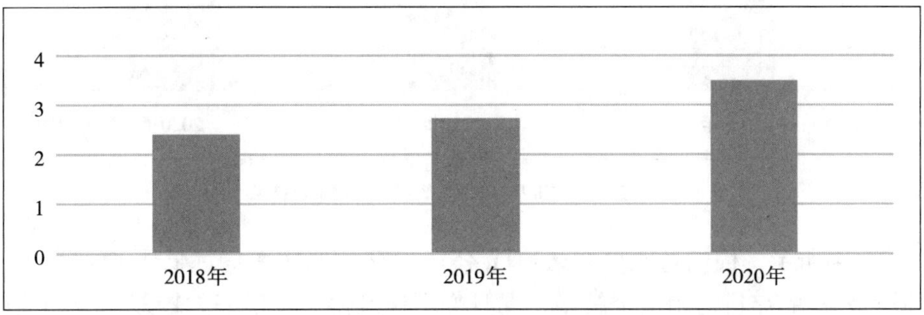

图 8-10　2018—2020 年 XNY 公司应收账款周转率情况

如图 8-11 所示，我们将其与同行业对比，发现 XNY 公司的应收账款周转率均远低于长安汽车和一汽轿车，究其原因主要有两方面，一是赊销比例较大导致的回款率低，二是政策导致的补助款回款速度降低，二者共同作用从而导致应收账款大幅增加，拉低了应收账款周转率。

（2）存货周转率。

在流动资产中，存货所占比重较大，存货的流动性将直接影响企业的流动比率。因此，必须特别重视对存货的分析。而存货流动性的分析一般通过存货周转率来进行。存货周转率反映了企业销售效率和存货使用效率。在正常情况下，如果企业经营顺利，存货周转率越高，说明企业存货周转得越快，企业的销售能力越强。营运资金占用在存货上的金额也会越少。

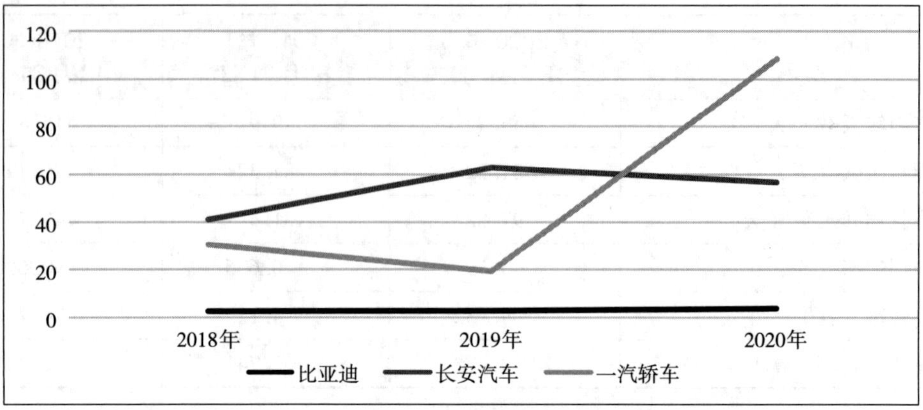

图 8-11　2018—2020 年账款周转率同行业对比情况

如图 8-12 所示，纵向来看，XNY 公司 2018—2020 年的存货周转率的变化趋势与应收账款周转率相似，均呈现一个小幅波动的变动趋势。

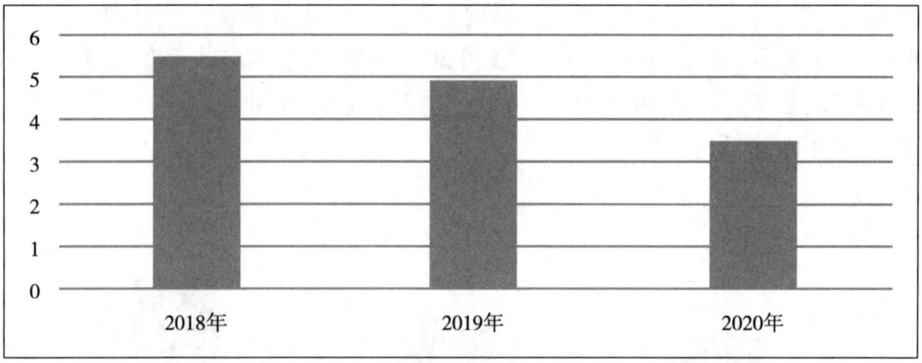

图 8-12　2018—2020 年 XNY 公司存货周转率情况

如表 8-4 所示，横向对比可知，XNY 公司的存货周转率均远低于长安汽车和一汽轿车，说明公司的存货占用资金较多，而且变现速度慢，变现能力较弱，流动性较差。

表 8-4　存货周转率同行业对比

存货周转率	2020	2019	2018
XNY 公司	5.50	4.92	5.63
长安汽车	18.10	17.03	13.84
一汽轿车	8.67	7.46	9.51

综上所述，XNY 公司在存货周转情况上的表现不佳，需要进一步加强存货的质量管理。

(3) 总资产周转率。

总资产周转率是企业一定时期的销售收入净额与平均资产总额之比，它是衡量资产投资规模与销售水平之间配比情况的指标．该指标体现了企业经营期间全部资产从投入到产出的流转速度，反映了企业全部资产的管理质量和利用效率。一般情况下，该数值越高，表明企业总资产周转速度越快。销售能力越强，资产利用效率越高。

如图 8-13 所示，纵向来看，XNY 公司在 2018—2020 年度的总资产周转率总体而言变化不大，基本在 0.7 的数值上下浮动。再结合 XNY 公司近几年的资产总额在不断增加的情况，其资产利用效率其实是呈稳步提升的态势。

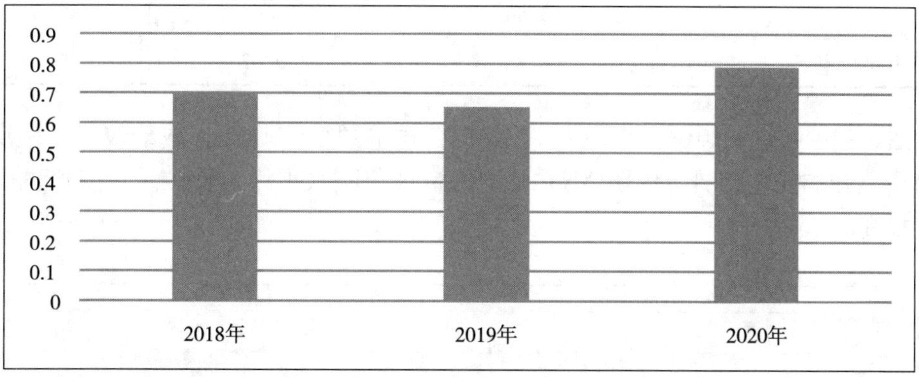

图 8-13　2018—2020 年 XNY 公司总资产周转率情况

我们再将其与同行业的其他两家公司进行比较，如表 8-5 所示，发现 XNY 公司在三家公司中的总资产周转率基本处于一个劣势的状态。因此 XNY 公司在资产管理方面还有很大的改善空间。

表 8-5　2018—2020 年总资产周转率同行业对比

总资产周转率	2020	2019	2018
XNY 公司	0.79	0.655	0.698
长安汽车	0.77	0.74	0.66
一汽轿车	2.71	1.45	1.41

3. 盈利能力分析

盈利能力分析指标指的是分析评价企业获取利润的能力的指标，主要有毛利率、净利率、成本费用利润率、利息保障倍数、总资产收益率、净资产收益率和资本收益率等。实务中，上市公司经常采用每股收益、每股股利、市盈率、每股净资产等指标评价其获利能力。本案例主要选取总资产收益率、净资产收益率、毛利率、净利率以及成本费用利润率几个指标进行具体分析。

如表 8-6 所示，整体来看，XNY 公司的利润率水平有短期浮动趋势，成本费用利润率和净利率都跟随毛利率保持同向波动。波动的原因可能是与国家对新能源汽车的政策扶持有关。由于新能源汽车的迅速发展导致传统燃油汽车受到不小的冲击，行业内部竞争加剧对公司的主要产品收益率造成了一定的负面影响。好在 XNY 公司对此适时作出了调整，加大对新能源板块的战略布局，使得公司的利润率逐渐恢复。

表 8-6 XNY 公司 2017—2020 年年末盈利能力指标

	2020/12/31	2019/12/31	2018/12/31
净资产收益率	7.43	2.62	4.96
总资产收益率	3.03	1.09	1.91
毛利率	19.38	16.29	16.4
净利率	3.84	1.66	2.73
成本费用利润率	4.86	2.0262	3.58

如图 8-14 所示，2018—2020 年间 XNY 公司的总资产收益率波动较大，呈现一个先下降后上升的变化趋势。说明 XNY 公司的资产获利水平稳定性较差，资产的运用效率有待提高。

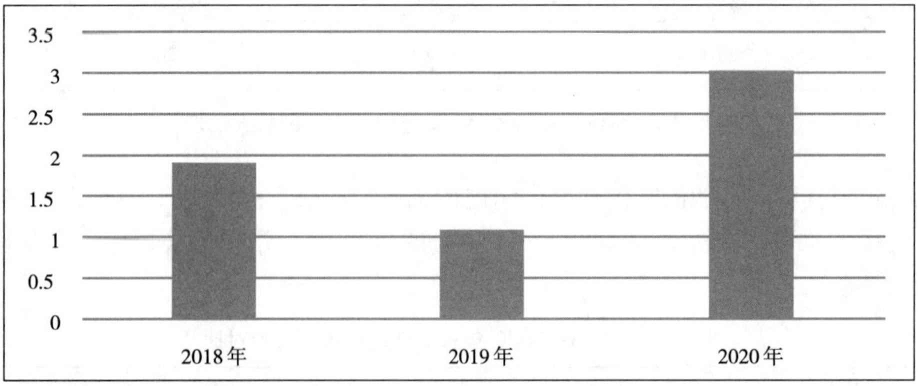

图 8-14 2018—2020 年 XNY 公司总资产收益率情况

如表 8-7 所示，与同行业比较来看，XNY 公司的总资产收益率表现较好，基本高于同行业的其他两家公司。说明 XNY 公司的在资产利用效率和获利水平方面还是具备一定的竞争优势。

表 8-7 2018—2020 年总资产收益率同行业对比

总资产收益率	2020 年	2019 年	2018 年
XNY 公司	3.03	1.09	1.91
长安汽车	2.72	-2.71	0.77
一汽轿车	4.11	0.19	1.22

如图 8-15 所示，与同行业的其他公司相比较来看，XNY 公司近 3 年来的净资产收益率波动较大，充分说明公司盈利水平不够稳定，公司在应对资产的运营能力加以关注。

4. 发展能力分析

企业的发展能力是指企业在维持基本生存的前提下，扩大经营规模、提升自身竞争实力的潜在能力。分析发展能力主要考察以下八项指标：营业收入增长率、资本保值增

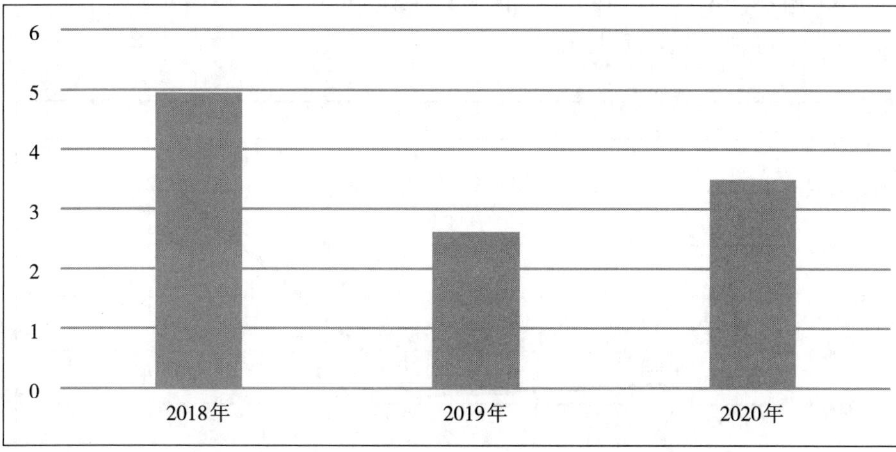

图 8-15　2018—2020 年 XNY 公司净资产收益率情况

值率、资本积累率、总资产增长率、营业利润增长率、技术投入比率、营业收入三年平均增长率和资本三年平均增长率。本案例我们拟从中选取主营业务收入增长率、净利润增长率、净资产增长率和总资产增长率几个指标对 XNY 公司进行具体分析。

（1）主营业务收入增长率。

主营业务增长率，是企业当年营业收入增长额与上年营业收入总额的比率，反映企业营业收入的增减变动情况。该指标值越高，表明企业营业收入的增长速度越快，企业市场前景越好。增长率稳定说明业务发展稳定，增长率减少则说明企业的经营出现了问题。

如图 8-16 所示 XNY 公司主营业务增长率在这三年来波动幅度较大，主要是受到政策的影响以及市场竞争的加剧，而 2019 年首次出现负值，可能是由于补贴政策以及中美贸易争端的影响，2019 年 XNY 公司主营业务收入有所减少。

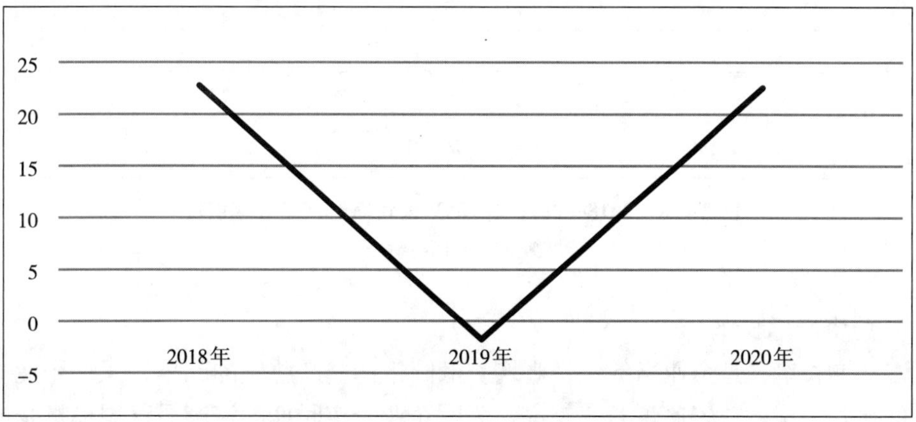

图 8-16　2018—2020 年 XNY 公司营业收入增长率情况

（2）净利润增长率。

净利润增长率 = 本期净利润增长额/上期净利润，它反映的是净利润的发展变动情况。如图 8－17 所示，XNY 公司的净利润增长率在 2018—2020 年间呈现一个先下降后上升的变化趋势，净利润的稳定性较差。

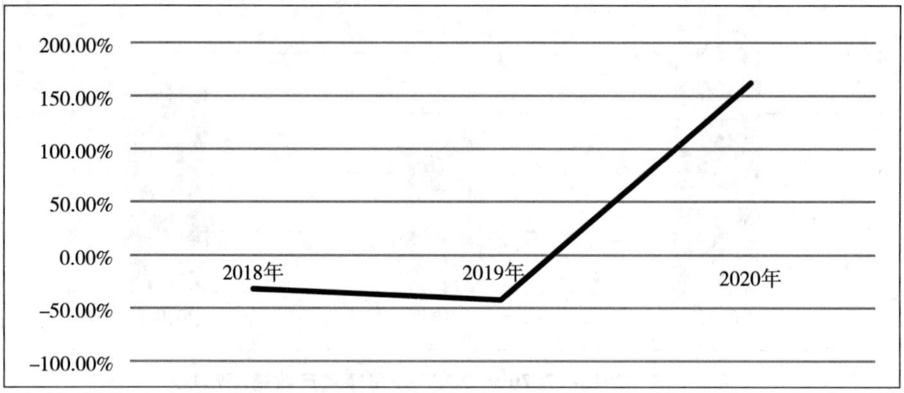

图 8－17　2018—2020 年 XNY 公司净利润增长率情况

数据来源：网易财经

（3）净资产增长率。

净资产增长率 = 本期净资产增长额/上期净资产，它反映企业资产保值增值情况，能够体现出企业的发展能力。如图 8－18 所示，XNY 公司的净资产增长率在 3 年来变化幅度较大。虽然净资产仍为上升趋势，但上升速度并不稳定。

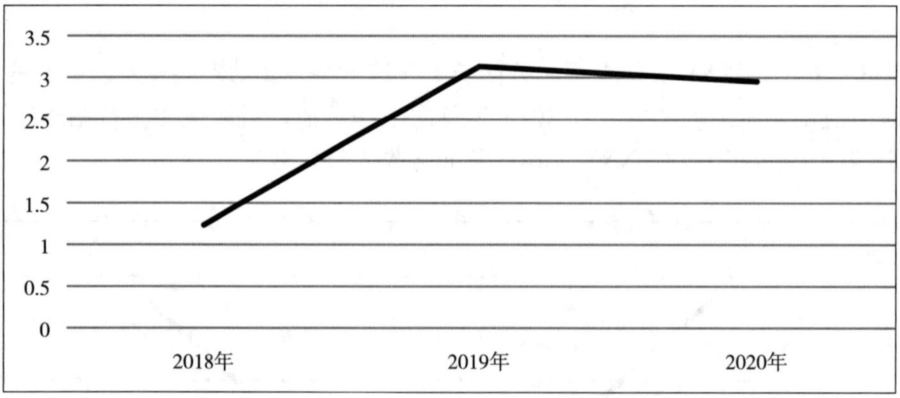

图 8－18　2018—2020 年 XNY 公司净资产增长率情况

数据来源：网易财经

（4）总资产增长率。

总资产增长率，是企业当年总资产增长额同年初资产总额的比率，反映企业本期资产规模的增长情况。总资产增长率越高，表明企业一定时期内资产经营规模扩张的速度越快，也说明企业意图通过扩大资产规模来创造更多的利润。但在分析时，需要关注资产规模扩张的质和量的关系，以及企业的后续发展能力，避免盲目扩张。

如图 8－19 所示，近 3 年来 XNY 公司的总资产规模逐年上升，说明企业不断在扩大生产规模，但总资产增长率总体呈下降趋势，2019 年总资产增长率为 0. 55，同比降低 94. 05%，说明其资产增长速度急速减缓，发展的稳定性较差。

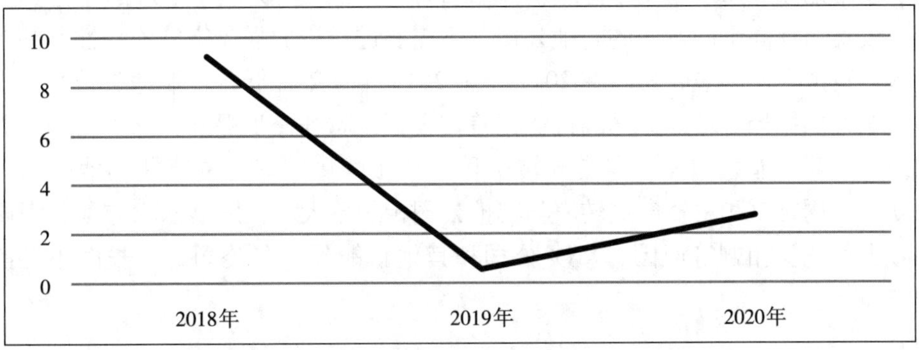

图 8-19　2018—2020 年 XNY 公司总资产增长率情况

数据来源：网易财经

8. 4　问题分析

XNY 公司在 2018—2020 年总资产和总负债的规模一直在不断增加，这与公司的战略布局相匹配，是公司为了满足自身扩张发展的需要。但是，在经营过程中，也存在以下问题：

第一，存货占用金额较大，周转天数较长，周转率较低，低于同行业其他公司；

第二，应收账款数额较大，采用赊销的方式扩大市场份额，资金未收回不能变现，导致流动性差。

8. 4. 1　负债率较高，存在一定的偿债风险

从偿债能力来看，XNY 公司追求高风险和高报酬，流动比率、速动比率和现金比率都远低于同行业其他公司，短期偿债能力较弱，还本付息压力较大，一旦发生融资困难，可能会陷入财务危机；资产负债率也较高，长期偿债能力较弱，对于债权人而言负担的风险较大。

8. 4. 2　盈利水平稳定性差，持续性不高

从盈利能力来看，2019—2020 年盈利能力在逐步增强，与同行业的差距在逐渐缩小，但波动幅度较大，2020 年的净利润增长率有了很大的提升，表现出较强的发展潜力。

整体来看，XNY 公司的偿债能力较差，未来可能出现财务风险；盈利能力在逐步增强，与同行业的差距在逐渐缩小；营运能力较差，效率水平较低，资产的管理水平有

待提升，但其具备较高的发展潜力。

近几年 XNY 公司的各项财务指标已经呈现良性发展，与同行业其他公司的各项指标差距在逐年缩小。XNY 公司的存货和固定资产近年来呈现逐年增加的趋势，但存货周转天数较长，远高于同行业的其他公司，还需要进一步加强存货的流动性，缩短业务周期，减少资金占用。应收账款在 2017 年至 2019 年逐年降低，发展势头较好。偿债能力和盈利能力指标相对较弱，与同行业相差较大，还应进一步提升，缩小与同行业其他公司的差距。营运能力方面，存货周转率和应收账款周转率与同行业其他公司相差较大，流动资产周转率和总资产周转率与其他公司相差不大。在发展潜力方面，考虑到国家补贴减少和竞争加剧等原因，XNY 公司和其他新能源汽车公司的成长性还具备很大的上升空间。

8.5 对策建议

8.5.1 加强营运资本管理，健全预算管理制度

通过对 XNY 公司的财务分析，我们发现它的营运资金存在一定的问题。因此公司应当加强营运资本的管理，具体可以从以下几个方面进行改进。

一是通过控制成本费用的方式提高企业利润，增加企业价值。企业在日常中要做好对内部成本、费用的控制，加强预算管理的力度和质量水平，减少不必要的支出，进一步提升企业的盈利能力。

二是严格控制赊销、赊购业务以及应收账款等项目，严防由此可能引发的信用风险损失。企业要制定合理有效的信用政策，对于各种商业折扣销售折扣的制定要在充分收集有关资料的基础上作出谨慎决策。

三是加强事前预测环节的工作力度和水平，做好各项资金的预算工作，建立健全预算管理制度，实行全面预算管理，积极运用业财融合思想将业务和财务有机结合起来，在全员参与的过程中将公司的战略规划更好地贯彻到预算的预测、执行、考核、评价每个环节，实现资金管理效率的有效提升，有利于充分发挥公司价值的最大化。

8.5.2 加强风险管理，建立定期风险预警机制

企业应当建立专门的风险管理部门，及时分析企业在运营过程中出现的各种筹资、投资、经营方面的风险，制定相关的风险识别及应对措施，建立定期风险预警机制，及时对应收账款进行账龄分析并对异常欠款加以必要的关注。制定合理的信用标准，评估客户的信用等级，对于不同账龄不同信用风险等级的应收账款应做好相应的催收工作，以加强企业未来应对外部不确定性的能力水平。

8.5.3　优化资本结构，多元化融资渠道

由前述分析我们可以看到，XNY 公司的资本结构以负债为主，资产负债率较高，存在一定的偿债风险。因此公司未来应当考虑调整当前的资本结构，适当增加股权融资的比例，多元化融资渠道，综合运用内源融资与外源融资筹集资金，增资扩股，降低负债率，提升企业抵御外部环境变化的能力水平，增强企业的竞争力。

第 9 章
锐见与慎行
——基于哈佛框架的 WK 集团财务分析

中国正经历的高速现代化和城市化发展轨迹，房地产行业同这一特定历史阶段紧密相关。作为国民经济的晴雨表，房地产行业受政府宏观调控政策影响巨大，其发展也同国民经济的发展一样具有非常明显的周期性。同时，财务报表所承载和披露的信息，是高度发达的市场经济下所有权与经营权分离的必然结果，如何有效的解读财务报表并以此甄别具有持续稳健盈利能力的优质上市公司，对于行业发展和国民经济发展具有重要意义。本文选取万科集团这一房地产行业微观主体，并对其进行基于哈佛框架下的战略性财务报表分析，撇去表面的喧哗，深入报表数据以评价经营管理，总结问题并提出相应的建议，供投资者使用。

本章首先从宏观、中观和微观的角度对万科集团的战略环境进行分解；其次，结合行业特征，选取同业内新城控股、招商蛇口以及城投控股等公司进行横向对比分析；再次，以准则为依托，选取万科集团的各项财务指标，纵向对比判断经营情况是否合理，利用杜邦分析体系找出发展中存在的问题；最后，结合前三部分的综合分析结果进行归纳总结，预测宏观环境的发展趋势，结合企业自身优势提出建议以达到企业长久持续发展的目的。总的来说，本篇将借助哈佛分析框架的思路，从财务与非财务两方面探讨分析万科集团经营发展中的弊端和不足并提出综合性且具针对性的建议。

9.1 战略分析

在市场经济条件下，企业为谋求长期生存和发展，在外部环境和内部条件分析的基础上，对企业主要目标、实现目标的途径和取得竞争优势的方针做出长远的、系统的和全局的谋划。

9.1.1 行业背景

房地产行业作为中国经济重要增长点，在众多行业中具有极强的吸纳资金的能力，进而依托其巨大的资金体量能够对经济增长发挥巨大的拉动作用。因房地产行业涉及环节诸多，产业链繁杂冗长，连接起建筑材料安装、家具制造安装以及家用电器制造安装等一系列产业，从该种意义上说，房地产行业的蓬勃发展能够带动相关产业的发展，提供庞大数量的就业岗位吸纳劳动人口，促进经济社会整体发展并进一步推动城市化进程的基础上，能够提高人们的生活水平并改善居住质量。《中国家庭财富调查报告2019》相关数据显示：中国城镇居民家庭房产净值占家庭人均财富的71.35%，农村居民家庭房产净值占家庭人均财富比为52.28%，另有数据显示，经济越发达的地区不动产净值占居民资产比值越高。

在过去的近二十年里，中国庞大的人口体量和规模叠加住房市场货币化改革的趋势，国内的房地产行业同高速腾飞的中国一起经历了独有且具有特色的“黄金时代”，近年来，国内房地产行业在销售面积和成交金额等方面均创下历史新高。当然，房地产市场的持续走高也导致了一系列社会问题，最为显著的便是居高不下并仍突飞猛涨的房价下贷款买房成为社会常态，这给有住房刚需的年轻一代造成巨大生活压力。鉴于此，国家相关部门出台多项政策稳定房价以调控房地产市场的平稳有序运转，调控方式从最初以GDP为导向指标到2016年开始因城施策，调控的城市范围期初以一二线城市为主，到2018年扩张至三四线城市。

9.1.2　公司简介

WK企业股份有限公司（简称为“WK集团”），于1984年在深圳经济特区成立。1988年经深圳市人民政府“深府办（1988）1509号”文批准，集团实施股份制改革；1991年1月29日，集团发行的A股在深交所上市；1993年5月28日，集团发行的B股在深交所上市；2014年6月25日，集团B股以介绍方式转换上市地在联交所主板（H股）上市。经过三十余年的发展，已成为国内领先的城乡建设与生活服务商，业务聚焦全国经济最具活力的三大经济圈及中西部重点城市。2020年，集团继续荣登《财富》“世界500强”，位列榜单第208位。自2016年首次跻身《财富》“世界500强”以来，集团已连续5年上榜。2014年集团第四个十年发展规划已经把“三好住宅供应商”的定位延展为“城市配套服务商”，2018年集团将这一定位进一步迭代升级为“城乡建设与生活服务商”，并具体细化为四个角色：美好生活场景师、实体经济生力军、创新探索试验田、和谐生态建设者。

集团在“城乡建设与生活服务商”的战略定位下，以“长期最大化市场价值”为纲，致力于构建面向未来的长期竞争优势。截至2020年底，万科集团员工总人数达140 565人，较上年通过比增加6.9%，年度评估的供应商数量为1 496个；对外捐赠5.79亿元，较上年度同比增长31.89%。万科集团2020年度绿色建筑面积为3 702.7万平方米，住宅产业化在总开工量占比85.7%，垃圾分类项目覆盖城市52个。本报告期内，集团主要财务指标保持稳健，实现营业收入4 191.1亿元，同比增长13.9%；从业务类型看，集团营业收入中，来自房地产开发及相关资产经营业务的营业收入为4 004.5亿元，占比95.5%；来自物业服务的营业收入为154.3亿元，占比3.7%。集团保持行业领先的信用评级，截至报告期末，持有货币资金1 952.3亿元，净负债率（有息负债减去货币资金，除以净资产）18.1%，货币资金对一年内到期的有息负债的覆盖倍数为2.4倍。本报告期内，集团实现归属于上市公司股东的净利润415.2亿元，同比增长6.8%；每股基本盈利3.62元，同比增长4.5%；房地产业务销售面积累计为4 667.5万平方米，较上年度同比增加13.5%，实现销售金额7 041.5亿元，同比增长11.6%；全面摊薄的净资产收益率为18.5%，较2019年减少2.2个百分点。截至2020年底，万科集团总资产规模达18 691.8亿元，较上年度同比增长8.1%；2020年度，万科集团跻身世界500强排名第208名，较上年上升46位。同时，本年服务住宅社区数3 051个，较上年同比上升15%，客户满意度保持在90分，极大提升了服务水平和客户的居住质量。

9.1.3 战略分析

1. 房地产行业宏观分析——PEST分析

在当前刚性需求尚未完全饱和，投机炒房趋势不减，政府多方限控政策齐下等复杂背景下，作为我国房产龙头标杆企业之一的万科股份在3月26日发布的2017年度报告中公布了其未来几年的重要战略转型：从“城市配套服务商”升级转向为“城乡建设与生活服务商”。回顾万科股份的发展战略路径，战略引领发展最为明显的时间节点是从2012年开始。2012年，万科股份抓住城市化的机遇，将其发展战略定位为“围绕城市、围绕配套服务”进行房地产开发，将自身定位为“城市配套服务商”，除了房产建设，万科股份挖掘了大众更深层次的需求——配套服务。自2017年10月党的十九大报告中首次提出乡村振兴战略以来，作为标杆龙头房企，万科股份表现出了高度的敏感性，对自身发展战略进行了又一次调整转型，从“城市”转向“城乡”，从“配套服务”转向“建设与生活服务”。转型后的战略定位，万科股份将自身细化为四个角色：美好生活场景师，实体经济生力军，创新探索试验田，和谐生态建设者。在这一战略指导下，万科股份将进一步发挥长期积累的客户需求分析能力和场景建设优势，紧逼国际先进水平，培育效益新增长点，推动相关产业进一步优化升级。

综上所述，以对房地产行业进行整体层面的宏观分析为切入点进而展开对万科集团层面是十分必要的，本篇将主要运用PEST对房地产行业宏观环境进行战略分析。

PEST分析主要包括政治、经济、科学技术等多方面的环境分析。目前，万科集团的业务范围主要包括房地产开发和经营。在此基础上，我们将对上述几个方面进行分析和讨论，总结企业的宏观环境。我们必须正确认识房地产领域存在的问题：受外部环境影响很大，独立抗风险的能力较弱。以下是用PEST分析法对国内房地产行业环境的综合分析。

（1）稳中趋紧的宏观调控。

房地产市场的特殊性，决定了它必然受国家政策的影响。这里整理了历年国家层面出台的关于规范房地产行业的政策如表9-1所示。

表9-1　历年房地产行业宏观调控政策

年份	政策
2008年	推出廉租房计划，提高存款准备金率，降低利率，使市场回温

续表

年份	政策
2009 年	增加商品房供应量、加强住房建设安全、加强市场监管、查处小产权房
2010 年	限制异地购房、提高二次抵押贷款标准、暂停发放三次抵押贷款、增加保障性住房和商品房供应量
2011 年	《新国八条》加强差别化住房信贷，严格执行限购政策，住房公积金贷款利率提升，严格执行土地政策
2012 年	放宽监管政策，四大行都降低了首套租房的抵押贷款利率
2013 年	严格控制新建商品房价格，扩大房产税改革中个人住房试点
2014 年	双向调控的房地产政策实施，政府提出了“央五条”包括：支持首套房贷、限贷松绑、公积金贷款新政、降息等
2015 年	强调去库存，并颁布了多个救市政策，全年降息五次、降准三次、降低二套房首付比例、营业税五改二、新公积金政策、下调房贷利率，稳定楼市等政策
2016 年	增加土地供应、严格限制购房政策、规范互联网金融、房产税立法、按揭利息税收减免、实行企业对企业转换等措施，房地产市场清仓取得阶段性成果
2017 年	《房屋租赁市场管理条例》购房及贷款限制及各种措施频繁增加，开放限制模式范围不断扩大，房地产金融监管加强，投资需求降温
2018 年	引导规范房地产企业境外发债资金投向，坚持因城施策，促进供求平衡，整治市场秩序，坚决遏制房价上涨，加快建立房地产市场平稳健康发展长效机制
2019 年	加强对房地产融资端的监管力度，要求房地产企业发行外债加强信息披露。“坚持房子是用来住的，不是用来炒的定位，落实房地产长效管理机制”，更是表明“不将房地产作为短期刺激经济的手段”
2020 年	研究落实房地产长效机制，明确重点房地产企业资金监测和融资管理规则，确定房地产企业融资“三条红线”

针对历年来国家相关部门出台的关于规范和整治房地产行业的宏观调控政策，万科集团表现出高度的敏感性，并再次调整和调整其发展战略。在一系列政策层面的战略指导下，集团正在提升其国际水平，提升新的效率点，促进相关产业的进一步优化和现代化。

（2）平稳的经济环境。

后金融危机时期，国内经济正在缓慢衰退，但它仍然具有保持经济稳定快速发展的优势。目前国内传统的“三驾马车”的经济模式已举步维艰，然而，随着改革开放浪潮不断涌入，国家在其宏观调控和国内 GDP 增长方式上不断变革，国内总体来说经济发展将保持稳定。

（3）社会文化环境对房地产市场的长期需求。

中国社会文化环境的特点并没有导致房地产市场长期市场需求的根本变化。第一，中国人口众多，导致了对住房的巨大需求。我国人口基数大，即便人口增长近些年有所放缓，对住房的刚需仍然很大。第二，传统价值观和文化的影响深远，居民的房地产消费习惯仍以购买为主。最后，随着近年来城市人口的不断增长，住房需求仍有很大的增长空间。

（4）技术要求不断提高。

该因素对房地产行业的影响主要体现在开发商和消费者对房地产产品的性能和质量、节能供暖方式、节水、节地、污染控制和住宅装修的要求上。经过几十年的发展，国内房地产业总体框架和技术体系已经建立。绿色建筑顺势成为未来的发展主潮流。随着城市土地利用矛盾日益突出，购房者对住房质量提出了更高的要求。在此环境下，提倡“节能省地型”住宅建设，已经成为建筑和房地产开发企业的一个新的发展方向。

2. 万科集团竞争力分析——波特五力分析

本章运用上世纪80年代Michael Porter提出的五力模型对万科集团竞争环境进行深入研究，波特五力模型将为房地产行业提供战略发展的理论指导。模型将大量不同因素集聚，以分析行业内部竞争激烈程度和效益水平。接下来是采用此模型对万科集团所处的行业环境进行综合全面的分析。

（1）现有竞争对手分析。

房地产这一特殊行业与其他行业大不相同，对产品的投资巨大，生产周期长。大多数房地产企业拥有土地资源、商品房、房地产等，工业投资成本相对较高。同时，根据相关研究数据统计，房地产业年折旧额将达到自身价值的十分之一，再加上其他外部因素，导致房地产企业难以退出市场。目前，退出市场有两种方式，那就是破产或合并。

近几年，因为宏观政策的调控和行业本身的变化，房地产行业也处于快速重组阶段。领先的房地产企业通过以价换量进一步扩大了其领先优势，销售额仍然很高，大鳄之间的竞争越来越激烈。本篇对于万科集团强有力竞争者的分析将于第二章第三小节展开，主要选取了同行业新城控股、招商蛇口以及城投控股进行主要财务指标的对比分析。

（2）潜在威胁者的分析。

房地产行业的进入门槛相对较低，公司的资金足够同时拥有自己的技术工作者，就能进入该行业。因为地产行业的超高利润率，引来了许多参与者。在所有进入者中，首先是其他行业的大型集团参与房地产的潜在进入者。大型集团的潜在进入将产生两种影响：一方面，大型企业可以利用其现有的品牌声誉和忠诚客户迅速占领市场；另一方面，潜在的进入者往往具有进入优势，因为其具有强大的财务实力。

（3）替代品威胁分析。

房地产行业面对的替代品威胁主要有：租赁、二手房、廉租房、双限房、经济适用房等。

（4）供应商的议价能力。

就土地来说，供应商有更强的议价能力。由于缺乏土地和政策指导，土地供应商有很高的议价能力。就劳动力来说，普通劳动力供应商有很强的议价能力。随着中国经济的多元化发展，劳动者有了更多的工作选择，再加上房地产属于劳动强度偏高的行业，普通劳动者的议价能力强，所以成本不断增加。

（5）购买者的议价能力。

国内房地产市场需求巨大，购买者分散，对房子价格敏感。然而，房地产产品的不可替代性和房地产企业与消费者之间的信息不对称决定了房地产企业在讨价还价中处在主动地位。

3. 万科集团前景分析——SWOT 分析

通过对行业背景的介绍和波特五力模型对行业竞争态势的分析，万科发展战略决策的外部因素有一定的了解。对案例进行 SWOT 分析，可以使企业的整体战略环境和战略选择空间更加清晰，总结集团的优劣势、机会和威胁，最后立足于前景分析找出现有战略问题，得出未来战略规划方向。

SWOT 分析是企业在战略管理中分析自处环境的一种方法。字母 S（strengths）指优势因素，W（weaknesses）是劣势因素，这两点主要是来自对企业自身和外部竞争对手的深入分析。O（opportunities）是机会因素，T（threats）指的是企业预计所面临的威胁。主要是分析企业外部环境的变化可能给企业所带来的影响。企业不仅要进行单独分析还应进行组合分析。

（1）优势（S）。

①品牌优势：2020 年，集团继续荣登《财富》“世界 500 强”，位列榜单第 208 位。自 2016 年首次跻身《财富》“世界 500 强”以来，集团已连续 5 年上榜，品牌效应极强。

②持续增长和领导力：万科集团已经将自己定位为中国房地产行业的领导者。连续三年保持经营和投资现金净流入，集团保持了质量增长，财务状况稳定。

③新型的组织结构：万科集团的组织结构会因为战略变化而变化。集团建立了基于整个项目生命周期的组织结构。这样，专业分工将得到加强，每条线将集中精力执行特殊任务。

④研发能力强：万科集团开发的情景花园住宅是中国住宅产业的第一项专利产品。万科拥有自己的创新研究部门，不断开发更多新产品。住宅性能标准有六十多项创新。通过创新研究部的努力，集团正申请十多项专利。

⑤先进的经营管理模式：万科物业服务已通过全国第一批 ISO9002 质量体系认证。此外，集团在业务专业化、住宅市场主流化、积极的金融政策和产业结构合理化方面的努力不断加大。

（2）劣势（W）。

①对员工关注较少，员工满意度低。

②中国不同城市对客户的评价参差不齐。

③与政府的关系非常普通。

④发展受到土地资源和土地成本的限制：土地储备约为 2 200 万平方米，只能满足集团两到三年的发展需求，在行业平均水平之下，可能会增加征地成本。对其来讲，土地成本是影响公司经营效率的重要一点。万科拿地大多来自二级市场或公开拍卖市场的土地资源，由于渠道的限制，使集团只能走城乡结合的道路。

⑤品牌建设模式停滞：品牌个性清晰度不高，消费者之间的亲和力不够。以企业家品牌为主导的集团当前品牌建设模式，看似强大的万科品牌实际上非常脆弱。

（3）机会（O）。

①当前，中国的城市化进程正如火如荼，这必然会导致城市的住房需求的增加。

②中国货币政策的持续收紧和资本市场的低迷加剧了资金链断裂的风险。由于集团已经提前降价返还资金，对于拥有大量现金的万科来说，现在是合并中小房地产公司、扩大市场份额的好时机。

③国内货币政策不断地紧缩，无疑加大了每个企业融资难度，所以大量房地产公司选择出国融资。在国外融资是以美元计价。随着人民币不断升值，融资成本相对较低。对于万科集团来说，这也是扩大市场份额的好机会。

④因为一线城市房价过热，政府引入了许多对一线城市房地产调控措施，这将引来对二三线城市房地产的投机。万科集团入市较早，可以享受二线和三线房地产投机带来的好处。

（4）威胁（T）。

①目前，国家正在调整经济结构，大力发展新兴产业。房地产行业原本在国民经济中的举足轻重的地位受到挑战。

②当前，城市住房空置率过高，不利于房地产业的健康发展。

③我国正在大力发展保障性住房。随着逆城市化和人口老龄化的出现，对住房的购买力逐渐减弱。

在上述单一逐个分析后，可以再次组合成四个方面：SO，WO，ST 和 WT。当我们使用不同的优势并应用不同的策略时，有四种不同的选择。根据以上对内外环境因素的利弊、机遇和威胁的分析，形成 SO 战略、WO 战略、ST 战略以及 WT 战略，总结出图 9-1 万科 SWOT 矩阵分析图。

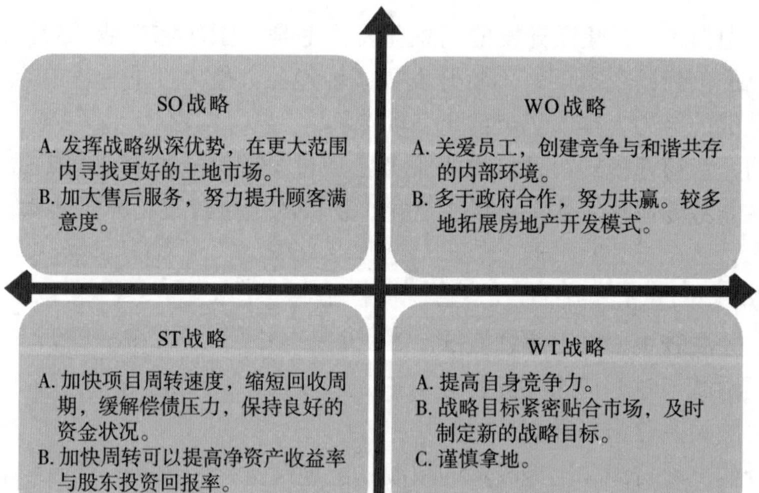

图 9-1　万科集团 SWOT 分析图

作为房地产企业龙头标杆企业的万科股份，在整个行业中一直保持着较好的发展势头和业绩，无论是品牌、成本，还是产品和营销等方面都拥有了较前卫的发展战略，也得到国家相关政策的认可和支持，但同时也面临了较大的挑战。房地产是受国家或地方政策影响最大的行业，细微的政策波动足以让一方房地产市场迅速膨胀或下滑。而房地产行业自身也存在较大的融资困境，资金周转相对其他行业来说要慢很多，存货清库也受到很多因素的影响，加之近几年碧桂园、恒大、绿地等大型房企的崛起，也给万科带来了较大的冲击。

9.2　基于房地产行业内部的横向分析

公司如若要在行业内立足，必须突破自身这一狭小范围，不局限于自身发展而应该将眼光锚定同行业内同类公司的优势劣势，进行必要的比较分析，使企业更加了解自身所处的竞争环境以及未来发展机遇。本部分所阐述的横向分析，指的是将万科公司同行业内另外几家公司进行比较分析，这里我们选取同业内新城控股、招商蛇口以及城投控股作为对比公司进行四家公司的财务报表比较与分析，根据同期同类指标情况进行公司优缺点评价，以此获取万科公司需要改进的方面并提出相应对策建议。新城控股、招商蛇口以及城投控股的选取主要是基于数据的完整性和可获得性，并是将行业内四家公司的排名及发展状况等因素综合考虑而做出的选择。

9.2.1　行业情况

2020年上半年，房地产行业经历了疫情的洗礼，行业增速全面放缓。2020年年中，央行再次强调“不将房地产作为短期刺激经济的手段”，而后房地产“三条红线”融资新规出台，行业融资进一步收紧，行业内部持续分化。整体来看，全国各地持续积极贯彻落实党中央、国务院决策部署，长期坚持“房住不炒”的定位，保持房地产金融政策的连续性、一致性、稳定性，继续“因城施策”落实好房地产稳地价、稳房价、稳预期的长效管理机制。

1. 2020年房地产行业开发状况

2020年1—12月，全国房地产开发投资额为141 443亿元，比上年增长7.0%，比上年回落2.9个百分点。土地市场在6月开始升温，一二线城市的土地更受关注。2020年，房地产开发企业土地购置面积25 536万平方米，同比下降1.1%；土地成交价款17 269亿元，增长17.4%。此外，2020年房屋施工面积926 759万平方米，同比增长3.7%。2020年房屋新开工面积224 433万平方米，同比下降1.2%。

2020年1—12月，商品房销售面积176 086万平方米，比上年增长2.6%。全年商品房销售额173 613亿元，增长8.7%，比上年提高2.2个百分点。其中，住宅销售额增长10.8%，办公楼销售额下降5.3%，商业营业用房销售额下降11.2%。

2. 2020年房地产行业资金情况

2020年，房地产开发企业到位资金193 115亿元，比上年增长8.1%，增速比上年提高 0.5 个百分点。其中，国内贷款 26 676 亿元，增长 5.7%；利用外资 192 亿元，增长 9.3%；自筹资金 63 377 亿元，增长 9.0%；定金及预收款 66 547 亿元，增长 8.5%；个人按揭贷款 29 976 亿元，增长 9.9%。

9.2.2 所选同行业对比公司的情况介绍

1. 新城控股

新城控股成立于 1993 年，最初在江苏省常州市创立，后迁移总部到上海市。其主要业务范围涉猎住宅地产、商业地产、物业服务等，是以住宅和商业相结合、共发展著称的综合性地产商，2020 年位于中国房地产行业第 8 名。2015 年，新城控股集团在上海证券交易所 A 股上市，成为国内首家实现 B 转 A 的民营房企。

公司的主营业务为房地产开发与销售，经营模式以自主开发销售为主。2020 年，公司秉持“住宅 + 商业”双轮驱动的运作模式，以上海为中枢，长三角为核心，现已基本完成全国重点城市群及重点城市的布局。截至报告期末，公司已进入全国 123 个大中型城市。全年公司共计新增土地储备 120 幅，总建筑面积为 4 139.41 万平方米，平均楼面地价为 3 031.11 元/平方米，其中，商业综合体项目新增土地储备总建筑面积为 2 478.92 万平方米。全年完成年度销售目标，即：合同销售金额 2 509.63 亿元，销售面积 2 348.85 万平方米。根据克而瑞信息集团（CRIC）统计，公司 2020 年度销售金额位列行业第 12 位，销售面积位列行业第 10 位。

2. 招商蛇口

成立于 1979 年的中国招商局蛇口工业区控股有限公司在 2015 年 12 月 30 日通过换股吸收与成立于 1984 年的中国招商地产完成了重组合并，实现了国内首次整体重组上市，并成为了国内的十大房地产企业之一。从此之后招商蛇口成为了中国招商局集团旗下的旗舰公司，主要从事的是城市综合开发业务，也是该集团的核心资产整合平台以及各类商业合作的重要平台。招商蛇口聚合了原招商地产和蛇口工业区两大开发平台的独特综合优势，以“中国领先的城市和园区综合开发运营服务商”为其战略发展的核心定位，围绕“前港 - 中区 - 后城”的综合发展经营服务商模式，通过重点开展园区开发与运营、社区开发与运营、邮轮产业建设与运营三大核心经营业务板块实现了多元化的综合开发经营。2021 年，公司实现营业收入 1 606.43 亿元，同比增长 23.93%，实现归属于上市公司股东的净利润 103.72 亿元，同比减少 15.35%，基本每股收益 1.16 元，同比减少 20.55%。

3. 城投控股

经过上海市建设委员会批准，在 1992 年 7 月 21 日，上海城投控股股份有限公司改制成股份制公司。在 1993 年 5 月 18 日，城投控股在上海证券交易所发行人民币普通股 A 股股票并且上市交易。在 2017 年 2 月 22 日，上海环境集团股份有限公司（“环境集团”）从公司分立。公司总股本减少 702 543 884 股，变更为 2 529 575 634 股。在 2019 年 12 月 31 日，公司注册资本为人民币 2 529 575 634.00 元，股本总数 2 529 575 634 股。公司主要经营范围包括：工程技术咨询服务，房地产开发、经营，物业管理，工程、建设监理；实业投资、原水供应、自来水开发、污水治理，污水处理及输送，给排水设施运营、维修，给排水工程建设，机电设备制造与安装，技术开发咨询及服务，饮用水及设备，饮用水工程安装及咨询服务。报告期内，公司实现营业收入 91. 93 亿元，同比增长 40. 03%，实现归属于上市公司股东净利润 9. 12 亿元，同比增长 18. 26%，截至本报告期末，公司归母净资产 203. 74 亿元，同比下降 1. 99%，总资产 689. 02 亿元，同比增长 5. 58%，净资产收益率 4. 53%。

9. 2. 3　财务指标对比分析

1. 每股收益对比

每股收益，指税后利润与股本总数的比率，是综合反映公司获利能力的重要指标，它是公司某一时期净利润与股份数的比率。该比率反映了每股创造的税后利润，比率越高，表明所创造的利润就越多。

如图 9－2 所示，是对同行业内四家房地产公司的每股收益指标进行的对比分析。截至 2021 年底，房地产行业每股收益平均水平大致为 0. 95 元/股，新城控股、万科集团以及招商蛇口均高于行业平均水平，其中新城控股每股收益水平较高，位列四家房地产公司之首，万科集团次之。城投控股每股收益水平远低于业内平均水平，说明公司经营受冲击较大，效益有待提升。综上，仅考虑每股收益水平反映出的万科集团经营成果，集团获利能力较好，创造的利润能够在很大程度上保障投资者投入的资本，能有效控制投资风险。

单元：元/股

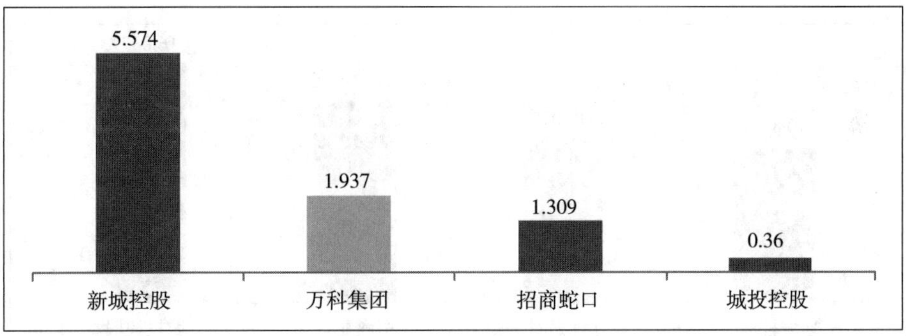

图 9－2　每股收益对比

2. 净资产收益率对比

净资产收益率，是净利润与平均股东权益的百分比，是公司税后利润除以净资产得到的百分比率，该指标反映股东权益的收益水平，用以衡量公司运用自有资本的效率。指标值越高，说明投资带来的收益越高。该指标体现了自有资本获得净收益的能力。

如图 9－3 所示，是对同行业内四家房地产公司的净资产收益率指标进行的对比分析。截至 2021 年底，房地产行业净资产收益平均水平大致为 9. 52%，新城控股、万科集团以及招商蛇口均高于行业平均水平，其中新城控股净资产收益率水平较高，位列四家房地产公司之首，万科集团与招商蛇口均在 9. 55% 左右，基本同行业平均水平持平。城投控股净资产收益率明显低于行业平均水平。综上，万科集团利用自有资本获取利润的能力仅处于行业内平均水平，集团运用自有资本的效率有待进一步提高。

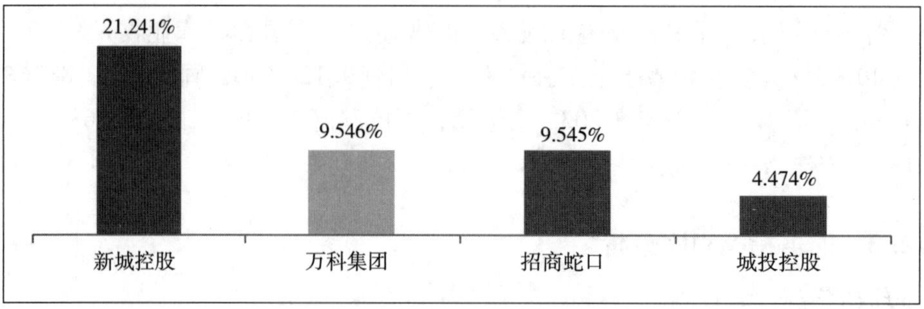

图 9-3　净资产收益率对比

3. 毛利率对比

毛利率，是毛利与销售收入（或营业收入）的百分比，毛利是企业经营获利的基础，企业要经营盈利，首先要获得足够的毛利，在其他条件不变的情况下，毛利额大，毛利率高，则意味着利润总额也会增加。

如图 9-4 所示，是对同行业内四家房地产公司的毛利率指标进行的对比分析。截至 2021 年底，房地产行业毛利率平均水平大致为 16.18%，仅有城投控股高于行业平均水平，位列四家房地产公司首位，毛利率为 16.887%。万科集团毛利率为 11.601%，处于行业的中上游水平，在房地产可比行业排名为 16 位。表明集团对于毛利的获取能力有待提高。

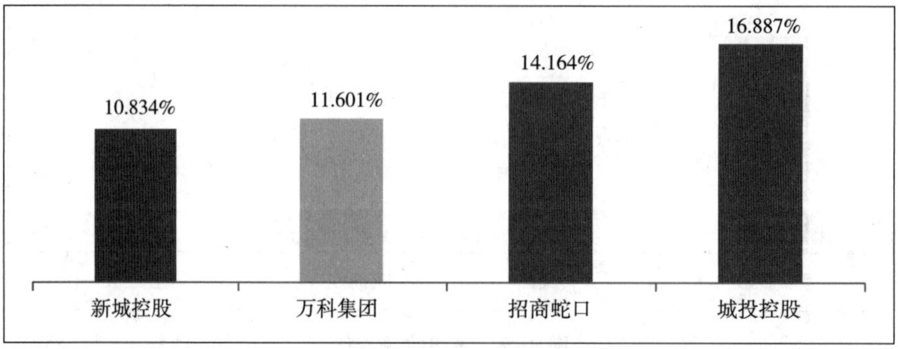

图 9-4　毛利率对比

4. 每股经营现金流量对比

每股经营现金流量，指用公司经营活动的现金流入 - 经营活动的现金流出的数值除以总股本。每股经营现金流是最具实质的财务指标，其用来反映该公司的经营流入的现金的多少，如果一个公司的每股收益很高或者每股未分配利润也很高，但现金流差的话，意味该上市公司没有足够的现金来保障股利的分红派息，那只是报表上的数字而已没有实际的意义。

如图 9-5 所示，是对同行业内四家房地产公司的每股经营现金流量指标进行的对比分析。截至 2021 年底，房地产行业每股现金流量平均水平大致为 1.38 元/股，上述四家房地产公司中，仅新城控股和招商蛇口每股经营现金流量高于行业平均水平，其中，新城控股以 9.728 元/股位列四家对比公司首位。值得注意的是，城投控股每股经营现金流量为 -5.012 元/股，远低于行业平均水平。万科集团每股经营现金流量为 0.354 元/股，明显低于行业平均水平，说明集团尚未具有足够的现金来保障股利的分红派息，集团经营流入的现金较少。

单元：元/股

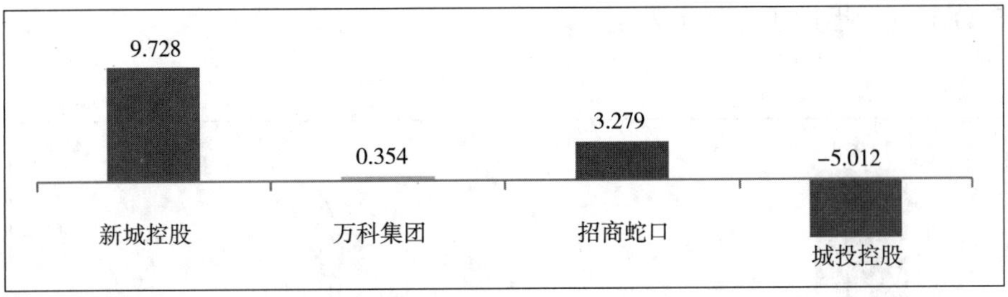

图 9-5　每股经营现金流量对比

5. 每股净资产对比

每股净资产，是指股东权益与总股数的比率。这一指标反映每股股票所拥有的资产现值。每股净资产越高，股东拥有的每股资产价值越多；每股净资产越少，股东拥有的每股资产价值越少。通常来说，每股净资产越高越好。

如图 9-6 所示，是对同行业内 4 家房地产公司的每股净资产指标进行的对比分析。截至 2021 年底，房地产行业每股净资产平均水平大致为 9.35 元，上述四家房地产公司中，新城控股、万科集团以及招商蛇口均高于行业平均水平，其中新城控股每股净资产高达 26.243 元，位列 4 家对比公司的首位。万科集团每股净资产为 20.296 元，位列可比行业第二名，表明集团股东拥有的每股资产价值较多，能够很好地保障股东权益。

单元：元/股

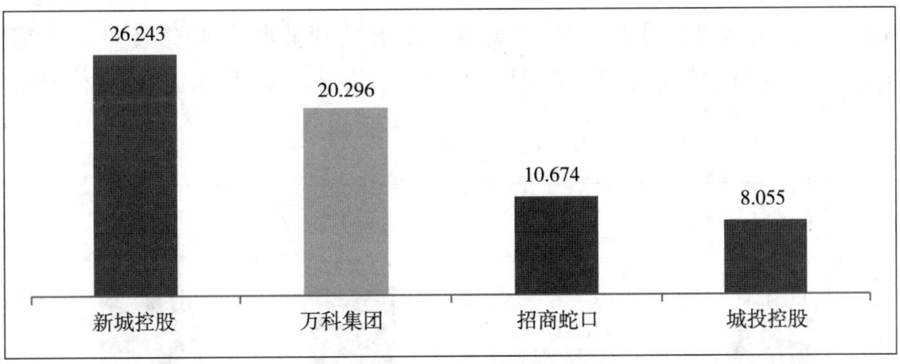

图 9-6　每股净资产对比

6. 每股未分配利润对比

未分配利润，是指公司历年经营积累下来的未分配利润或亏损。它是公司未来可扩大再生产或是可分配的重要物质基础。未分配利润有两个方面的含义：一是留待以后年度分配的利润；二是尚未指定特定用途的利润。资产负债表中的未分配利润项目反映了企业期末在历年结存的尚未分配的利润数额，若为负数则为尚未弥补的亏损。

如图 9－7 所示，是对同行业内四家房地产公司的每股未分配利润指标进行的对比分析。截至 2021 年底，房地产行业每股未分配利润平均水平大致为 5. 11 元/股。从各自每股未分配利润指标来看，上述四家对比公司均超过行业平均水平，其中新城控股以 22. 978 元/股的每股未分配利润水平处于四家对比公司的首位，同时位列所在可比行业的首位。万科集团每股未分配利润为 7. 974，处于可比行业第三名，但相较于新城控股的每股未分配利润指标还有一定差距。

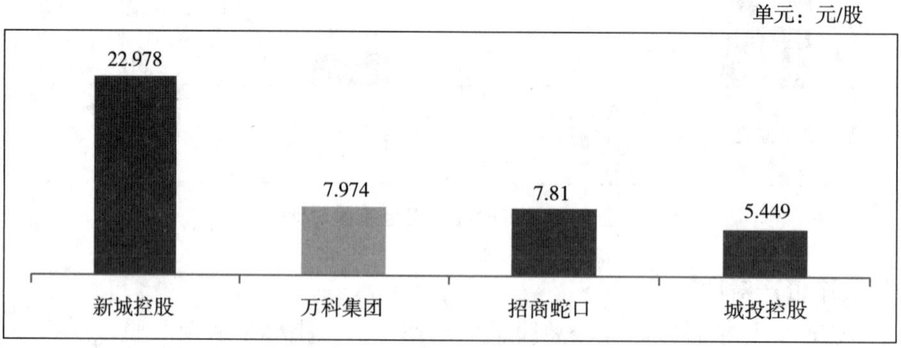

图 9－7　每股未分配利润对比

7. 营业收入增长率对比

营业收入增长率，是指企业本年营业收入增加额对上年营业收入总额的比率。主营业务增长率表示与上年相比，主营业务收入的增减变动情况，是评价企业成长状况和发展能力的重要指标。

如图 9－8 所示，是对同行业内四家房地产公司的营业收入增长率指标进行的对比分析。截至 2021 年底，房地产行业营业收入增长率平均水平大致为 19. 73%，上述四家房地产公司中，仅有城投控股和招商蛇口高于行业平均水平，万科集团营业收入增长率为 8. 037%，远低于业内平均水平，说明集团近期营业收入增速缓慢，究其原因在一定程度上受到疫情管控和国家宏观调控政策的影响，近期营业收入增长速度有所收敛。

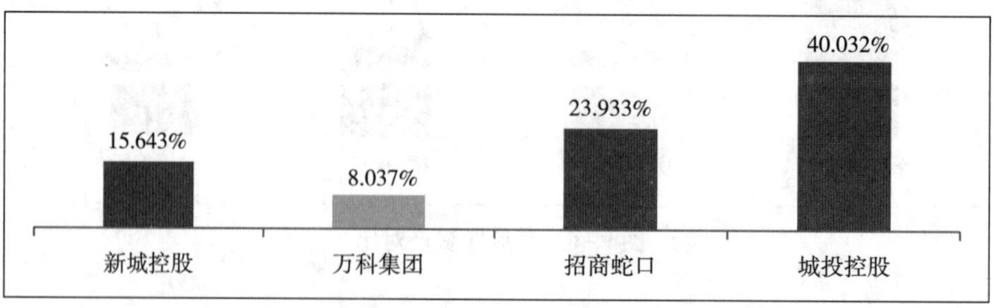

图 9－8　营业收入增长率对比

8. 应收账款周转率对比

应收账款周转率，是企业在一定时期内赊销净收入与平均应收账款余额之比。它是衡量企业应收账款周转速度及管理效率的指标。公司的应收账款如能及时收回，公司的资金使用效率便能大幅提高。

如图 9-9 所示，是对同行业内四家房地产公司的应收账款周转率指标进行的对比分析。截至 2021 年底，房地产行业应收账款周转率平均水平大致为 1 536.07，上述四家房地产公司均远低于行业平均水平。新城控股应收账款周转率为 420.334，位列可比行业第三名，万科集团应收账款周转率为 117.062，位列可比行业第七名，但同行业平均水平仍有很大差距。

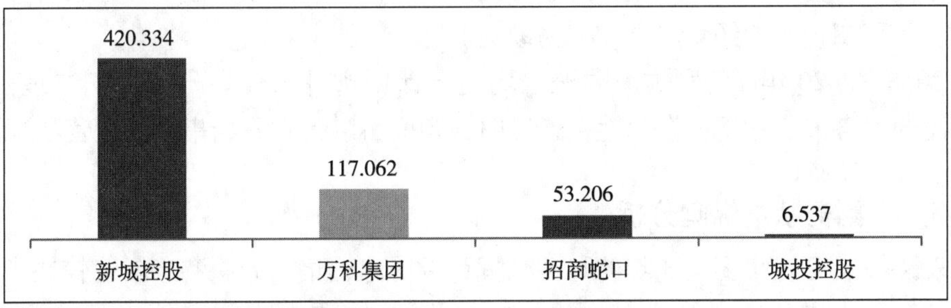

图 9-9　应收账款周转率对比

9. 资产负债率对比

资产负债率，是用以衡量企业利用债权人提供资金进行经营活动的能力，以及反映债权人发放贷款的安全程度的指标，通过将企业的负债总额与资产总额相比较得出，反映在企业全部资产中属于负债比率。

如图 9-10 所示，是对同行业内四家房地产公司的资产负债率指标进行的对比分析。截至 2021 年底，房地产行业资产负债率平均水平大致为 75.3%，上述四家房地产公司仅有新城控股和万科集团高于行业平均水平，其中新城控股资产负债率为 81.822%位列同业可比公司第五位，万科集团资产负债率为 79.74%，位列同业可比公司第七位。招商蛇口和城投控股资产负债率均在 67.7%左右，处于同业可比公司中上游水平。

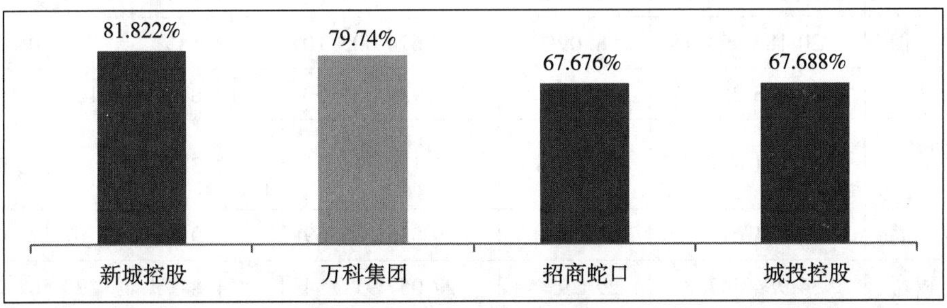

图 9-10　资产负债率对比

9.3 基于集团内部财务报表的纵向分析

经过上述的战略和行业分析，万科集团所面临的机遇和威胁一目了然，为了能更及时地抓住机遇，更好地规避风险，有必要在财务分析中确认和评估万科的会计政策和会计估计，以了解企业的经营成果和行为取向。

从2018—2020年，万科披露的报告均是无保留审计报告。所以我们有理由相信，万科集团的财务报表披露得全面性，通过财务角度可以大致看到集团的运营状况。

9.3.1 财务状况纵向分析

如表9-2，万科集团近3年的财务数据可以得出，集团的总资产增速较快，近三年总资产规模平均增长速度约为10%左右。与此同时，集团的负债也在保持同步增加，相较于2019年的总负债变动比例为12.87%，截至2020年底，集团总负债变动比例为4.11%。近三年内集团所有者权益增幅较大，且相较于2019年的14.84%，2020年底集团所有者权益变动幅度高达29.29%。

表9-2 2018—2020年万科公司资产负债表　　单位：万元

	2020年	变动比例	2019年	变动比例	2018年
货币资金	19 523 072.34	17.47%	16 619 459.57	-11.79%	18 841 744.68
流动资产	154 738 706.12	7.53%	143 898 935.46	11.11%	129 507 185.63
非流动资产	32 179 003.28	10.60%	29 094 009.58	24.60%	23 350 750.02
总资产	186 917 709.40	8.05%	172 992 945.04	13.17%	152 857 935.65
流动负债	131 749 268.89	3.53%	127 261 028.40	13.43%	112 191 393.68
长期借款	13 203 678.31	15.50%	11 431 977.85	-5.47%	12 092 905.54
非流动负债	20 183 993.18	8.09%	18 674 005.10	9.18%	17 104 468.97
总负债	151 933 262.07	4.11%	145 935 033.50	12.87%	129 295 862.65
实收资本（或股本）	1 161 773.22	2.79%	1 130 214.30	2.38%	1 103 915.20
未分配利润	9 841 677.20	3.21%	9 535 203.69	3.95%	9 172 485.07
所有者权益	34 984 447.33	29.29%	27 057 911.54	14.84%	23 562 073.00

纵观万科集团2018—2020年流动资产状况，货币资金变动幅度较大，2019年相较于2018年度，货币资金同比下降11.79%；2020年相较于上年有较大幅度增加，货币资金变动比例为17.47%，流动资产保持基本的稳定增长状态。截至报告期末，集团有息负债合计2 585.3亿元，占总资产的比例为13.8%，有息负债以中长期负债为主。

9.3.2 经营成果纵向分析

如表 9-3 所示，2019 年万科集团实现营业收入 3 678.9 亿元，同比增加 23.6%，2020 年度实现营业总收入 4 191.1 亿元，相较于 2019 年度同比增长 13.9%。2019 年万科集团实现营业利润 766.1 亿元，同比增加 13.5%，本年度集团实现营业利润 799.6 亿元，较上年度同比增加 4.4%。当前经营环境依旧复杂，疫情对社会经济造成的影响仍在持续，宏观经济中存在诸多不确定因素，导致近年主营业务收入以及营业利润变动比例有所下降。2020 年万科集团实现净利润 593.0 亿元，同比增长 7.6%；实现权益净利润 415.2 亿元，同比增长 6.8%。其中房地产及相关业务的毛利率为 22.6%，较 2019 年下降 4.6 个百分点；全面摊薄的净资产收益率为 18.5%，较 2019 年下降 2.2 个百分点。2020 年万科集团实现投资收益 135.1 亿元，同比增加 171.1%，其中来自联营、合营公司实现的公司权益利润为 97.4 亿元。

表 9-3 2018—2020 年万科公司利润表 单位：万元

	2020 年	变动比例	2019 年	变动比例	2018 年
营业总收入	41 911 167.77	13.92%	36 789 387.75	23.59%	29 767 933.11
营业总成本	35 051 334.06	19.09%	29 432 107.66	24.16%	23 705 187.85
营业利润	7 995 864.21	4.37%	7 661 313.60	13.50%	6 749 861.25
利润总额	7 967 575.29	4.10%	7 653 928.95	13.46%	6 746 020.14
所得税	2 037 763.65	-4.81%	2 140 767.49	17.70%	1 818 790.69
净利润	5 929 811.64	7.56%	5 513 161.46	11.89%	4 927 229.45

9.3.3 现金流量纵向分析

如表 9-4 所示，2019 年集团经营活动产生的现金流量净额为 456.9 亿元，较上年度同比增加 35.9%，说明经营状况良好。受新冠疫情冲击叠加国内外经济复杂等诸多因素，2020 年集团经营活动产生的现金流量净额为 531.9 亿元，集团坚持“以现金流为基础的持续真实价值创造”理念，不断提高资金管理的计划性和精细度，截至 2020 年末，本集团持有货币资金 1 952.3 亿元，远高于一年内到期的流动负债的总和 829.1 亿元。货币资金中，人民币占比 98.1%，美元、港币、英镑等外币合计占比 1.9%。

表 9-4 2018—2020 年万科公司现金流量表 单位：万元

	2020 年	变动比例	2019 年	变动比例	2018 年
经营活动产生的现金流量净额	5 318 802.22	16.42%	4 568 680.95	35.90%	3 361 818.34
投资活动产生的现金流量净额	579 706.71	-120.25%	-2 862 673.46	57.50%	-6 736 443.60
筹资活动产生的现金流量净额	-3 250 425.99	2.50%	-3 333 821.04	-174.42%	4 479 764.81

9.3.4 主要财务比率的分析

哈佛框架下的财务分析以公司的财务数据为基础，选择公司的核心指标，通过对万科集团偿债能力、营运能力和盈利能力的分析，评价公司的财务状况和经营成果。如表 9-5 所示，选取 WK 集团 2018—2020 年财务报表数据进行相关性分析，并采用年平均值计算相关指标进行万科集团主要财务比率分析。

表 9-5 偿债能力指标分析

	2020 年	2019 年	2018 年
资产负债率	81.28	84.36	84.59
流动比率	1.17	1.13	1.15
速动比率	0.41	0.43	0.49

1. 偿债能力分析

一般说来，企业对于当期即到期的债务所表现出来的偿还能力称为短期偿债能力，相对应的企业对于偿还一年或一年以上到期债务的能力称为长期偿债能力。本部分依据万科集团 2018—2020 年的财务报表相关数据对于集团近 3 年的偿债能力进行分析，选用的主要指标为资产负债率、流动比率和速动比率，以期评价集团的偿债能力。

资产负债率又称举债经营比率，它是用以衡量企业利用债权人提供资金进行经营活动的能力，以及反映债权人发放贷款的安全程度的指标，通过将企业的负债总额与资产总额相比较得出，反映在企业全部资产中属于负债比率。万科集团近 3 年资产负债率平均水平大致为 83.41%，说明近 3 年万科集团负债比率较大，集团面临的财务风险较大，获取利润的能力较强，但同时应注意近 3 年资产负债率水平均超过 80%，应当在一定程度上控制财务风险，适当均衡资产与负债的结构。

流动比率是流动资产对流动负债的比率，用来衡量企业流动资产在短期债务到期以前，可以变为现金用于偿还负债的能力，一般说来，比率越高，说明企业资产的变现能力越强，短期偿债能力亦越强。2018—2020 年，万科集团平均流动比率大致在 1.15，表明近 3 年来集团流动资产大于流动负债，从这一指标上来看，集团有较强的短期偿债能力，出现突发情况之后不至于出现资不抵债的尴尬境地，但同时还应结合速动比率指标来考察实际的偿还负债的能力。

速动比率是指企业速动资产与流动负债的比率，速动资产是企业的流动资产减去存货和预付费用后的余额，主要包括现金、短期投资、应收票据、应收账款等项目。正常来说，企业速动比率应当维持在 1，2018—2020 年，万科集团平均速动比率大致为 0.44，反映出集团短期偿债能力不足，企业还需要优化财务结构。

2. 营运能力分析

常见的营运能力分析一般有广义和狭义之分，前者注重考查企业对无形的、流动和固定的资产是否进行了合理有效率的分配，狭义的营运能力分析则更加强调企业对资金的运用效率。如表 9-6 所示，本部分根据万科集团近三年的财务报表，将通过应收账款周转率、总资产周转率以及存货周转率等指标对集团近几年营运能力进行剖析和合理评价。

表 9-6　营运能力指标分析

	2020 年	2019 年	2018 年
应收账款周转率（次）	168.30	205.86	197.21
存货周转率（次）	0.31	0.28	0.28
总资产周转率（次）	0.23	0.23	0.22

销售收入同应收账款的比率即为应收账款周转率，万科集团每年的应收账款周转频次可以通过每年的应收账款周转次数得以体现。万科集团 2018—2020 年应收账款周转率较高，2020 年相较于上年度有较大的下降，但三年内平均应收账款周转率为 190.5 次，可见其应收账款周转较为迅速。

销售收入同存货总量之比称为存货周转率，万科集团每年的存货周转频次可以通过存货周转率得以体现。以万科集团盈利状况为切入点展开分析，可以发现，2018—2020 年万科集团存货周转率较为稳定，三年内平均存货周转率在 0.3 左右，究其原因，很大程度上是因为房地产行业特殊性，存货难以周转导致存货占比持续走高，进而存货周转率一直维持在较低的水平。

销售收入净额与平均资产总额之比称为总资产周转率，它是衡量资产投资规模与销售水平之间配比情况的指标。2018—2020 年，万科集团平均总资产周转率大致为 0.23，反映出集团资产利用率较低，闲置资产冗余造成资产投资规模和销售水平之间配比水平差。考虑行业特性后，在集团主营业务收入有明显增加但是资产的增长率明显高于主营业务收入的增长率，致使总资产周转率降低的情况下，考虑集团战略规划和长远发展，集团今后的持续增长能力和发展潜力较强，相对应得集团营运能力较强。

3. 盈利能力分析

盈利能力一般是反映的公司实现投资期望的程度，是公司能够持续获得投资的保障。如表 9-7 所示，本部分以万科集团 2018—2020 年的财务报表为研究对象，分别选取营业利润率、净利润率、毛利率与总资产报酬率为代表研究万科集团的盈利能力水平。

表 9-7　盈利能力指标分析

	2020 年	2019 年	2018 年
营业利润率（%）	19.08	20.82	22.68
净利润率（%）	9.91	10.57	11.35
毛利率（%）	29.25	36.25	37.48
总资产报酬率（%）	2.31	2.39	2.51

数据来源：巨潮资讯网，万科公司 2018—2020 年报。

2017 年我国的房地产行业调控政策最为严厉的一年，为了遏制过快上涨的房价，监管机构加大力度出台限贷、限购以及限价等政策，随之而来的是以限售等为代表的一系列政策。2018 年，我国房地产行业的监管调控仍属于高压力度，国家相关部门仍然对该行业施以较为严厉的调控政策，房地产行业发展受限。

营业利润率是指经营所得的营业利润占销货净额的百分比，或占投入资本额的百分比，能综合反映企业或行业的营业效率。2020 年万科集团的营业利润率为 19.08%，相较于 2018 年 22.68% 下降 3.6 个百分点，这实际受到疫情冲击等外部因素和集团自身经营的双重影响。近年来，万科集团不断扩张地产规模并且加大对外投资并购力度，该种“轻资产，重运营”的经营发展理念也在一定程度上造成了上述营业利润率逐年下降的状况。

销售毛利率是毛利占销售净值的百分比，通常称为毛利率。销售毛利率是上市公司的重要经营指标，能反映公司产品的竞争力和获利潜力。它反映了企业产品销售的初始获利能力，是企业净利润的起点，没有足够高的毛利率便不能形成较大的盈利。受疫情冲击和国家对于房地产行业宏观调控的影响，集团在 2018—2020 年销售毛利率呈现逐年下降的状况，由此可以看出集团盈利能力尚未有很大提高，反而受疫情冲击等多方面影响渐渐难以负担财务、管理以及销售支出。

总资产报酬率以投资报酬为基础来分析企业获利能力，是企业投资报酬与投资总额之间的比率。企业的投资报酬是指支付利息和缴纳所得税之前的利润之和，投资总额为当期平均资产总额。近三年万科集团的总资产报酬率平均水平大致为 2.40%。

综上，通过对万科集团 2018—2020 年的财务报告相关数据进行分析，分别从偿债能力、营运能力以及盈利能力做了较为全面的财务剖析，通过对各个财务指标的层层分解，能够更加全面具体地反映万科集团目前的经营状况。

9.4 现行财务战略存在的问题以及措施建议

通过运用哈佛财务分析框架对万科股份的战略、财务和前景进行了分析，可以得出：在整个房地产行业处于宏观经济政策限制的背景下，万科股份抓住机遇，认清方向，进行战略调整转型，竞争优势明显。从万科股份当前发展情况来看，整体盈利情况较好，利润增长点保持稳定，创造股东财富的动力强劲，但是在融资方面应该进一步科学化和合理化，进行资本的合理配置。当前的偿债压力较大，尤其是长期偿债压力，这样的局面可能会给企业后期带来较大的发展阻力，资产的周转率也有待进一步提高。具体来说，总结为以下两个方面，即万科集团目前财务战略存在的问题以及改进建议。

9.4.1 现行财务战略所存问题

1. 筹资规模结构待优化

由于房地产行业在我国的特殊地位，内外环境中的风险都给万科集团融资形成不小

的威胁，主要表现为以下两点：一是外部融资条件继续恶化，国家对房地产业的监管力度不断加深，信贷紧缩政策的不断实施，以上情况均增加了集团融资的成本，渠道也有所减少。集团应该在保持公司内部增长的同时，深化现有资源的使用，不再只局限于单一融资方式。二是恰当的负债可能允许公司在财务杠杆的基础上在较小程度上管理金融风险。虽然资产负债率低于同等规模的公司，但公司的资产负债率仍需重视。因此，万科应强化债务经营风险意识，完善企业风险防范体系，严控债务融资风险监管。

2. 投资项目效益待提升

万科集团在优化传统住宅业务和推广新业务时，应综合考虑投资回报和收益，主要如下：第一，新业务还处于起步阶段，住宅业务仍然是中心业务，各种新业务的发展规模较小，新企业的发展仍然需要长时间规划。此时，集团须重视住宅业务下滑引发的业务风险，深入提高住宅业务回报率。第二，推广新业务的过程中充满了风险性，集团主要涉足的产业块一直是住宅业务，没有过多关注其他业务。所以，集团很难在新的商业链中迅速具有领先优势。但是由于形势所迫，多元化业务的发展成为主流，集团的业务范围必须顺应形势扩大，管理和协调工作的复杂性将显著提高，如何重新分配资源和继续保持竞争优势将成为集团需要面对的重大问题。

9.4.2　今后发展战略优化建议

1. 筹资方式多元化和创新化

鉴于国家对房地产行业的控制几乎每年都严格控制和出台法律。面对这样的行业形势，万科应该继续积累融资经验，如拓宽融资渠道、降低融资成本或从海外融资市场融资。由于详细规划了资本需求和缺口，融资应该更加准确和谨慎。前置融资战略，及时、足额、低成本、低风险地获取融资，及早启动外部融资，保持财务杠杆的相对稳定性，满足资本运营和投资需求，为企业战略提供必要的财务支持，提高项目管理能力和资金使用效率，保持稳定可控的资产负债率。

在负债政策上，企业应谨慎对待高水平的资产负债率以及高水平的财务杠杆，此外要适当控制负债率以防止公司形成过高的负债率。由于万科现处于盈余资金的状态中，公司需要相应地降低债务和降低债务比率。而且，为了时刻保持公司的高偿付能力，有必要保持适度稳定的速动比率和现金比率。

2. 着重提高营运效率

第一，进一步提高产品标准化水平，提升效率和在开发方面提速，优化资本效率并降低开发成本，对外包业务重点监管，严抓质量问题；第二，做好预售工作，继续保持极强而又稳定的预售功能；第三，丰富自身营销方式，降低代理销售成本；第四，在保持持续的高资产周转率的同时，要高度重视利润率的情况，创造上下游之间的紧密合作的良好氛围。

3. 整合投资效率并进行适当的股利政策优化

首先，由于住房市场受国家宏观政策的影响太大，住房市场必然受到重视，但与此同时，住房和商业地产的产品结构和投资比例应根据市场情况的发展随时调整。其次，受互联网的影响，同质化或竞争力小的商业地产一定慎入，在识别差异化细分市场和核

算投资性房地产方面应该更加谨慎细致，并增加对主要发展业务的盈利能力关注。最后，对分散的多元化产业和新拓展业务的收紧集中管理将导致更高的资源集中度，实现最大化效率，并产生相应的传导效应。

同时，万科应继续推行稳定可靠的股利分配政策，对外部传播有利信息，形成健康发展的公司形象。在最终确定股息分配形式和股息支付率时，应根据公司的发展和发展战略制定适当的股利政策。

第 10 章
自繁自养，向阳生长
——基于哈佛分析框架的 MY 股份财务分析

一直以来，生猪养殖行业就呈现出明显的周期特征，本章选取了生猪养殖行业的一个波动周期，以被誉为“猪茅”的 MY 股份作为研究对象，从经营战略、财务指标、投资倾向等方面对其自繁自养的一体化经营模式及财务风险进行分析，揭开 MY 顺势而为、向阳生长的面纱，希望能对 MY 股份及其他处于具有周期性波动特征行业的企业带来一些启发。

10.1 MY 股份企业概况

MY 集团位于河南省南阳市，始建于 1992 年，历经 30 年发展，现已形成以生猪养殖为核心，集饲料加工、种猪育种、商品猪饲养、屠宰加工为一体的猪肉产业链，总资产 2 120 亿元，员工 14 万人，子公司 300 余家。旗下 MY 食品股份有限公司于 2014 年上市，养猪业务遍及全国 24 省（区）102 市 215 县（区），2021 年出栏生猪 4 026. 3 万头。MY 始终秉承“让人们吃上放心猪肉”的美好愿景，采用“全自养、全链条、智能化”的生产模式，科技赋能养猪产业，致力于打造安全、美味、健康、环保的高品质猪肉。其业务产业链的布局如图 10 - 1 所示。

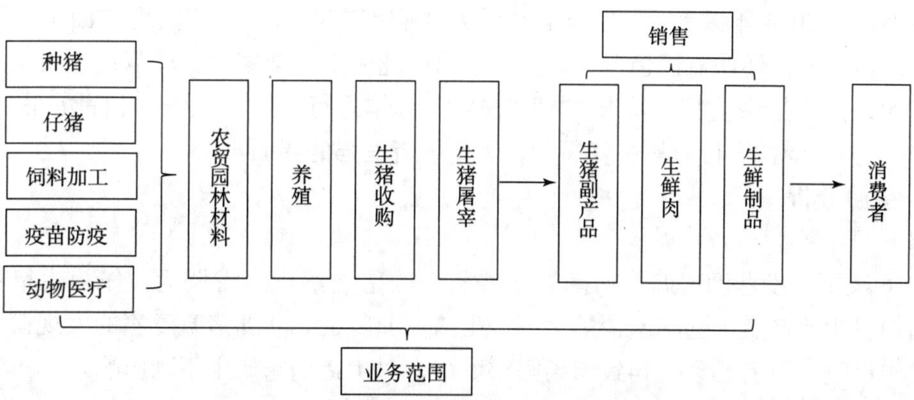

图 10 - 1　MY 股份生猪 - 种猪产业链布局

10.2　MY股份战略分析

10.2.1　MY股份SWOT分析

1. 机会分析

从行业集中度看，我国生猪养殖行业具有典型的“小企业，大市场”的特点。虽然目前行业的市场规模超过万亿，但行业集中度较低，大规模猪企的数量偏少。以生猪出栏量作为衡量行业集中度的标准，2021年上半年我国A股上市企业生猪出栏量居前的五家企业合计出栏3 543.35万头。如图10－2所示，MY股份生猪出栏量位居全国第一，为1 743.70万头，占全国生猪总出栏量的份额为5.17%。正邦科技与温氏股份的生猪出栏量占比分别为2.07%与1.39%；新希望生猪出栏量占比为1.23%，位居全国第四。

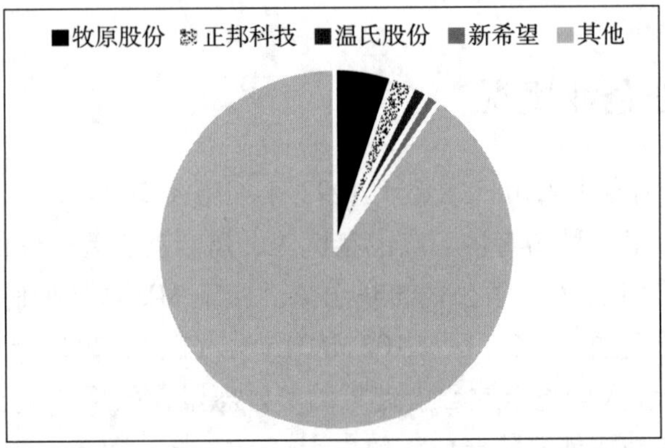

图10－2　2021上半年我国生猪养殖行业竞争格局

另外，自2014年以来，国家层面和地方政府都在畜禽业环境治理方面出台了多项环保性政策法规，环保监管趋严背景下，落后产能退出，规模化、规范化龙头企业市场份额扩大，行业集中度提升有望加速。MY股份作为行业龙头之一，目前市占率只有5%，有望充分受益于行业集中度提升，呈现强者恒强的局面。

2. 威胁分析

（1）疫情疾病。

2018我国爆发非洲猪瘟，河南等一些省份的猪肉禁止跨省调运，作为生猪养殖第二大省份，生猪产量远远高于销量，不少生猪被迫压栏。非洲猪瘟疫病的大规模发生与流行，也影响消费者心理，导致市场需求萎缩，对生猪销售产生不利影响。

（2）行业周期下行。

商品猪市场价格呈现周期性波动，2019 年至 2020 年全年，行业进入上行周期，猪价飞涨，但在 2021 年猪价开始下降，未来，若生猪销售价格持续低迷，则公司将存在业绩大幅下降、甚至亏损的风险。

3. 优势分析

MY 股份通过 20 多年的时间将大部分的产业链打通，形成了集饲料加工、育种、扩繁、养肥的现代工业养猪流程。每一环节的各类细节和环节之间的搭配都需要时间和精力去打磨，且竞争对手无法短时间内复制。另外该一体化流程还带来了协同效应，养殖成本大大降低。

4. 劣势分析

（1）产品结构单一。

MY 股份有限公司产品结构单一，不能分散和对冲猪肉价格下跌时的风险。2020 年 MY 股份营业收入中生猪销售占比 97.92%，尽管正因如此，MY 股份的净利润才能在处于行业上行周期的 2020 年赚得盆满钵满，但若处于行业下行周期，公司的业绩可能不会太好看，因此单一的产品结构会使 MY 股份业绩波动程度变大。

（2）重资产经营模式资金压力大。

MY 股份采用的一体化养殖模式具有显著重资产特征，使得公司在产能扩张与日常运营中存在较大的资金需求，而在猪价下行周期中，猪肉价格低迷将会导致公司经营现金流入下降，加大资金面压力，从而对经营造成一定压力，限制公司产能扩张。

10.2.2 MY 股份发展战略

1. 食品安全战略

MY 股份持续完善“全自养、全链条、智能化”的经营模式，通过建立严密的食品安全管理体系，加强食品安全管理，为社会提供安全、健康的猪肉产品。

2. 科学育种战略

种猪资源是生猪养殖行业的“芯片”，MY 股份通过科学化的育种技术，提高种猪的遗传性能，改善猪肉的品质和口感，降低饲养成本，提升养殖效率。MY 股份通过进一步扩大核心种猪群规模，保持了在国内生猪育种领域的领先地位，为不断扩大商品猪的饲养规模奠定基础。截至 2020 年末，MY 股份已出资设立 8 家种猪公司开展种猪育种及销售业务，向社会提供优质种猪的同时，提升了公司育种水平。

3.“全自养、全链条、智能化”战略

“全自养、全链条、智能化”经营模式可以实现集约化生产经营，并且可以利用资金、技术、人才等优势，快速提高养殖规模与养殖效率，有效把控食品安全。

为顺应畜牧业规模化养殖的趋势，MY 股份将继续实施全自养、全链条、智能化的战略，进一步扩大饲料加工、种猪选育、种猪扩繁、商品猪饲养、屠宰肉食等生产环节经营规模，不断提高猪肉品质与食品安全标准。

4. 标准化生产战略

MY 股份通过自主研发和创新，设计适合中国养殖业现状的标准化猪舍和自动化养殖设备。公司已申请猪舍设计、猪舍智能送料系统、猪舍智能液态饲喂装置等多项专利技术，推进中国生猪养殖业标准化、工业化水平的进一步提升。

MY 股份将通过优化内部生产流程、加强生产各环节品质控制，进一步完善标准化的生产经营模式，提高产品的生产效率和质量，保证食品安全。

5. 人才战略

“全自养、全链条、智能化”的经营模式，决定了公司对高素质管理人才、跨学科人才、技术熟练工人的大量需求。公司秉承“以人为本”的经营理念，坚持人才自主培养，建立科学的薪酬体系和完善的人才培养方案，形成完整、合理、科学、有效的人才层次体系，为公司的快速发展提供人才支撑。

10.3 MY 股份会计分析

10.3.1 重要会计政策和会计估计的识别

企业财务报表中的数据是在相关会计政策和所适用的会计估计的基础上，按照一定会计程序加工编制的，而财务分析是在财务报表数据的基础上进行的，因此为了确保财务分析的准确性和有效性，必须先了解企业的会计政策和会计估计。

如图 10-3 所示，固定资产、存货、在建工程和生产性生物资产在 MY 股份的资产中占比较大，结合生猪行业特点和当前我国出台的政策，本章将选取固定资产、生物资

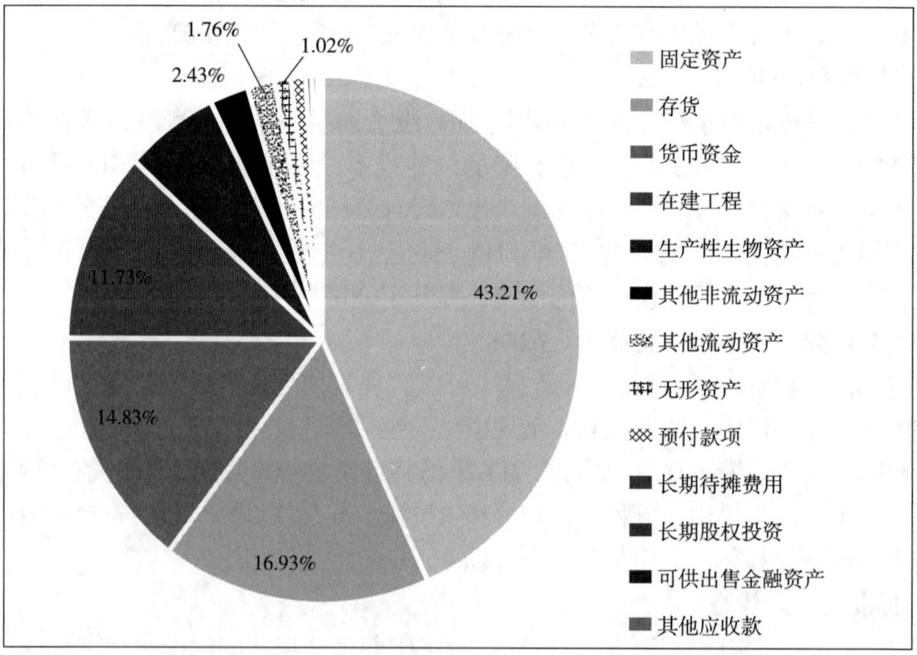

图 10-3 MY 股份 2017—2020 年各项资产平均比重

产和政府补助作为关键会计估计和会计政策的代表性科目，其中生物资产既包括划分到存货中的消耗性生物资产，又包括生产性生物资产，通过分析这些代表性科目的会计处理，来对公司会计信息质量做出评价。

1. 固定资产

MY股份2020年财报中固定资产的金额为580.30亿元，在总资产中占比47.73%，如图10-3所示，在2017—2020年期间，MY股份的固定资产平均占比为43.21%，是资产的重要组成部分。每年固定资产的折旧的金额较大，因此有对固定资产折旧相关的会计政策和会计估计进行研究的必要性。

2. 生物资产

作为生猪养殖企业，生物资产在公司的总资产中占有重要的地位。MY股份2020年度报告显示，其生物资产账面价值为214.40亿元，占资产总额的17.48%，其中划分到存货的消耗性生物资产为139.98亿元，作为生产性生物资产列示的金额为74.42亿元。因此需要对生物资产科目所涉及的会计政策和会计估计进行重点分析，主要包括生物资产的减值准备、发出计价等。

3. 政府补助

国家对生猪养殖行业出台了一系列鼓励生产经营的政策，各级政府也积极响应，颁布了扶持生猪产业发展的办法和规定。MY股份作为养猪行业的龙头企业，2020年获得政府补助9.49亿元。由于补助的金额较大，对当年净损益的影响较大，因此需要对该科目的会计处理进行分析。

10.3.2　重要会计政策和会计估计的分析

1. 固定资产

（1）MY股份当前采取的会计政策和会计估计。

公司对固定资产均采用年限平均法，净残值率统一规定为5%。具体的年限及折旧率如表10-1所示：

表10-1　固定资产折旧会计政策

类别	折旧方法	折旧年限	残值率	年折旧率
房屋及建筑物	年限平均法	10-20	5%	4.75%-9.50%
机器设备	年限平均法	3-10	5%	9.50%-31.67%
运输工具	年限平均法	6	5%	15.83%
其他	年限平均法	3-10	5%	9.50%-31.67%

（2）固定资产会计政策和会计估计的分析。

如表10-2所示，MY股份固定资产的构成比例中，房屋及建筑达到73.04%左右的比重，主要为厂房和办公楼。

表 10-2　2017—2020 年 MY 股份固定资产科目明细

项目	房屋、建筑物	机器设备	运输工具	其他	合计
2020 年	427. 52	136. 27	102. 33	112. 87	585. 30
2019 年	134. 65	45. 18	4. 08	4. 73	188. 64
2018 年	99. 27	32. 13	1. 85	2. 19	135. 44
2017 年	77. 71	25. 52	1. 49	1. 25	105. 97

我国税法规定，房屋及建筑物的折旧年限为 20 年，而 MY 股份采取的折旧年限为 10—20 年。根据其以往年度年报和半年报中折旧的测算，其中较大比例的厂房采用 10 年的折旧年限，以 2020 年为例，房屋及建筑物的期初账面原值为 166. 07 亿元，期末原值为 479. 05 亿元，而当年计提的房屋及建筑物的折旧高达 20. 32 亿元，结合 MY 股份 2020 年半年报数据，其中有一半的固定资产为下半年新增，因此其折旧率在 8% 左右。同行业的大型猪肉养殖上市企业，温氏股份房屋及建筑物的折旧年限为 12—20 年，新希望为 10—40 年，正邦科技为 20—40 年，可见 MY 股份在固定资产的折旧处理中倾向于较多的计提折旧。由于计提的金额较大，可能存在固定资产的预计使用年限与实际不符的风险。

2. 生物资产

（1） MY 股份当前采取的会计政策和会计估计。

MY 股份的生物资产包括消耗性生物资产和生产性生物资产。

①消耗性生物资产。

MY 股份将消耗性生物资产计入存货项目中进行核算。如图 10 - 4 所示，存货中消耗性生物资产占比约 66%，是存货的主要组成部分。消耗性生物资产包括仔猪、保育猪、育肥猪和绿化环保用林木等。仔猪是指处于出生日至断奶日阶段的猪，体重约从 1. 5 公斤至 6 公斤。保育猪是指断奶后至转育肥栏阶段的猪，体重约从 6 公斤至 25 公斤。育肥猪是指从转入育肥栏至出栏日阶段的猪，体重约从 25 公斤至 110 公斤。

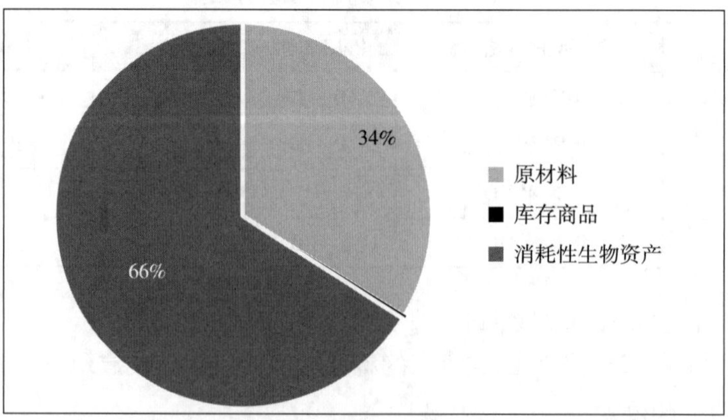

图 10 - 4　2020 年 MY 股份存货项目构成

成本计量：MY 股份对其消耗性生物资产的成本计量主要包含其在可以出售状态之前所发生的人工费用、饲料费用、应分摊的固定资产折旧费用以及其他应分摊的间接费用等。

发出计价：公司对于消耗性生物资产的发出按重量采用月末一次加权平均法计价。

减值准备：当消耗性生物资产受到自然灾害、疫情疾病、市场需求减少等原因，导致其可变现净值低于账面价值的，按照可变现净值低于其账面价值的差额，计提跌价准备。

②生产性生物资产。

MY 股份的生产性生物资产包括：未成熟的种猪、成熟的种猪以及其他生物资产，种猪包括种公猪和种母猪。

成本计量：公司的生产性生物资产主要通过外购和自行繁育两种途径获得。其中外购的生产性生物资产的成本包括购买价、相关税费、运输费、保险费及可直接归属于购买该资产的其他支出；自行繁育的生产性生物资产，成本包括其达到预定生产经营目的前发生的饲料费、人工费、应分摊的固定资产折旧费、成熟的生产性生物资产折旧费及其他应分摊的间接费用等。

计提折旧：MY 股份采用年限平均法对生产性生物资产计提折旧。公司成熟的生产性生物资产的预计使用寿命、预计净残值和折旧方法列示如表 10-3 所示。

表 10-3　生产性生物资产折旧方法

类别	预计使用寿命	预计净残值率	月折旧率
种猪	30 个月	30%	2.33%

发出计价：生产性生物资产中的成熟种猪采用个别计价法核算发出成本。

减值准备：当生产性生物资产可收回金额低于其账面价值的，按照可收回金额低于账面价值的差额计提生产性生物资产减值准备。生产性生物资产减值准备一经计提，以后不再转回。

（2）生物资产会计政策和会计估计分析。

表 10-4　2017—2020 年 MY 股份生产性生物资产变化情况　　单位：亿元

生产性生物资产	2020 年	2019 年	2018 年	2017 年
账面原值	82.33	41.94	17.37	16.13
累计折旧	7.91	3.59	2.76	2.11
减值准备	0	0	0	0
账面价值	74.42	38.35	14.61	14.02

2017—2020 年养殖行业经历了一个完整的猪肉价格波动周期，2017 年下半年和 2018 年期间，猪肉价格处于下行阶段，价格持续走低。2018 年公司的生猪平均销售价格仅为 11.62 元/公斤，为近四年最低。虽然 2018 年全年的净利润为 5.2 亿，但其中与收益相关的政府补助就高达 4.2 亿元，还有各种投资项目产生的收益累计达到 7 000 万

元。在该情况下2018年公司没有对生物资产进行计提减值准备的迹象。而与此同时，同行业的其他上市公司例如温氏股份、西部牧业、天山生物，都在2017年和2018年对生物资产计提了不同程度的减值。MY股份未曾计提过减值，一方面显示出公司的成本控制能力较强，另一方面可能说明生物资产减值准备方面的谨慎性不足。

3. 政府补助

（1）MY股份当前采取的会计政策和会计估计。

MY股份将政府补助分为与资产相关的政府补助和与收益相关的政府补助分别进行处理。

①与资产相关的政府补助。

认定条件：公司将所取得的用于购建或以其他方式形成长期资产的政府补助界定为与资产相关的政府补助。

处理方法：与资产相关的政府补助，确认为递延收益，并在相关资产使用寿命内平均分配，计入当期损益。

②与收益相关的政府补助。

认定条件：公司将所取得的除用于购建或以其他方式形成长期资产之外的政府补助界定为与收益相关的政府补助。

处理方法：与收益相关的政府补助，用于补偿公司以后期间的相关费用或损失的，确认为递延收益，在确认相关费用期间，计入当期损益；用于补偿公司已发生的相关费用或损失的，直接计入当期损益或冲减相关成本。

（2）政府补助会计政策和会计估计分析。

如表10-5所示，MY股份的政府补助会按照用途被划分进营业外收入或其他收益，另外具有贴息性质的政府补助将被划分到财务费用，MY股份每年取得的政府补助金额较大，种类较多，因此要格外注意其政府补助种类的是否划分正确，计入当期损益和递延收益的金额是否准确。

表10-5 MY股份2020年政府补助基本情况

种类	金额	列报项目	计入当期损益的金额
财政贴息	96 266 155.00	财务费用	96 266 155.00
环保类补助	446 000.00	营业外收入	446 000.00
其他类补助	383 893.17	其他收益	383 893.17
其他类补助	8 875 799.52	营业外收入	8 875 799.52
生产活动类补助	457 795 779.60	其他收益	447 871 720.60
生产活动类补助	73 355 450.94	营业外收入	12 841 068.94
研发类补助	159 600.00	其他收益	159 600.00
研发类补助	2 600 000.00	营业外收入	2 600 000.00
政府奖励类补助	11 919 659.00	营业外收入	11 919 659.0

10.4　MY 股份财务分析

本章针对公司的重要指标，采取财务比率分析方法，分析公司的偿债能力、盈利能力、营运能力、成长能力。从横向和纵向两个维度，纵向是对公司历年数据的对比，横向是对该行业其他可比企业的相关指标进行对比，包括温氏股份、新希望和正邦科技。其中温氏股份的公司市值和营业收入常年位居国内养殖业第一，是国内生猪养殖规模唯一超过 MY 股份的标杆企业。

10.4.1　偿债能力分析

1. 偿债能力历史纵向比较分析

（1）资产负债表结构分析。

如表 10 - 6 所示，MY 股份 2020 年负债合计为 565 亿元，较上年翻了一番，其中短期借款、长期借款、一年内到期的非流动负债、应付债券合计 313 亿元，较上年增长 269%。据其 2020 年年报显示，MY 股份的短期借款和长期借款的大幅增加主要系 2020 年保证借款剧增所致，其中短期保证借款增加 116 亿元，占当年短期借款增加总额的 94%，长期保证借款增加 82 亿元，占当年长期借款总增加额的 89%。另外，MY 股份在 2020 年 9 月时出现了存贷双高的情况，其对深交所问询函的回复中说明了其“大存大贷”的合理性，首先公司有息债务余额占资产总额、营业收入、经营和建设资金支出规模比例与以往年度的平均值差异不大；其次公司 202 亿元和长期借款大幅增长的原因是其“全自养、全链条、智能化”的养殖模式决定的，生猪养殖场区的建设需投入大量的资金，另外也为了满足四季度集中采购和工程款支付的需求。

表 10-6　MY 股份 2017—2020 年负债情况　　单位：万元

项目	2020 年		2019 年		2018 年		2017 年	
	金额	占比	金额	占比	金额	占比	金额	占比
短期借款	1 653 251	29.25%	425 608	20.10%	471 492	29.22%	356 033	31.48%
交易性金融负债	2 601	0.05%	—	0.00%	—	0.00%	—	0.00%
应付票据	194 277	3.44%	335 942	15.87%	74 896	4.64%	6 655	0.59%
应付账款	1 462 344	25.87%	509 801	24.08%	271 263	16.81%	152 029	13.44%
预收账款	—	0.00%	22 067	1.04%	3 928	0.24%	1 218	0.11%
应付职工薪酬	169 091	2.99%	47 055	2.22%	23 584	1.46%	17 586	1.56%

续表

项目	2020 年		2019 年		2018 年		2017 年	
	金额	占比	金额	占比	金额	占比	金额	占比
应交税费	4 223	0.07%	2 236	0.11%	836	0.05%	519	0.05%
应付利息	13 867	0.25%	11 243	0.53%	10 490	0.65%	5 988	0.53%
应付股利	—	0.00%	3 663	0.17%	—	0.00%	—	0.00%
其他应付款	402 684	7.12%	248 365	11.73%	48 380	3.00%	43 965	3.89%
一年内到期的非流动负债	285 185	5.05%	131 019	6.19%	194 141	12.03%	28 578	2.53%
其他流动负债	111 065	1.96%	79 913	3.77%	259 756	16.10%	219 730	19.43%
流动负债合计	4 354 342	77.04%	1 816 913	85.80%	1 358 766	84.22%	832 301	73.60%
长期借款	1 033 789	18.29%	111 673	5.27%	106 949	6.63%	153 430	13.57%
应付债券	159 307	2.82%	178 987	8.45%	139 039	8.62%	139 262	12.32%
长期应付款	78 861	1.40%	—	0.00%	3 965	0.25%	3 926	0.35%
长期递延收益	25 903	0.46%	9 928	0.47%	4 705	0.29%	1 884	0.17%
非流动负债合计	1 297 860	22.96%	300 588	14.20%	254 657	15.78%	298 501	26.40%
负债合计	5 652 202	100.00%	2 117 502	100.00%	1 613 423	100.00%	1 130 803	100.00%

MY 股份的负债结构中流动负债占比较高，2017—2020 年流动负债结构虽有变化，但均保持在 73% 以上。MY 股份的流动负债主要来源于短期借款和应付账款，其中短期借款占总负债比例较为稳定，除 2019 年下降至 20% 以外，一直稳定在 30% 左右。较大程度依赖于短期借款可能会在短期内给企业造成财务压力。

（2）偿债能力指标分析。

①短期偿债能力。

企业的流动比率、速动比率和现金比率主要用来衡量企业的短期偿债能力。如表 10-7 所示，2017—2020 年内，MY 股份的流动比率、速动比率和现金比率均呈现较为明显的波动趋势。MY 股份的流动比率在 2017—2020 年期间在 0.72 ~ 1.08 之间反复波动，速动比率在 0.29 ~ 0.68 之间波动，现金比率则在 0.20 ~ 0.60 之间波动，可见近 4 年内 MY 股份的短期偿债能力指标上下浮动大，偿债能力发展不稳定。

表10-7　偿债能力指标历史纵向比较表

项目	2020年	2019年	2018年	2017年
流动比率	0.89	1.08	0.72	1.05
速动比率	0.41	0.68	0.29	0.55
现金比率	0.34	0.60	0.20	0.50
资产负债率（%）	46.09	40.04	54.07	47.03
权益乘数	1.85	1.67	2.18	1.89
利息保障倍数	4.52	12.98	1.98	8.58

另外，公司的生猪养殖行业的速动比率优秀值为0.6，行业平均值为0.525，而MY股份的速动比率在2018和2020年均低于行业平均值，可见MY股份的短期负债水平较高，短期偿债能力较弱。尽管MY股份的流动比率和速动比率较低，但其现金比率较高，公司的现金比率与速动比率差距不大，说明公司流动资产的变现能力较强，这是由于公司现行的销售模式所致，公司采用钱货两清的现销模式，一直以来的应收账款都为0。大量的现销导致公司的现金比率处于较高的状态，如果企业现金类资产获利能力低，可能会导致企业当年的机会成本增加。

②长期偿债能力。

长期偿债能力主要包括还本能力和付息能力，还本能力可通过反映资本结构和财务杠杆的资产负债率和权益乘数衡量，付息能力可通过利息保障倍数衡量。

如表10-7所示，MY股份的平均资产负债率为46.81%，高于生猪养殖行业的平均值。这与公司采取的养殖模式有很大关系：一体化的自繁自养方式属于重资产模式，每一次的产能扩张都要大量投资建厂，对于资金的要求较大。2017—2020年，养殖子公司已由80家扩建到241家，增长3倍之多，其中2020年新增103家子公司/孙公司，较上年增长将近一倍。另外，MY股份的权益乘数除2018年大于2.0之外，一直在1.8左右波动，且一直维持在1.67以上，可见其权益乘数仍有继续下降的潜力，长期偿债能力较为稳定，仍有继续提高的可能。

2018年利息保障倍数相对于上年有明显的下降，结合产权结构分析，负债的比重并没有大幅度得提升，利息费用的比重保持稳定。因此是息前利润的下滑，导致利息保障倍数大幅度的下降。原因是2018年猪肉价格低迷，公司盈利情况一般。但1.87的利息保障倍数仍大于1，表明公司的付息能力在2018年虽然急剧下降，但仍在风险可控的范围内。在2018年之后，公司的利息保障倍数又急剧上升，2019年达到12.98的高峰，尽管2020年又下降到4.52，波动幅度大，但整体看来公司的付息能力较强，财务风险较小。

影响公司偿债能力的因素，除了财务报表反映的一些指标外，一些表外因素也很重要，比如银行授信额度、公司声誉等。根据公司的董事会公告可以获知，得益于上市后良好的信用，在国内银行贷款方面，与MY股份合作的银行已有30家，授信余额227.5亿元，2022年计划拿到授信的金额增长到700亿元。良好的信用与充足的银行授信额度，这些都为公司的偿债能力提供了有效的保障。

2. 偿债能力同行业横向比较分析

2020 年的 MY 股份与其他三家企业的偿债能力指标如表 10-8 所示。从流动比率看，MY 股份为 0.89，在行业内处于较低水平，温氏股份 2020 年流动比率为 1.37，在 4 家企业中最高。就速动比率而言，MY 股份 2020 年速动比率为 0.41，依旧为 4 家企业中最低，正邦科技的速动比率最高，为 0.70。从现金比率来看，MY 股份的现金比率为 0.34，处于上游水平，仅次于现金比率 0.50 的正邦科技。MY 股份在速动比率不高的情况下能保持较高的现金比率，可见其速动资产中绝大部分为现金，因此短期偿债能力较强，但仍需优化公司财务结构，进一步提高短期负债能力。

表 10-8　2020 年偿债能力指标同业横向比较表

项目	MY 股份	温氏股份	新希望	正邦科技
流动比率	0.89	1.37	0.91	1.22
速动比率	0.41	0.58	0.42	0.70
现金比率	0.34	0.11	0.28	0.50
资产负债率（%）	46.09	40.88	53.06	58.56
权益乘数	1.85	1.69	2.13	2.41
利息保障倍数	4.52	41.60	7.84	8.11

数据来源：网易财经。

从长期偿债能力方面来看，4 家企业的资产负债率均在 50% 左右，其中 MY 股份 2020 年资产负债率为 46.09%，权益乘数为 1.85，在同业中处于较好水平，仅次于行业龙头温氏股份，说明其长期偿债能力较强。根据 4 家企业披露的财报，生猪养殖业公司的资金相对充足，负债占比较高是行业特性，主要是为了缴纳供应商的货费，预收账款以及相关的税费。另外，MY 股份 2020 年的利息保障倍数为 4.52，在 4 家企业中最低；温氏股份则为 41.60，远高于其他可比企业，可见其付息能力非常强，财务风险极低。

10.4.2　盈利能力分析

1. 盈利能力历史纵向比较分析

（1）净利润和营业收入。

如表 10-9 所示，从 2014 年上市以来，公司采用大规模一体化的养殖模式，通过在全国设立全资子公司实现快速扩张，随着养殖规模不断扩大，主营业务收入每年有大幅度的提升。2017—2020 年营业收入从 100.42 亿元迅速增长至 562.77 亿元，年均复合增长率达 78%。其中 2016 年与 2017 年的净利润达到利润最高值，这两年的主营业务净利率和销售净利率也高于往年。整体来看，近几年公司的盈利指标呈现较大程度的波动，这与猪肉价格的周期性波动呈现高度的相关性。

表 10-9　盈利能力指标历史纵向比较表

项目	2020 年	2019 年	2018 年	2017 年
净利润（万元）	2 745 142	611 436	52 021	236 553
营业收入（万元）	5 627 707	2 022 133	1 338 816	1 004 242
销售毛利率（%）	60. 68	35. 95	9. 82	29. 81
营业利润率（%）	54. 06	31. 23	3. 91	23. 79
销售净利率（%）	53. 97	31. 34	3. 94	23. 56
总资产净利率（%）	34. 61	15. 32	1. 96	12. 8
净资产收益率（%）	54. 46	26. 46	4. 23	18. 57

（2）销售毛利率、营业利润率和销售净利率。

如表 10-9 所示，MY 股份的销售毛利率在 2018 年从上年 29. 81% 下降至 9. 82%，但除了 2018 年下降明显外，MY 股份的销售毛利率整体呈上升趋势，2017 年毛利率为 29. 81%，2020 年毛利率则为 60. 68%，翻了一番，上升幅度较大，说明其盈利能力逐年提升，另外其营业利润率和销售净利率与销售毛利率几乎保持了同样的变动趋势，且净利率与销售毛利率之间差距较小，说明其营业费用控制较好。

如图 10-5 所示，国内生猪价格波动周期为 3—4 年左右。过去 10 年时间里，生猪价格经历了三轮完整周期：生猪价格分别在 2008 年 4 月，2011 年 10 月，2016 年 6 月和 2019 年 11 月达到历史高点。在最新一轮的猪肉价格周期波动中，猪肉价格在 2019 年末达到历年最高，并在 2020 全年维持高位，反应在公司的业绩中，2020 年净利润达到 274. 51 亿元，销售毛利率达到 60. 68%，销售净利率达到 53. 97%，可见随着产能的不断提高，在猪肉价格回升时，公司将获得高额盈利。

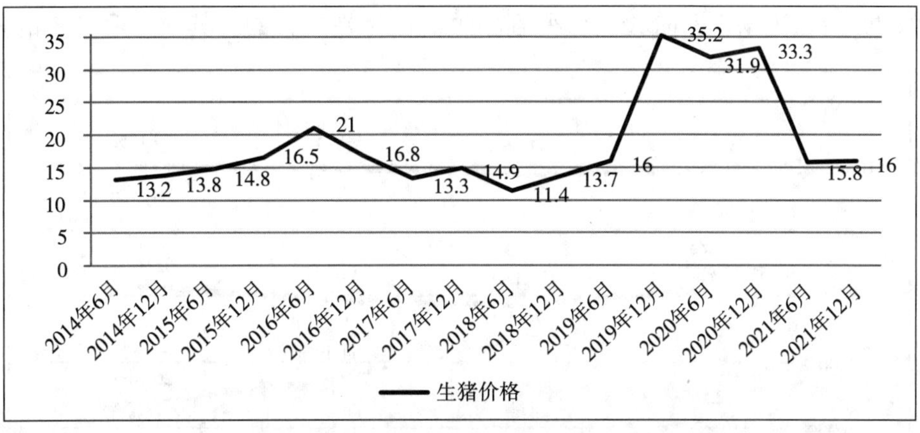

图 10-5　2014—2021 年生猪价格走势

（3）总资产净利率和净资产收益率。

MY 股份的总资产净利率和净资产收益率与其毛利率和净利率波动趋势相同，均为 2018 年大幅下降，但整体趋势上升，其总资产净利率由 2017 年的 12. 8% 上升至 2020

年的34.61%，净资产收益率由2017年的18.57%上升至2020年的54.46，上升幅度明显，表明企业的净资产使用效率较高，盈利水平较强。

2. 盈利能力同行业横向比较分析

（1）销售毛利率、营业利润率和销售净利率。

如表10-10所示，MY股份2020年销售毛利率为60.68%，温氏股份和正邦科技的销售毛利率保持在20%左右，而新希望毛利率最低，仅为10%，可见MY股份的毛利率远高于行业内其他可比企业，盈利能力较强。另外MY股份2020年的营业利润率与销售净利率为54%左右，且两个指标之间数据差距较小，仅为1%，可见MY股份对成本费用的控制较好；而温氏股份和正邦科技的营业利润率为11%左右，新希望最低，仅为6%左右。

表10-10　2020年盈利能力指标同业横向比较表

项目	MY股份	温氏股份	新希望	正邦科技
销售毛利率（%）	60.68	19.61	10.61	22.35
营业利润率（%）	54.06	11.19	6.13	12.82
销售净利率（%）	53.97	9.99	5.32	12.13
总资产净利率（%）	34.61	10.25	6.73	13.24
净资产收益率（%）	54.46	16.22	24.56	24.7

MY股份的毛利率、净利率大幅高于同行的主要原因有二，首先与MY相比，其他企业的非猪业务占比相对较大，温氏股份包括肉鸡养殖等、新希望包括饲料业务和禽业养殖等、正邦科技包括饲料业务等，而2020年处于养殖行业的上行周期，导致其他几家企业无法充分享受市场的红利。如图10-6所示，MY专注养猪，养猪业务的营收占比超过97%，在市场上升阶段，所得到的收益自然是最大的。其次，毛利率的差异也

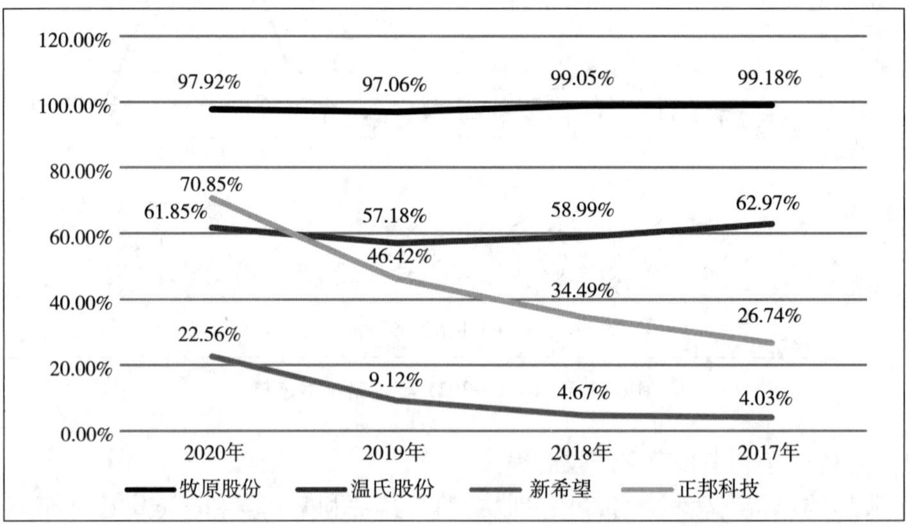

图10-6　生猪养殖业务收入占营业收入比例

与公司的养殖模式有关，除 MY 外，其他三家公司都采取“公司 + 农户”的代养模式，在非洲猪瘟的影响下，种猪和仔猪死淘率偏高，都出现了不同程度的“猪荒”。MY 近年来一直在销售种猪和仔猪给同行，可以说其他家的成本，就是 MY 的收入，整体成本和后期的利润空间自然就有了差距。

（2）总资产净利率和净资产收益率。

如表 10 - 10 所示，2020 年 MY 股份的总资产净利率为 34.61%，净资产收益率为 54.46%，两个指标均为四家公司中最高水平，且大幅领先于其他公司，MY 的高回报主要还是由高净利决定的，若无需扩张，MY 的净利率可以进一步上升、负债率进一步下降。由于 2020 年为生猪养殖业的上行周期，而 MY 股份 97% 的收入来自生猪养殖，收益较大，另外 MY 股份具有一条完备的集科研、饲料加工、生猪育种、种猪扩繁、商品猪饲养、生猪屠宰等环节于一体的生猪产业链，并拥有自动化水平较高的猪舍和饲喂系统，因此在规模化经营、生产成本控制等方面拥有明显的竞争优势。

10.4.3　营运能力分析

1. 营运能力历史纵向比较分析

如表 10 - 11 所示，MY 股份应收账款周转天数在 2017—2018 年为 0，2019—2020 年也保持在极低的水平，系其应收账款科目余额较小所致，这与公司采取的钱货两清的现销模式相关。应收账款的周转率并非越低越好，因为在风险可控的范围内适度的赊销能进一步的扩大公司销售额，因此 MY 股份可以适当赊销，如此可提高盈利水平。

表 10-11　营运能力指标历史纵向分析比较表

项目	2020 年	2019 年	2018 年	2017 年
应收账款周转天数（天）	0.11	0.28	—	—
存货周转率（次）	1.56	2.00	2.41	2.07
总资产周转率（次）	0.64	0.49	0.5	0.54

存货方面，MY 股份的存货主要包括原粮、豆粕等原材料和仔猪、保育猪、育肥猪等消耗性生物资产。近几年存货金额增加较快，但考虑存货均属于公司生产过程中的消耗物资，基本没有积压的风险，因此整体运营能力较好。MY 从 2017 年到 2020 年，总资产周转率保持较为稳定的状态，维持在 0.49 ~ 0.64 之间，且整体呈上升趋势，但上升趋势较缓，主要由于进入 2019 年以来，猪肉价格飞涨，生猪养殖行业进入上行周期，公司营业收入提高，但近几年公司都处于扩张状态，平均资产总额呈现逐年上升的趋势，因此总资产周转率虽然有提高，但提高幅度不大。

2. 营运能力同行业横向比较分析

如表 10 - 12 所示，四家生猪养殖企业的应收账款周转天数均较短，在 3 天以内，尤其是 MY 股份，其应收账款周转天数最短，仅为 0.11 天，这与其现销现付的销售模式相关。存货方面，MY 股份的存货周转率最低，仅为 1.56，温氏股份和正邦科技存货周转率相近，为 4.5 左右，新希望的存货周转率为 7.87，在 4 家企业中处于最高水平。

由于生猪养殖业的产品具有流通率高、市场需求大等特点，因此尽管 MY 股份的存货周转率低，但几乎没有积压风险。另外，MY 股份的总资产周转率为 0.64，其他 3 家公司的总资产周转率均大于 1，可见其总资产周转率处于较低水平，主要由于近年来 MY 股份激进的扩张战略及其重资产的经营模式，其每年的总资产增长幅度都近乎翻倍，因此其总资产周转率较同行业其他公司低。

表 10-12　2020 年营运能力指标同业横向比较表

项目	MY 股份	温氏股份	新希望	正邦科技
应收账款周转天数（天）	0.11	1.56	2.88	1.82
存货周转率（次）	1.56	4.67	7.87	4.11
总资产周转率（次）	0.64	1.03	1.26	1.09

10.4.4　成长能力分析

1. 成长能力历史纵向比较分析

如表 10-13 所示，2017—2020 年期间 MY 股份的主营业务收入增长率整体呈上升趋势，尤其在 2020 年，我国猪肉价格飞涨，生猪养殖行业进入上行周期，当年 MY 的主营业务增长率达到 178%。MY 股份净利润增长率也较为可观，除 2018 年受生猪市场周期和下半年猪瘟影响，当年净利润增长为 -77% 外，其余各年 MY 的净利润均保持了正向增长，尤其是在 2019—2020 年，净利润增长率远大于主营业务收入增长率，可见其对成本费用的把控较好。

表 10-13　营运能力指标历史纵向分析比较表

项目	2020 年	2019 年	2018 年	2017 年
主营业务收入增长率（%）	178.31	51.04	33.32	79.14
净利润增长率（%）	379.37	1 099.91	-77.68	1.88
净资产增长率（%）	108.46	131.34	7.62	124.97
总资产增长率（%）	131.87	77.22	24.11	85.94

2017—2020 年，MY 股份的总资产均保持了正向增长，且增长率逐年提升，在 2020 年甚至达到了 131.87%，同时其净资产增长率除 2018 年为 7.62% 外，其余各年均维持在 100% 以上，2018 年净资产增长率降低的主要原因是受非洲猪瘟和生猪市场周期的影响，

生猪价格较 2017 年下降 19.7%，因此净利润降低，导致净资产增长率较低。整体来看，2020 年以前，MY 股份的总资产增长率要高于其净资产增长率，可见其总资产的增长主要依赖于净资产的增长，甚至在一定程度上负债比例有所下降；而在 2020 年，MY 股份净资产的增长已经跟不上总资产的增长，这是由其自繁自养的重资产经营模式和其近年来扩张速度增加导致的，MY 股份开始通过增加负债规模来扩张营业规模。

整体看来，MY 股份主营业务和净利润增长率可观，净资产和总资产增长率也基本

保持了一致，可见未来成长能力良好，且不是牺牲了偿债能力来提升总资产规模的，因此其风险较小，但 MY 股份仍要注意生猪行业的周期约为 3 年，切不可在行业下行周期盲目扩张。

2. 成长能力同行业横向比较分析

如表 10－14 所示，同行业中，MY 股份的主营业务收入增长率和净利润增长率最高，分别达到 178% 和 379%，其次是正邦科技，而温氏股份和新希望的主营业务收入增长率和净利润增长率最低，净利润出现负增长。同处生猪养殖行业，四家企业的净利润增长率相差如此之大的主要原因有三，一是尽管 2020 年生猪养殖业步入上行周期，但生猪养殖在四家企业主营业务中占比不同，MY 股份主营业务收入有 98% 来自生猪养殖，而另外三家企业生猪养殖只占比约 60% 和 20%；二是活禽市场供给过剩和疫情等因素的影响，活禽销售价格较上年同期大幅下降，因此温氏股份的主营业务收入和净利润增长率不甚乐观；三是国内生猪存栏降至低谷，收猪难度加大，而 MY 股份处于产业链上游，多年来一直坚持自繁自养的经营模式，其他企业多采用“农户＋代采”的经营模式，因此可以说 MY 股份相比其他同行来说不会遇到收猪难度大等问题。

表 10－14　2020 年成长能力指标同业横向比较表

项目	MY 股份	温氏股份	新希望	正邦科技
主营业务收入增长率（%）	178.31	2.47	33.85	100.53
净利润增长率（%）	379.37	－48.19	－5.39	252.29
净资产增长率（%）	108.46	2.06	57.34	146.21
总资产增长率（%）	131.87	22.75	70.43	92.2

2020 年 MY 股份的净资产增长率为 108.46%，在四家公司中仅次于正邦科技，处于行业内较高水平，总资产增长率在四家企业中最高，为 131.87%，其次为正邦科技，总资产增长率为 92.2%，而温氏股份的净资产和总资产增长率为四家公司最低，主要由于其 2020 年经营业绩一般，净利润出现负增长的缘故。

10.5　MY 股份前景分析

10.5.1　发展机遇

生猪养殖行业存在明显的周期波动的趋势，且波动周期为 3～4 年，2018 年周期下行叠加非洲猪瘟的影响，生猪价格为 11.4 元/公斤，处于历史低点，之后猪价飞涨，2019 年下半年至 2020 年全年，猪价处于高位，因此 MY 股份在 2019—2020 年期间盈利能力极佳，但这也意味着在未来两年猪肉价格大概率会下降，MY 股份应在行业下行周期，利用自身规模优势，以量补价。

生猪养殖行业呈现明显的“大行业、小公司”格局，当前规模化大型养殖企业的出栏量仅占市场总额的10%，龙头企业未来成长空间巨大。另外，自2014年以来，国家层面和地方政府都在畜禽业环境治理方面出台了多项环保性政策法规，环保监管趋严背景下，落后产能退出，规模化、规范化龙头企业市场份额扩大，行业集中度提升有望加速提升。MY股份目前市占率刚过5%，在本轮去产能的背景下，市场占有份额有望加速提升。

10.5.2 潜在问题及建议

1. 重资产模式资金压力大

由于MY股份采取的是自繁自养的一体化养殖模式，规模扩张需要大量资金支持。公司的资产负债率一直较高，尽管近两年来MY股份的资产负债率有所下降，但在行业中仍处于中等水平，还有进一步提高的空间。另外其短期偿债能力在行业中较弱，可能存在一定的财务风险。

2. 销售方式单一

根据营运能力相关指标的应收账款周转率，公司当前采用的生猪销售模式为钱货两清，应收账款科目近几年都没有发生额。随着MY食品有限公司规模的扩大，生猪出栏量的增加，单一的销售模式势必无法满足客户多样化结算方式的需求。

10.5.3 相关建议

1. 增加权益融资优化资金结构

根据经营发展的需要，建议公司增加权益性的融资，例如通过非公开发行股票的募资方式来满足公司进一步扩张战略的需求，同时来偿还当前部分的金融机构贷款及有息负债。通过增加权益性融资，在为公司提供发展所需资金的同时，还能够达到优化债务结构、主动管理关键财务比率，保证公司流动性安全的效果。

2. 增加销售方式，扩大销售业绩

建议在原有的销售模式下，对商品猪、仔猪和种猪的销售增加送货上门的方式，并给予客户一定的信用期。即：公司将生猪送达客户指定的地点后，客户在信用期内付款。为进一步扩大营业额，在风险可控的基础上对销售模式做出适当的改变。